JN411559

중국의
과학과 형이상학
논쟁

조선대학교 인문학총서 ◆ 05

중국의 과학과 형이상학 논쟁

이상화 지음

한국문화사

조선대학교 인문학총서 · 05
중국의 과학과 형이상학 논쟁

1판 1쇄 2015년 6월 30일

지은이 이상화
펴낸이 김진수
펴낸곳 **한국문화사**
등록 1991년 11월 9일 제2-1276호
주소 서울특별시 성동구 광나루로 130 서울숲IT캐슬 1310호
전화 (02)464-7708 / 3409-4488
전송 (02)499-0846
이메일 hkm7708@hanmail.net
홈페이지 www.hankookmunhwasa.co.kr
블로그 http://blog.naver.com/hkm2012

책값은 뒤표지에 있습니다.

ISBN 978-89-6817-242-7 93150

이 저서는 조선대학교의 지원을 받아 출판되었음.

머리말

이것을 하면 저것이 궁금하고, 저것을 하면 이것을 되돌아보게 된다. 이게 내 삶의 모습이기도 하고 공부의 과정이기도 했을 성 싶다. 전통철학에 대한 공부가 한창일 때도 현대철학의 모습을 놓치지 않을까 두려워했고, 동양철학을 전공하면서도 서양철학을 하지 않으면 불안했다. 그러다 보니 뭐 하나 나만의 전문분야라고 할 만한 것이 없게 된 것이 박사과정 마무리할 때의 내 모습이었다. 방황 끝에 결국 학위를 마치지 못하고 전공과 별로 관계가 없는 분야에서 8년이라는 세월을 보내게 되었다. 8년 동안 일을 하면서도 계속 학교를 곁눈질하고 있었다. 마치지 못한 논문도 아쉬웠고, 공부할 때의 기쁨과 감동도 잊을 수 없었다. 사회생활 8년이 되던 해에 이리저리 돌아다니는 내 관심에 맞는 전문분야가 있을지를 심각하게 고민했다.

그 결과로 주전공을 중국근대철학으로 잡게 되었다. 중국의 근대철학을 한다고 해서 전통철학을 하지 않는 것은 아니다. 근대의 특징적 모습을 제대로 이해한다는 것은 전통의 모습을 전제로 했을 때만 가능하기 때문이다. 근대라는 말이 전통에 대해 상대적으로 쓰이는 개념이기 때문이다. 전통철학의 특성을 모른다면 근대철학의 특징도 말할 수 없게 된다. 그래서 근대철학을 한다는 것은 전통철학도 함께 해야 한다는 의미이기도 하다.

또 동양의 근대는 서양 없이 생각하기 어렵다. 물론 서양의 충격으로 동양이 근대를 형성할 수 있었다는 오리엔탈리즘적 사고는 주의해야 하겠지만, 실제로 서양의 철학사상 수입을 완전히 배제하고 동양의 근대철학을 논한다는 것은 거의 불가능하다. 이 때문에 동양의 근대철학을 공부한다는 것은 서양철학도 함께 공부해야 한다는 의미가 되기도 한다. 동양철학 가운데 근대철학은 아주 매력적일 수밖에 없다.

동양철학을 공부하면서 근대철학을 전공한다는 것은 일종의 일탈인 것 같다. 동양철학은 기본적으로 동양의 전통철학이라는 이미지가 선명하기 때문이리라. 그래서 그런지 억울할 때도 꽤나 있었다. 동양철학 관련 학회나 강연회에서 처음 보는 학자들과 인사할 때 동양근대철학이 전공이라고 하면 잠깐이나마 서로 어색할 때가 있기도 했다. 학계가 아닌 사회에서 만나는 분들과 인사 나눌 때 동양철학 가운데 근대철학을 전공한다고 하면, 동양철학이면 동양철학이지 그것에 근대철학도 있느냐는 반응을 보이기도 했다. 그럼에도 나는 중국을 위주로 한 동양근대철학의 매력에 푹 빠져있다. 그 안에 전통철학도 서양철학도 모두 담겨있기 때문이다.

이런 맥락에서 중국근대철학 가운데 가장 눈에 띄는 것이 이 책의 주제인 과학과 형이상학 논쟁이었다. 이 논쟁 안에는 중국의 전통철학인 주자학, 양명학, 노장사상이 있고 서양철학 가운데 흄, 칸트, 베르그송, 니체, 그리고 마르크스와 엥겔스도 등장하고 있기 때문이다. 이와 더불어 지질학과 심리학, 사회통계학 전공자들도 참여해서 자기 전공을 적용하기도 한다. 이 논쟁을 처음 접할 때 철학의 박람회, 학문의 박람회를 구경하는 느낌이었다. 그리고 내가 바라던 바로 그것이라는 생각을 하게 되었다. 그리고 빠져들었다.

너무 광범위한 분야, 광범위한 논의들이기에 한동안 길을 잃고 헤매기도 했다. 그래서 뭔가 최소한의 '지도'랄 것이 있어야겠다는 생각을 하게 되었다. 나를 위해서도 그렇고 이곳을 처음 오는 다른 동학들을 위해서도 그렇다고 생각했다. 이런 생각으로 최대한 간략하게 만든 지도가 바로 이 책이라고 할 수 있다.

요즘 책이 공해라는 말을 심심찮게 듣고 있다. 이 책도 그런 책이 될까봐 두렵기도 하고 걱정도 된다. 그래도 중국의 과학과 형이상학 논쟁에 관한 다른 저서가 눈에 띄지 않아 조금은 안심이 된다. 먼저 썼다는 사실만으로도 일정 정도 만족감을 주기에, 잘못 썼다고 매를 맞아도 어느 정도 견딜 수 있을 것 같다. 이 책의 장점은 아마도 먼저 썼다는 것 말고는 별로 없을 것 같기도 하다.

그럼에도 책의 출판에 도움을 주신 분들이 계시다. 우선 조선대학교 인문학연구원의 염수균 원장님과 여러 교수님께서 이 책의 출판을 흔쾌히 허락해 주셨다. 특히 이철승 교수님은 당시 연구내용이 부족함에도 불구하고 출판할 용기를 주셨다. 이 교수님의 모습을 보고 공부하면서 살아가겠다는 용기를 가지게 되기도 했다. 그저 감사드릴 뿐이다. 그리고 애초에 이 분야에 대해 연구하는 데 아낌없는 충고와 조언, 그리고 배려까지 해주신 성균관대학교 박상환 교수님께도 감사의 인사를 드린다. 끝으로 원고와 교정이 늦었음에도 제 시간에 출판할 수 있게 도와주신 한국문화사 이지은 선생님께도 감사드린다. 아무쪼록 우여곡절을 겪고 출판하는 이 책이 중국근대를 연구하는 동학들에게 조금이라도 도움이 되었으면 하는 마음 간절하다.

2015년 6월
부천에서
이상화 씀.

▌차례▐

• 일러두기 •

1. '과학과 형이상학 논쟁'은 보통 '과현논쟁'이나 '과학과 현학 논쟁' 등으로 알려져 있지만 이 책에서는 '과학과 형이상학 논쟁'으로 표기했다. 이 논쟁에서 현학(玄學)이 형이상학(Metaphysics)에 대한 중국 번역어로 쓰였기 때문이다.
2. 사람 이름이나 고유 명사는 중국어 발음으로 쓰는 것을 원칙으로 했다. 다만 한자 음독이 편한 독자를 위해 최대한 자주 중국어발음과 함께 한자를 병기했다.
3. 논쟁 참여자들의 생각과 글의 내용에 대한 왜곡을 최소화하기 위해 원서의 내용을 최대한 자세하게 제시했다.
4. 논쟁 참여자들의 글은 亞東圖書館에서 1923년에 출판한 『科學與人生觀』 판본에 의거했다.
5. 『科學與人生觀』 1923년 판본에는 유물사관의 주장이 누락되어 있어서 같은 시기에 과학과 형이상학 논쟁에 참여한 글로 볼 수 있는 유물사관 주장자 鄧中夏, 瞿秋白의 글도 분석의 대상으로 했다.
6. 각 장마다 소결론 형태로 내용을 요약·정리했다. 여러 인물의 주장을 다루므로 중간에 정리하지 않으면 논의의 큰 흐름을 자칫 놓칠 수 있기 때문이다.

I
1923년 과학과 형이상학 논쟁

1. 과학과 형이상학 논쟁

이 저서의 목적은 1923년 '과학과 형이상학 논쟁'[1]에서 나타난 가치(value, ought to)와 사실(fact, is)의 관계에 대한 당시 중국 지식인의 인식형태를 분석하고, 이를 통해 논쟁 직후 마르크스주의 유물사관이 중국 지식인 사이에 급속도로 확산된 원인을 구체적으로 밝히는 데 있다.

1919년 항일반제운동(抗日反帝運動)으로 등장한 5·4 학생운동을 분

[1] 이 논쟁이 일반적으로 '과학과 현학 논쟁'(科玄論戰)이라고 불리는 것은 丁文江이 張君勱의 「人生觀」을 비판하는 글인 「玄學與科學」에서 張君勱의 주장을 과학과 대비되는 '현학'(玄學)이라고 칭하면서였다. 그런데 丁文江은 분명하게 현학(玄學)을 'Metaphysics'의 번역어로 쓰고 있다. (丁文江, 「玄學與科學」, 『科學與人生觀』, 上海: 亞東圖書館, 1925, 15쪽) 이러한 이유로 이 논문에서 '玄學'을 'Metaphysics'의 일반적인 번역어인 '형이상학'으로 표현했다.

기로 중국은 새로운 시기에 접어들게 된다.[2] 중국의 비참한 현실로 인해 지식인들은 그러한 현실을 만들어낸 과거 중국의 모습에 대해 근본적으로 반성하기에 이르렀다. 이러한 반성은 중국의 전통 사상뿐만 아니라 그동안 수입된 서양사상이 총동원되는 모습이었다. 당시 중국은 다윈(C. Darwin)과 스펜서(H. spencer)의 '진화론', 크로포트킨(A. Kropotkin) 등의 '무정부주의', 니체(Nietzsche)와 쇼펜하우어(Schopenhauer) 사상, 마르크스주의(유물사관), 듀이(J. Dewey)의 '실험주의', 러셀(B. Russell)의 신실재론 등 서양사상이 지식인들에게 이미 광범위하게 퍼져 있었다.[3] 이에 따라 서양(西)-동양(東), 현대(新)-전통(舊)에 대한 다방면의 논쟁이 공개적으로 진행되었고, 동, 서, 신, 구 각각의 특징이 복잡하게 혼재되어 있던 시기가 통칭 5·4 신문화운동 시기였다. 이렇게 일정한 가치관이 사회에 완전하게 통용되지 못하고 있던 당시 중국사회에서 지식인들에게 가장 절실한 것은 지금 여기에서 무엇을 해야 하는지에 대한 해답이었다. 그 해답에 대한 입장 차이로 발생한 논쟁은 대표적으로 '문제와 주의 논쟁', '아나 · 볼 논쟁', '과학과 형이상학 논쟁' 등을 들 수 있다.

'문제와 주의 논쟁'은 실험주의자[4] 후스(胡適)에 의해 제기된 논쟁

---

2 이에 대해 李澤厚는 다음과 같이 기술하고 있다. "모든 것은 5·4로부터 이야기를 시작할 수 있다. 중국 현대사의 근본적인 문제들은 모두 5·4로 거슬러 올라갈 수 있으며, 사상문화나 이데올로기의 영역 내에서는 특히 그러하다." 李澤厚, 김형종 역, 『중국현대사상사의 굴절』, (서울: 지식산업사, 1992), 67쪽. 참고로 狹間直樹는 5·4 운동 기간에 대해 짧게는 1919년 2월 日使恫喝事件에서 11월 福州事件까지, 길게는 1913년 2차 혁명 실패부터 1926년 북벌개시까지로 볼 수 있다고 지적하고 있다. 狹間直樹, 양민호 역, 『5·4운동연구서설』, (서울: 한울, 1985), 13쪽.

3 O. Briere, 표정훈 역, 『중국현대철학 50년사』, (서울: 토마토, 1997), 32~50쪽 참고.

이었다. 후스는 1919년 7월 20일 『메이조우핑룬(每週評論)』 31호에 「문제를 많이 연구하고, 주의를 적게 말하자(多研究些問題, 少談些主義)」를 발표하였다. 이 글에서 그는 중국의 현실을 개조하기 위해서 추상적인 '주의'를 말하기보다는 구체적인 '문제' 해결에 힘써야 한다고 주장했다.[5] 이에 대해 사회주의자였던 란공우(藍公武)와 리다자오(李大釗)가 반박에 나섰다. 란공우는 구체적인 문제 해결을 위한 첫 걸음이 '주의'에 대한 연구와 선전이라고 반론했고,[6] 리다자오는 사회 문제를 해결하려면 공동의 행동이 있어야 하며, 특히 사회의 근본적인 문제를 해결하기 위해서 공동의 이상(理想)인 '주의'가 필요하다고 주장했다.[7] 후스에 대한 반론의 공통점은 구체적인 '문제'를 해결하려면 '주의'도 필요하며, '문제와 주의' 양자는 완전히 별개의 것이 아니라는 점이었다. 이에 대해 후스도 대체로 긍정하는 태도를 보이며 논쟁은 정리된다. 즉 후스도 자신이 비판한 '주의'는 문제를 해결하기 위한 구체적 '주의'가 아니라 추상적이며 절대화된 '주의'였음을 밝히며 어느 정도 타협 지점을 찾고 있다.[8] 문제와 주의 논쟁은 중국사회의 개조를 위해서 중국의 구체적 현실에 주목해야 한다는 점에 공감하며 마무리되었다. 그럼에도 이 논쟁은 5·4 시기 중국에서

---

4 듀이(J. Dewey) 등의 'pragmatism'을 우리나라에서는 보통 '실용주의'라고 번역하지만 중국에서는 '실험주의'(實驗主義)로 번역한다. 이 책에서는 한국에서 실용주의가 실용을 강조하는 '실사구시' 정도의 일반적 의미로 쓰이기도 한다는 점을 고려해, '프래그머티즘'이란 특수한 의미를 살리기 위해 '실험주의'라고 칭하기로 한다.

5 胡適, 「多研究些問題, 少談些主義!」 朱維錚 編, 『中國現代思想史資料簡編』 1, (浙江: 浙江人民出版社, 1982), 293~294쪽.

6 藍公武, 「問題與主義」, 朱維錚 編, 같은 책, 537쪽.

7 李大釗, 「再論問題與主義」, 위의 책, 194쪽.

8 胡適, 「三論問題與主義」, 위의 책, 309쪽.

서양 사상을 수용한 '신지식인' 집단의 분열과 이에 따른 논쟁의 전조가 되었다.[9]

이어서 주목해야 할 논쟁은 '아나 · 볼 논쟁'이다. 이 논쟁은 1920년에서 1921년 초까지 중국 공산당 창립과정에서 발생했다. 구체적으로 '국가관'과 '조직원리'를 두고 벌어진, 아나키(Anarchy) 공산주의자와 볼셰비키(Bolsheviki) 공산주의자 사이의 논쟁이었다.[10] '국가관'에 대해 계급투쟁의 존재와 프롤레타리아 독재의 불가피성을 주장한[11] 천두슈(陳獨秀)와 국가권력의 존재 이유를 부정한[12] 정시엔종(鄭賢宗)이 논쟁했으며, '조직원리'에 대해 강력한 중앙집권적 조직을 강조한[13] 천두슈와 사안에 따라 자유롭게 가입하고 탈퇴하는 조직원리를 강조한[14] 취셩바이(區聲白)가 대립했다. 이 논쟁은 결국 1921년 7월 프롤레타리아 독재를 인정하고, 강력한 중앙집권적 당 조직을 기본으로 하는 중국공산당의 설립으로 일정 정도 마무리된다. 이를 통해 당시 중국의 공산주의(혹은 사회주의) 진영은 마르크스주의 '유물사관'(唯物史觀) 이론을 받아들인 볼셰비키 사회주의자 중심으로 편성되었다. 이 논쟁은 '문제와 주의 논쟁'과 마찬가지로 서양 사상을 받아들인 신지식인들의 논쟁이었으며, 당시 중국사회를 어떻게 변화시킬

---

9 周策縱, 조병한 역, 『5·4 운동－근대중국의 지식혁명』, (서울: 광민사, 1980), 204쪽.

10 김세은, 「중국공산당 창립 시기의 사상투쟁에 관하여」, 『성대사림』 5, (서울: 수선사학회, 1989), 69쪽, 71쪽 참고.

11 陳獨秀, 「談政治」, 朱維錚 編, 같은 책, 59~60쪽.

12 鄭賢宗, 「國家 · 政治 · 法律」, 위의 책, 65~66쪽.

13 陳獨秀, 「社會主義批評」, 朱維錚 編, 『中國現代思想史資料簡編』 2, 12쪽.

14 區聲白, 「區聲白致陳獨秀書」, 『新青年』 9-4, 449쪽.

것인지에 대한 논쟁이었다.[15] 두 논쟁 모두 지금 여기에서 무엇을 해야 하는가에 대해 나름대로 해답을 제시하는 내용이었다.

'문제와 주의 논쟁'과 '아나 · 볼 논쟁'이 현실 문제 해결 방법과 중국공산당의 건립 방향에 대한 신지식인 사이의 국부적인 논쟁이었다면, '과학과 형이상학 논쟁'은 인생, 사회, 자연, 우주 등 세계관 전반에 관한 논쟁이었다. 이 논쟁에는 당시 중국의 대표적인 지식인들이 대부분 참여하였고, 철학사나 사상사 측면뿐만 아니라 정치적으로도 매우 중요한 논쟁이라고 할 수 있다. 이 때문에 펑유란(馮友蘭)은 그의 『중국현대철학사』에서 1920년대 이후 1949년까지 3대 논쟁 가운데 첫 번째로 '과학과 형이상학 논쟁'(과학과 인생관 논쟁)을 다루고 있으며[16], 리쩌허우(李澤厚)도 중국 현대의 세 차례 학술 논쟁에서 '과학과 형이상학 논쟁'(과학과 현학 논쟁)을 주요하게 다루고 있다.[17] 상하이(上海)의 야동투슈관(亞東圖書館)에서 관련 자료를 모아 『과학과 인생관(科學與人生觀)』이라는 자료집을 만들어서 이 논쟁이 완전히 정리되기도 전인 1923년 말에 출판한 것을 볼 때[18], 논쟁이 벌어지던 당시에도 지식인들의 관심이 집중되어 있었음을 알 수 있다.

5·4시기의 대표적 구호는 '과학'과 '민주'라고 할 수 있다.[19] 특히

---

15 김세은, 같은 글, 80쪽.

16 馮友蘭, 정인재 역, 『中國現代哲學史』, (서울: 이제이북스, 2006), 155~173쪽 참고.

17 李澤厚, 같은 책, 67~108쪽 참고.

18 유물사관파는 과학과 형이상학 논쟁 말미에 참여한다. 즉 陳獨秀와 胡適이 『科學與人生觀』의 서문을 쓰던 시기인 1923년 11월, 12월에 瞿秋白의 「自由世界與必然世界」(11월 20일 원고 작성, 12월 20일 『新青年』季刊第2期에 게재)나 鄧中夏의 「中國現在的思想界」(11월 24일 『中國青年』第6期 게재) 등 유물사관파의 참여 글이 발표되었지만, 『科學與人生觀』에는 누락되어 있다.

과학은 민주의 근저를 이루고 있는 방법, 철학, 또는 세계관의 문제로 제기되었으며, 중체서용(中體西用) 논의와 그 비판, 근대적 학제 등을 통해 중국사회 내에서 새로운 보편 가치를 형성하고 있는 듯했다.[20] 그러나 과학은 그 속성상 사실(is)의 학문이었고, 당시 중국 지식인에게 무엇을 해야 하는가(ought to)에 대해 구체적으로 지시할 수 없었다. 이러한 상황에서 과학은 삶에 대한 가치(ought to)를 만들 수 없다고 선언한 것이 장쥔마이(張君勱)의 「인생관(人生觀)」이었으며, 이것이 '과학과 형이상학 논쟁'의 시작이었다.[21]

전통적 가치 비판과 새로운 가치 모색이라는 5·4시기의 특징으로 인해 중국에서 이 논쟁은 실제로 새로운 가치관의 모색이라는 시대적 과제를 수행하고 있었다. 가치는 주관적이므로 객관적인 과학의 대상이 아니라는 장쥔마이의 「인생관」에 대해, 1923년 4월 과학파 딩원장(丁文江)이 가치도 객관적인 과학의 대상이라는 반론을 제기하고,[22] 4월에서 5월 사이에 장쥔마이가 딩원장의 반론에 대하여 재반

19 참고로 陳獨秀는 1919년 잡지 『新青年』을 비난하는 전통주의적 성향의 사람들에 대해서, '德先生(Democracy)'과 '塞先生(Science)'을 반대하는 것이라고 '경고(?)'하고 있다. 陳獨秀, 「本誌罪案之答辯書」, 『新青年』 6~1, 10~11쪽 참고.

20 강명희, 「중국의 사상계몽운동에 있어서 '과학'의 의미 분석 - 오사시기를 중심으로」, 『한세대학교 교수논총』13, 229쪽.

21 張君勱는 과학이 객관적, 논리적, 분석적, 인과율적, 통일적인 점에 비해, 인생관은 주관적, 직각(直覺)적, 종합적, 자유의지적, 단일성(單一性)적인 특징이 있으므로, 과학이 인생관 문제를 해결할 수 없다는 주장을 1923년 2월 14일에 清華大學에서 강연하고, 그 내용을 「인생관」이라는 제목으로 『清華週刊』 272호에 게재하는 한편, 5월 4일 『晨報副刊』에도 싣는다.

22 丁文江은 1923년 4월 15일, 4월 22일에 발행된 『努力』誌에 2회에 걸쳐 「玄學與科學」라는 제목의 글을 게재한다. 여기에서 그는 張君勱의 「人生觀」이 형이상학(玄學)이며, 과학의 적이라고 규정하고, 순수한 심리현상도 과학적 방법의 지배를 받는다고 주장하고 있다.

론을 발표하면서 '과학-형이상학 논쟁'은 본격화된다. 그 이후 5월 20일 후스 등은 『누리(努力)』 53호에 장쥔마이에 대해 비판하는 글을 게재하고, 5월 25일 『누리(努力)』 54호에서 량치차오(梁啓超) 등은 형이상학파의 입장에서 과학의 한계를 규정하려 했다. 향후 6개월간 『누리(努力)』와 『천바오푸칸(晨報副刊)』을 중심으로 수많은 인물들이 과학파와 형이상학파의 입장에서 논쟁에 참여하게 된다. '인격과 교육, 그리고 우주 대인격의 관계'(쥐농), '인과와 제일의 원리'(왕싱공), '인과율과 자유 및 도덕의 문제'(판쇼우캉), '심리작용과 인과율의 문제'(탕위에), '우주론과 인생관 문제'(우즈후이) 등에 관한 논의가 그 해 12월까지 연속적으로 진행되었다. 12월에 후스와 천두슈의 「서문(序)」을 첨가해 『과학과 인생관(科學與人生觀)』이란 책을 발행하면서 논쟁은 어느 정도 정리된다.[23]

기존의 '과학과 형이상학 논쟁'에 대한 연구는 크게 3가지 경향을 보이고 있다. 첫째 중국 사회주의의 근원을 연구하는 과정에서 과학파 가운데 천두슈 등을 중심으로 한 유물사관파(唯物史觀派)에 대해 논의하는 경향이다. 둘째 현대신유가(現代新儒家)의 뿌리를 연구하는 과정에서 '과학과 형이상학 논쟁'의 형이상학파에 대해 분석하는 경향이다. 셋째 문화적 접근 방식을 통해 형이상학파와 과학파 각각의 특징과 논쟁의 문화적 의미를 평가하는 경향이다.

먼저 중국사회주의의 근원을 연구하는 과정에서 '과학과 형이상학 논쟁'을 보는 경향은 왕위민(王育民)과 뤼시천(呂希晨)의 연구가 대표

---

23 일반적으로 과학파의 주장이 당시 중국 지식인 사회에 보다 많은 지지를 받게 되었다고 평가한다. 또한 과학주의 승리는 중국사회 지식인들이 과학주의에 의한 신념의 우위를 기반으로 급속히 사회주의적 가치관을 받아들이는 계기가 되었다고 평가된다. 李澤厚, 같은 책, 83~84쪽.

적이다. 왕위민과 뤼시천은 마르크스주의의 전파에 주목하면서 그들의 논의를 전개한다.[24] 그들은 5·4 운동기에 중국에서 서구 자산계급의 철학이 범람하였으며, 그 결과 가운데 하나가 '과학과 형이상학 논쟁'으로 표출되었다고 본다. 과학파 내부에서 '자유주의 과학파'와 '유물사관파'를 구별하고 있으며, '과학과 형이상학 논쟁'의 승리자가 과학파가 아니라 유물사관파였다는 점을 강조한다. 또 자유주의 과학파의 철학적 배경을 '마하주의'(machism) 등으로 규정하며 '감각인식론'에 대한 비판을 시도한다.[25] 그러나 그들의 관점, 즉 유물사관의 관점으로 보면 유물사관파를 대표하는 천두슈와 취추바이(瞿秋白) 이외의 자유주의 과학파인 후스(胡適), 딩원장(丁文江) 등도 형이상학파와 똑같은 관념론 철학 유파에 불과했다. 또한 이미 유물사관적 입장에서 '과학과 형이상학 논쟁'을 바라보고 있기 때문에 유물사관파의 승리는 역사적 필연일 수밖에 없었다. 기본적으로 왕위민과 뤼시천은 형이상학파의 주장을 봉건세력의 사상으로, 과학파의 주장을 자산계급의 사상으로 보고 있으며, 이 둘 모두 계급적 오류가 있는 사상으로 규정하고 있다. 이는 유물사관의 '옳음'을 전제로, 다른 학파 즉 형이상학파와 자유주의 과학파의 '그름'을 지적하려는 태도의 한계라 할 것이다.

두 번째 연구 경향이라고 할 수 있는 '현대신유가'의 뿌리에 대한

---

24 王育民, 呂希晨, 이승민 역, 『중국현대철학사 I』, (서울: 청년사, 1989), 106~129쪽 참고.

25 王育民과 呂希晨의 이러한 비판은 러시아에서 볼셰비키의 유물론을 비판했던 알렉산더 보나노프(Aleksandr Bogdanov)와 아나톨리 루나차르스키(Anatorii Lunacharskii) 등의 사상을 마흐주의로 규정하고, 형이상학적이고 반변증법적 유물론이라고 강하게 비판했던 레닌의 이론(『유물론과 경험비판론』)에서 영향 받은 것이라고 볼 수 있다.

연구는 대표적으로 정지아둥(鄭家棟)의 논의를 들 수 있다.[26] 그에 의하면 현대신유학은 '과학주의'에 대하여 문제를 제기한 형이상학파로부터 시작되었으며, 형이상학파와 현대신유가들이 주장해왔던 것은 '도덕적 주체성'을 기반으로 한 '도덕적 이성주의'였다. 여기에서 '과학주의'는 과학 자체가 아니라 과학(사실, is)을 통해 인생관(가치, ought)을 만들 수 있다는 '과학적 인생관'을 의미한다. 그에 의하면 형이상학파와 현대신유가는 '과학적 인생관'을 비판하면서 세계를 사실세계와 의미세계, 자연세계와 당위세계로 양분하고 있다. 이는 사실과 가치의 문제와 밀접한 관계가 있는 언급이라 할 수 있다. 그럼에도 정지아둥은 '세계의 양분(兩分)'에 대한 논의를 머우쭝산(牟宗三), 슝스리(熊十力) 등 '과학과 형이상학 논쟁'에 직접 참여하지 않은 인물들 중심으로 하고 있다. 또한 형이상학파와 현대신유가가 제기한 사실과 가치의 문제에 대해 언급하고는 있지만, '과학과 형이상학 논쟁' 안에서 그에 대한 본격적인 논의를 진행하지 않는다는 한계가 있다. 즉 '과학과 형이상학 논쟁'을 다루면서도 논쟁의 출발점이라고 할 수 있는 장쥔마이(張君勱)와 딩원장(丁文江) 사이의 논쟁만 다루고 있으며[27], 그 이외의 수많은 참여자들에 대해서는 전혀 언급하지 않는다. 이는 그의 주요관심이 '현대신유가'에 있었지, '과학과 형이상학 논쟁'이나 형이상학파 자체에 있지는 않았기 때문에 생긴 한계라 할 것이다.

세 번째 연구 경향을 대표할 수 있는 학자는 리쩌허우(李澤厚)라고

[26] 鄭家棟, 한국철학사상연구회 논전사 분과 역, 『현대신유학』, (서울: 예문서원, 1993), 73~93쪽 참고.

[27] 위의 책, 183~192쪽 참고.

할 수 있겠다. 그는 당시 논쟁의 초점이라고 할 수 있는 '과학적 인생관이 있을 수 있는가, 어떠한 인생관을 수립해야 하는가'의 문제가 지금까지도 해결되지 않은 문제라고 지적한다.[28] 이 논쟁의 주제가 현대 철학에서 가치와 사실 관계를 둘러싼 대립과 밀접한 관련이 있다는 것이다. 그럼에도 그는 이러한 현대 철학적 문제들보다 '중국 문화 심리 구조'와 '과학과 형이상학 논쟁'의 연결점에 주목하고 있다고 명확하게 선을 긋는다.[29] 이에 따라 이 논쟁을 다루면서 '과학파'의 승리원인과 중국 고유의 '문화 심리 구조'의 연관성에 대한 논의에 집중하는 모습을 보이고 있다.

과학과 형이상학 논쟁을 다루고 있는 연구들은 이처럼 그 연구 경향은 다르지만 이 논쟁의 결과로 중국에서 마르크스주의가 급속도로 전파되었다는 사실, 즉 이 논쟁 자체에서 궁극적인 승리자가 유물사관파였다는 점을 인정하고 있다.[30] 또한 위의 세 가지 경향의 연구는 모두 '과학과 형이상학 논쟁'이 가치와 사실의 관계를 둘러싸고 벌어진 논쟁임을 직간접적으로 말해 주고 있다. 그러나 본격적으로 '과학과 형이상학 논쟁'에서 가치와 사실에 대하여 각 학파의 이론과 유물사관의 이론이 어떻게 대립하고 있으며, 유물사관이 어떻게 이 논쟁을 장악하고 최종 승리가가 될 수 있었는지에 대해 구체적으로 논의를 진행하지 않는다는 문제점을 갖고 있다. 그 원인은 연구자들 각각

---

28 李澤厚, 같은 책, 70쪽

29 위의 책, 같은 쪽.

30 이 논쟁에서 과학의 승리와 유물사관의 최종승리는 이 논쟁을 다루는 거의 모든 연구에서 공통된 의견이다. 李澤厚, 같은 책, 84쪽. 王育民・呂希晨, 같은 책, 128~129쪽. 陳少明・單世聯・張永義 저, 김영진 역, 『근대 중국사상사 약론』, (서울: 그린비, 2008), 429쪽 참고.

의 주요관심사가 '과학과 형이상학 논쟁' 자체에 있지 않았기 때문이다. 왕위민(王育民)과 뤼시천(呂希晨)의 연구는 '중국현대철학사'를 통해 중국혁명에 이르기까지 마르크스주의 사상의 '진리성'을 기술하는 것에 초점이 맞춰져 있었으며, 정지아둥(鄭家棟)은 현대신유가의 특징을 밝히는 데, 러쩌허우(李澤厚)는 '계몽과 구망(救亡)의 이중변주'와 실용이성의 작용으로 중국의 현대사상사를 분석하는 데 관심을 집중하고 있다. 이 때문에 '과학과 형이상학 논쟁'에 관한 연구는 독립된 연구논문의 형태가 아니라 『중국현대철학사신론(中國現代哲學史新編)』, 『현대신유가(現代新儒家)』, 『중국현대사상사론(中國現代思想史論)』을 구성하는 일부분의 모습이었다.

이 책에서는 기존 연구와 저작들의 이러한 한계를 지적하면서, '과학과 형이상학 논쟁' 자체에 주목하려고 한다. 즉 기존의 연구자들이 이미 지적은 하고 있지만, 관심은 두지 않고 있는 부분들에 대해 집중하려고 한다. '과학과 형이상학 논쟁' 자체에 담겨 있는 과학과 사회, 인식, 감정, 자유의지, 인과율 등에 대하여 가치와 사실의 문제를 중심으로 분석하고, 유물사관이 당시 중국에서 서로 경쟁하던 여러 이론 가운데 어떻게 대다수 중국 청년 지식인들에게 결정적으로 어필할 수 있었는지를 밝히려 한다.

2. 주요 주제와 구성

이 책에서 우리는 가치와 사실의 문제를 통해 '과학과 형이상학 논쟁'을 분석하려고 한다. 이를 통해 유물사관이 이 논쟁에서 우위를 점하게 된 이유를 규명하려 한다. 이를 위해서 이 책에서 적어도 세 가지를 살펴보고자 한다. 첫째 형이상학파 이론이나 과학파 이론에 비해 유물사관 이론이 이론적 · 시대적 과제에 대한 해답을 제대로 제시하고 있는지를 살펴보려 한다. 둘째 '과학과 형이상학 논쟁' 자체 안에서 다른 이론들과 비교하여 유물사관 이론이 논리적 일관성과 타당성을 가지고 있었는지를 확인하려 한다. 셋째 중국이라는 특수한 사회 안에서 유물사관 이론 자체가 객관적으로 어떤 특징을 지니고 있었는지, 또 그 특징이 많은 지식인들에게 받아들여질 만한 특징이었는지를 분석하려 한다. 이 세 가지 측면을 효과적으로 분석하기 위해 '가치-사실 문제'를 차용하려는 것이다.

'과학과 형이상학 논쟁'이 기본적으로 '사회적 가치'(윤리 규범)에 대한 논쟁이었다는 점과, 가치의 주관성을 주장하는 측과 가치의 객관성을 주장하는 측의 대립이었다는 점을 밝혀야 '가치-사실 문제'의 차용이 가능해진다. II장은 이러한 작업을 위해 '가치-사실 논쟁의 핵심 문제', '량치차오(梁啓超)의 과학만능주의 파산론', '장쥔마이(張君勱)와 딩원장(丁文江)의 최초 논쟁'을 검토한다. 이 검토를 통해 과학과 형이상학 논쟁의 핵심이 기본적으로 가치-사실 논쟁의 핵심과 일맥상통했으며, 따라서 '가치-사실 논쟁'에서 제기된 과제가 이 논쟁에 적용 가능함을 밝히게 될 것이다.

III장과 IV장은 위에서 언급한 첫 번째 측면을 살펴보려 한다. 구체적으로 III장에서는 장쥔마이(張君勱)의 뒤를 잇는 형이상학파의 이론 전개를, IV장에서는 딩원장(丁文江)의 뒤를 잇는 과학파와 유물사관파의 이론 전개를 논의한다. 이를 통해 유물사관 이론이 가치와 사실 논쟁에서 도출되는 이론적 과제와 당시 중국의 시대적 과제에도 답할 수 있었던 유일한 이론이었다는 점을 밝히려 한다. III장과 IV장은 구성상 논쟁 참여자들의 주장을 각각 따로 다루고 있기 때문에 글 전체의 문맥과 관계없이 작위적으로 인용문을 선택할 가능성이 높은 곳이다. 이러한 잘못을 피하기 위해 논의 대상이 되는 글의 전체적 맥락도 알 수 있도록 다소 자세하게 다루게 될 것이다.

이어서 위에서 언급한 두 번째 측면은 V장에서 확인하려 한다. 구체적으로 가치와 사실 논의에 관련된 '인식론', '감정', '의무의식과 자유의지', '과학과 형이상학 논쟁의 성격' 등의 소주제에 대해 형이상학파과 과학파, 형이상학파와 유물사관파, 과학파와 유물사관파의 대립을 검토하게 된다. 이를 통해 과학과 형이상학 논쟁 전체를 장악하고, 논쟁 안에서 자체 모순을 드러내지 않았던 유일한 이론이 유물사관이었음이 밝혀질 것이다.

VI장은 위에서 언급한 세 번째 측면을 분석하는 내용이다. 유물사관 이론의 객관적 특징을 논의하기 위해서는 과학과 형이상학 논쟁의 바깥에서 비교의 대상이 필요하다. VI장에서는 중국의 전통적 유교사상을 대표할 수 있는 양명학(陽明學)과 주자학(朱子學)을 비교의 대상으로 삼는다. 구체적으로 '장쥔마이(張君勱)가 강조한 송학이 양명학이었다는 점', '주자학과 과학파 이론의 차이점', '주자학과 유물사관 이론의 유사성'에 관해 가치와 사실의 관계를 중심으로 분석한다. 이를 통해 유물사관 이론이 자체로 매우 설득력 있는 특징을 가지고 있었으며, 이 때문에 당시 지식인들에게 매우 쉽게 받아들여질 수 있었다는 점을 밝히는 것이 VI장의 내용이다.

과학과 형이상학이라는 광범위한 주제로 인해 '과학과 형이상학 논쟁'의 범위를 일정하게 한정하는 것이 반드시 필요할 것이다. 이 주제에 대해 논의를 넓힌다면 끝없이 범위가 확장될 수 있기 때문이다. '과학과 형이상학 논쟁'은 당시 중국에서 일정한 시기에 일정한 사람들에 의해 진행된 논쟁이다. 그리고 이 논쟁은 『과학과 인생관(科學與人生觀)』이 출판되면서 어느 정도 정리되었다고 할 수 있다. 그러므로 이 연구에서 '과학과 형이상학 논쟁' 참여자의 범위는 가능하면 『과학과 인생관』에 수록된 인물로 한정하고 논쟁 내용도 될 수 있는 대로 이 책의 글로 한정하고자 한다.[31] 본문 내에서 불필요한 부연설명을 피하고, 연구의 범위를 명확하게 규정하기 위해서 '과학과 형이상학 논쟁'의 전체 흐름과 각 인물의 글을 정리할 필요가 있겠다. 다음은 이 연구의 범위라고 할 수 있는 '과학과 형이상학 논쟁'의 주요 참여자와 글을 시간순서대로 정리한 표이다.[32]

월	글쓴이	입장	「제목」(『잡지명』 호, [날짜])
2월	**장쥔마이** (張君**勱**)	**형이상학**	**「인생관**(人生觀)**」 강연 [2월 14일],** **『칭화조우칸**(淸華週刊)**』 272 게재.**
4월	**딩원장** (丁文江)	**과학**	**「형이상학과 과학**(玄學與科學)**」(『누리**(努力)**』 48, 49[4월 15일, 22일])**
	장쥔마이 (張君**勱**)	**형이상학**	**「인생관과 과학에 대한 재론 및 딩원장에 대한 답변**(再論人生觀與科學幷答丁在君)**」(『누리**(努力)**』 50, 51[4월 29일, 5월 6일]에 상편을 게재하고, 『천바오푸칸**(晨報副刊)**』에 다시 게재 [상편 5월 6일~8일, 중편 5월 9일, 10일, 하편 5월 13일, 14일])**
5월	후스 (胡適)	과학	「손오공과 장쥔마이(孫行者與張君**勱**)」 (『누리(努力)』 53 [5월 20일])

---

[31] 제시된 내용 가운데 鄧中夏와 瞿秋白의 글은 『科學與人生觀』에 실리지 않은 글이다. 이 논문에서 유물사관에 대해서만 『科學與人生觀』에 실리지 않은 鄧中夏와 瞿秋白의 글을 인용하였다. 유물사관에 대한 설명이 陳獨秀의 「서문」만으로는 부족했기 때문이다. 그 외에는 모두 『科學與人生觀』에 수록된 글 중심으로 논의를 진행한다.

[32] 다케우지 미노루(竹內 實) 편, 『중국근현대논쟁연표(中國近現代論爭年表)』 상(上), 187~205쪽을 재구성한 내용이다. **고딕**은 이 논문에서 주되게 다루고 있는 참여자와 글이다.

[33] 쥐농은 필명이고, 본명은 쥐스잉(瞿世英)이다.

월	글쓴이	입장	「제목」(『잡지명』 호, [날짜])
5월 (계속)	런슈융 (任叔永)	과학	「인생관의 과학 또는 과학의 인생관(人生觀的科學或科學的人生觀)」(『누리(努力)』 53 [5월 20일])
	순푸위엔 (孫伏園)	과학	「형이상학 과학 논쟁 잡담(玄學科學論戰雜話)」(『천바오푸칸(晨報副刊)』 5월 25일)
	딩원장 (丁文江)	**과학**	**「형이상학과 과학 – 장쥔마이에 대한 답변**(玄學與科學 – 答張君勱)」(『**누리**(努力)』 **54, 55 [5월 27일, 6월 3일])**
	량치차오 (梁啓超)	**형이상학**	「**인생관과 과학**(人生觀與科學)」(『**천바오푸칸**(晨報副刊)』 **5월 29일)**
6월	**린자이핑** (林宰平)	**형이상학**	「**딩원장 선생의 '형이상학과 과학'을 읽고**(讀丁在君先生的'玄學與科學')」(『**천바오푸칸**(晨報副刊)』 **6월 2일~5일)**
	장이엔춘 (章演存)	과학	「장쥐마이가 주장한 인생관과 과학의 5가지 차이점(張君勱主張的人生觀對科學的五個異點)」(『누리(努力)』 55 [6월 3일])
	주징농 (朱經農)	과학	「장쥔마이가 인생관과 과학을 논한 2편의 글을 읽고 생긴 의문(讀張君勱論人生觀與科學的兩篇文章後所發生的疑問)」(『누리(努力)』 55 [6월 3일])
	딩원장 (丁文江)	과학	「형이상학과 과학 토론의 여흥(玄學與科學的討論的餘興)」(『누리(努力)』 56 [6월 10일])
	쥐농 (菊農)[33]	**형이상학**	「**인격과 교육**(人格與教育)」(『**천바오푸칸**(晨報副刊)』 **6월 12일~14일)**
	장동순 (張東蓀)	형이상학	「노력은 있으나 결과는 없다(勞而無功)」(『천바오푸칸(晨報副刊)』 6월 15일, 16일)
	탕위에 (唐鉞)	**과학**	「**미친 사람의 꿈 이야기**(一個癡人的說夢)」(『**누리**(努力)』 **57 [6월 17일])**
	탕위에 (唐鉞)	과학	「'형이상학과 과학' 논쟁이 주는 암시('玄學與科學'論爭的所給的暗示)」(『누리(努力)』 57 [6월 17일])
	왕싱공 (王星拱)	**과학**	「**과학과 인생관**(科學與人生觀)」(『**누리**(努力)』 **58 [6월 24일])**

월	글쓴이	입장	「제목」(『잡지명』 호, [날짜])
7월	탕위에 (唐鉞)	과학	「과학의 범위(科學的範圍)」(『누리(努力)』 59 [7월 1일])
	우즈후이 (吳稚暉)	과학	「형식화된 이학을 경계함(箴洋八股化之理學)」(『천바오푸칸(晨報副刊)』 7월 23일)
8월	판쇼우캉 (范壽康)	형이상학	「소위 '과학과 형이상학 논쟁'을 평함(評所謂'科學與玄學之爭')」(『시에이자즈(學藝雜誌)』 5-4 [8월 1일])
	우즈후이 (吳稚暉)	과학	「새로운 신앙의 우주관 및 인생관(一個新信仰的宇宙觀及人生觀)」(『타이핑양(太平洋)』 4-1 [8월 5일], 4-3 [10월 5일], 4-5 [1924년 3월 5일])
9월	탕위에 (唐鉞)	과학	「'소위 과학과 형이상학 논쟁을 평함'을 읽고(讀了'評所謂科學與玄學之爭'以後)」(『누리(努力)』 72 [9월 30일])
11월	덩중샤 (鄧中夏)	유물	「중국 현재의 사상계(中國現在的思想界)」(『중구어칭니엔(中國青年)』 6 [11월 24일])
12월	취추바이 (瞿秋白)	유물	「자유세계와 필연세계(自由世界與必然世界)」(『신칭니엔(新青年)』 2 [12월 20일])
	천두슈 (陳獨秀)	유물	「과학과 인생관 서문(科學與人生觀序)」([11월13일 씀], 야동투슈관(亞東圖書館) 편, 『과학과 인생관(科學與人生觀)』 12월 출판, 『신칭니엔(新青年)』 2 [12월 20일] 게재)
	후스 (胡適)	과학	「과학과 인생관 서문(科學與人生觀序)」([11월 29일 씀], 『과학과 인생관(科學與人生觀)』)
	천두슈 (陳獨秀)	유물	「후스에 대한 답변(答適之)」([12월 9일 씀], 『과학과 인생관(科學與人生觀)』)

II
과학과 사회적 가치의 관계:
과학과 형이상학 논쟁의 출발점

과학과 사회의 관계 문제는 과학이 사회에 주는 효용과 관련된 문제부터 시작된다. 즉 과학이 궁극적으로 인간사회에 어떠한 영향을 줄 수 있는지, 그리고 그것이 바람직한 방향인지 그렇지 못한지가 문제의 시작이다. 과학이 인간에게 편리한 삶과 합리적 사고를 가져다주었다는 점은 분명하다. 그러나 더불어 오는 여러 부작용까지 고려할 때, 과연 과학이 인간의 행복에 도움을 주고 있는지, 또는 합리적 사고를 통해 인간적 가치를 실현할 수 있는지는 의문이 들 때가 많다.

20세기 초 중국에서 이에 대해 문제를 제기한 사람으로는 량치차오(梁啓超)가 있다.[1] 1차 대전 직후 전후 처리 과정에 중국대표단의 장

---

[1] 周策縱, 조병한 역, 『5·4운동』, (서울: 광민사, 1980), 308~309쪽 참고. 물론 이전에 중체서용(中體西用)의 주장에서 ‘서’(西)에 해당되는 것이 ‘과학기술’

외 고문 자격으로 14개월간의 유럽여행을 마치고 돌아온 량치차오는 1920년『유럽여행 감상록(歐遊心影錄)』을 통해 1차 대전 이후 서구의 피폐한 상황을 묘사한다. 만능이라고 믿었던 '과학'이 결국 인간 사회에 재앙이 될 수도 있다는 일종의 깨달음이라고 할 수 있다. 이 때문에 후스(胡適)은『과학과 인생관(科學與人生觀)』의 서문에서 과학적 인생관에 대하여 형이상학파가 진행한 비판의 '화두'가 량치차오의『유럽여행 감상록(歐遊心影錄)』에서 비롯되었고, 그 내용은 일종의 '과학파산론'이었다고 강조하고 있다.[2] 량치차오의 '과학파산론'은 넓은 의미에서 과학과 형이상학 논쟁의 출발점이라고 할 수 있는 것이다.[3]

본 장에서는 량치차오(梁啓超)의 '과학파산론'에서 과학과 사회의 관계에 대한 내용 및 그와 관련된 과학과 형이상학 논쟁의 첫 참여자

의 의미였고, '중'(中)에 해당되는 것이 '도덕·윤리'의 의미였으므로 이미 '과학기술'은 '도덕·윤리'의 하위적(下位的) 위상밖에 차지하지 못하고 있었다는 주장이 가능하다. 이때 이미 과학에 대한 평가가 존재하고 있었다는 주장이 될 것이다. 그러나 이 경우 과학을 수용하는 입장을 나타내고 있는 것이지 과학을 비판하고 있다고 보기 힘들다. 용(用)의 위치로나마 '과학기술'을 받아들인다는 것은 사회에 대한 과학의 긍정적인 효과를 인정한다는 전제가 깔려 있다.

2 胡適,「科學與人生觀序」,『科學與人生觀』,(上海: 亞東圖書館, 1925), 3쪽. 1925년판『科學與人生觀』은 전체의 페이지는 인쇄되어 있지 않고, 게재된 각각의 글의 페이지 수만 인쇄되어 있다. 이 때문에 본 논문에서『科學與人生觀』의 쪽수를 표기할 때, 책 전체의 쪽이 아니라 해당 글의 쪽수이다.

3 劉長林은 과학과 형이상학 논쟁과 관련하여 梁啓超의「歐遊心影錄」과 더불어 이를 계승한 梁漱溟의「東西文化及其哲學」도 언급하고 있다. 그러나 그가 형이상학파의 이론적 기초를 제공한 측면에서 梁漱溟을 거론한 것이지 과학과 형이상학 논쟁의 배경으로 언급한 것은 아니었다, 劉長林,,『中國人生哲學的重建』, (上海: 華東師範大學出版社, 2001), 394쪽 참고. 아울러 梁啓超와는 다르게 梁漱溟은 과학과 형이상학 논쟁의 직접 참여자가 아니므로 과학만능주의 파산론에서 梁漱溟 관련 논의는 배제하도록 한다.

인 장쥔마이(張君勱)와 딩원장(丁文江)의 기본 입장에 대하여 분석하고, 그들 주장의 근본적인 차이점에 대해 규명하기로 한다. 특히 량치차오의 『유럽여행 감상록(歐遊心影錄)』이 과학과 사회도덕의 관계성에 대한 의문의 제시였다는 점, 그리고 장쥔마이와 딩원장 논쟁의 핵심이 가치의 객관성/주관성 여부에 대한 문제였음을 밝히게 될 것이다. 그런데 이렇게 과학과 형이상학 논쟁의 출발점을 분석하려면 먼저 확인해야 할 것이 있다. 그것은 현대철학에서 가치와 사실 문제가 어떻게 제기되고 있는가이다. 따라서 본격적으로 과학과 형이상학 논쟁을 다루기 전에 가치와 사실 문제의 핵심이 무엇인지에 대해 논의할 필요가 있겠다.

1. 가치와 사실 문제의 핵심

가치와 사실의 문제는 현대 윤리학의 주요 논쟁이 되어온 주제다. 이 문제는 가치와 사실을 완전히 분리하고 가치 분야는 '참'과 '거짓'을 따질 수 없으므로 학문의 대상이 될 수 없다고 주장하는 논리실증주의(logical positivism) 및 그에 대한 비판이 주요 내용이다. 사실에서 가치가 도출되지 않는다는 가정에서 출발한 가치의 상대성 주장 및 그에 대한 반론도 이 문제와 관련이 있으며, 이 때문에 과학철학에서 과학이론의 상대적 진리 여부에 관한 여러 논쟁도 큰 범위에서는 이 문제에 포함된다.[4]

---

4 일반 사회철학적 상대주의 이론과 과학이론의 밀접한 관련성에 대해 래리 라우든(Larry Laudan)은 다음과 같이 지적하고 있다. "요컨대 과학철학자가 아닌 많은 사람들 - 로티(Rorty), 윈치(Winch) 등의 문화철학자들에서부터 반즈

구체적으로 보면 가치와 사실의 문제는 주로 '해야 한다'(ought)와, '이다'(is)의 관계에 대한 해석이었다.[5] 중심은 '가치' 개념이 어떤 특성이 있는지에 관한 것이다. 사실은 자체로 모든 사람에게 동일하게 인식되므로, 자체로 객관적이라는 점에 대해 논란의 여지가 없다. 그러나 가치는 모든 사람에게 동일하다고 볼 수 있는 측면('살인', '이타적 행위' 등에 대한 평가)과 그렇지 않은 측면(사회마다 다른 규범들)이 있다. 이 때문에 가치가 객관적인 것인지 주관적인 것인지는 논란의 여지를 충분히 갖고 있다.

그럼에도 가치를 표현하는 '해야 한다'(ought)라는 의미는 매우 중요하다. 가치의 정의에 대해 매우 다양한 논의가 있지만 간단하게 정리하면, 가치란 일정한 대상에 대해 무엇보다 중요하고 의미 있다고 생각하는 것이라고 할 수 있다. '해야 한다'라는 말도 결국 그 일을 하는 것이 다른 일을 하는 것보다 더 중요하고 의미 있다고 생각

(Banrnes), 콜린스(Collins) 등의 사회학자들에 이르기까지-은, 현재의 과학철학이 지식일반, 특히 과학적 지식에 대한 근본적인 상대주의를 뒷받침하는 유력한 논거를 제공한다고 믿는 듯하다." Larry Laudan, 이범 역, 『포스트모던 과학논쟁』, (서울: 새물결, 1997), 32쪽.

5 18세기 경험론자 흄(D. Hume)은 가치/사실 이분법을 특징으로 하는 분석철학(논리실증주의 포함)의 선구자로 평가된다. 그는 다음과 같이 매우 유명한 말을 남겼다. "내가 이제까지 마주한 도덕 체계마다 도덕 이론가는 모두 다음과 같은 모습을 보인다고 항상 말했다. 도덕이론가는 일반적인 추론을 진행시켜 신이 존재한다고 주장하거나 인간역사에 관하여 말하다가 갑자기 일반적인 명제 계사인 '이다(is)'와 '이지 않다(is not)' 대신 '해야한다(ought)' 내지는 '해서는 안 된다(ought not)'를 사용한다. 이러한 변화는 미묘한 것이지만 중요하다. 왜냐하면 '해야 한다(ought)' 또는 '해서는 안 된다(ought not)'는 뭔가 새로운 관계나 주장을 표현하는 것이므로 자체로 관찰하고 설명해야 할 필요가 있기 때문이다. 동시에 어떻게 이러한 새로운 관계가 그것과 전혀 다른 것들로부터 연역될 수 있는지, 그에 관한 이유를 제시해야 한다." David Hume, *A Treatise of Human Nature*, ed. L. A. Selby-Bigge (Oxford: Clarendon Press, 1951), volume 3 part 1, 469쪽.

하는 것이다.

이러한 가치는 인간의 '실천'과 밀접한 관련을 맺고 있다. 가치의 문제를 개인의 가치를 사회적 규범 가치 차원으로 확대시키면 사회윤리 및 도덕철학의 문제가 된다. 또 우리의 행위 규범(가치)이 객관적 사실에서 도출될 수 있는지를 묻는 차원이 되면 인식론(epistemology)의 범위로 확대되며, 가치를 보증하는 존재가 실제로 있는지에 대해 묻게 되면 존재론(ontology)의 영역이 된다. 결국 가치와 사실 문제는 본래 윤리학의 문제이기는 하지만, '실천'을 매개로 철학의 여러 분과학문들과 밀접하게 관계 맺고 있다.

일반적으로 가치-사실 논쟁의 핵심은 가치가 과연 객관성을 가질 수 있는지에 대한 입장 차이라고 할 수 있다. 기존의 가치-사실 논쟁에서 가치(value)는 보통 당위(sollen, ought)와 관련되어 있고, 사실(fact)은 존재(sein, is)와 관련되어 있다. 참과 거짓을 구별할 수 있는 존재(is)를 다루는 사실(fact) 분야만이 학문의 대상이 되고, 근본적으로 진리, 허위를 구별할 수 없는 가치 분야는 학문의 대상이 될 수 없다는 주장과, 그에 대한 반론이 진행된 것이 가치-사실 논쟁의 역사였다.

사실로부터 가치를 분리시키려 했던 경험주의자 흄(David Hume)을 시작으로, "선하거나 악한 것은 근본적으로 나이며, 세계가 아니다"라고 선언한 비트겐슈타인(Ludwig Wittgenstein), '자연주의의 오류'(naturalistic fallacy)를 지적하고 '사실로부터 가치를 도출할 수 없다'고 결론을 내린 무어(G. E. Moore) 이후, 논리실증주의자들은 보다 철저하게 사실에서 가치를 제거해 나가려 했다. 이들의 주장에 의하면 가치에 대한 윤리학적 명제들은 주관적이고 정서적인 것으로 사실상 무의미해진다.[6] 즉 가치에 대한 논의에서 객관성을 찾는다는 것은 본질적으로 불가능하다는 내용이다.

이에 대하여 반론을 제기한 사람은 사실 진술 안에 평가 진술이 암묵적으로 들어있다고 본 프랑케나(W. K. Frankena), 평가나 명령적 요소를 포함하고 있는 사실진술들이 있으므로 사실에서 가치를 도출할 수 있다고 주장한 서얼(J. Searle), '행위자로서의 인간'을 강조하며 서얼의 주장을 구체화한 게워스(A. Gewirth) 등이었다.[7] 이들은 공통적으로 존재로부터 당위를, 사실로부터 가치를 추출하는 것이 가능하므로 가치의 객관성이 확보될 수 있다고 주장한다. 또한 1980년대 '도덕적 사실'의 실재(實在)를 옹호하고 있는 워너(R. Werner)나 스타전(N. Sturgeon)과 같은 학자도 '도덕적 사실'의 실재함을 통해 가치의 객관성을 확보하려고 한다.[8] 최근 퍼트남(Hilary Putnam)은 일상적 언어 안에서 같은 단어를 '평가적'(가치적)으로도, '기술적'(descriptive, 사실적)으로도 쓰고 있는 점을 들어 가치/사실 이분법을 비판하고 가치의 '상대적 객관성'을 주장하고 있는데[9], 이러한 논의도 가치의 객관성 확보를 위한 노력이라고 할 것이다.

---

6 노양진, 「경험으로서의 가치」, 『범한철학』 39, (익산: 범한철학회, 2005), 9~12쪽 참고. 무어(G. E. Moore)의 경우, 사실로부터 가치를 제거하기 위한 시도라기보다는 윤리학이 사실과는 다른 차원의 논의가 필요하다는 주장이었다. 선(善)이 초감각적 성질의 것이고 이것에 대해 초감각적 직관이 필요하며, 이를 통해 올바른 윤리적 판단이 가능하다는 것이다. Hilary Putnam, 홍경남 역, 『존재론 없는 윤리학』, (서울: 철학과 현실사, 2006), 39쪽 참고. 그럼에도 철학사로 보면, 가치가 사실로부터 도출될 수 없다는 증명(물론 이후 비판이 계속되는 내용이지만)인, 열린 질문(open question)을 통한 '자연주의의 오류' 논의는 논리 실증주의자들에게 사실세계와 가치세계를 근본적으로 구분해야 한다는 신념을 강화하는 역할을 수행했다.

7 최병환, 「가치의 사실에의 정합 가능성 연구」, 『동서철학연구』 46, (청주: 한국동서철학회, 2007), 93~97쪽 참고.

8 길병휘, 『가치와 사실』, (서울: 서광사, 1996), 127~147쪽 참고.

9 Hilary Putnam, 같은 책, 117~134쪽 참고.

이처럼 가치와 사실에 관한 논의는 가치의 객관성(objectivity)을 인정할 것인가에 관한 논의가 핵심이라고 할 수 있다. 여기에서 객관성과 주관성에 대해 잠깐 정의하면, '어떤 것이 모든 사람에게 동일한 대상일 때, 그것을 객관적'이라고 하며. 그러한 성질을 '객관성'이라고 한다. 반대로 '어떤 것이 사람마다 다를 때, 그리고 그것이 한 개인에게 한정될 때, 이것을 주관적'이라고 하며, 그러한 성질을 '주관성'(subjectivity)이라고 한다.[10] 그렇다면 가치가 사실처럼 모든 사람에게 동일한 대상 즉 객관적인 것이라고 주장하는 측과 사실과는 다르게 사람마다 다른 것 즉 주관적인 것이라고 주장하는 측의 논쟁이 가치와 사실 논쟁의 핵심이라고 할 수 있게 된다. 그런데 가치가 객관적이라고 주장하는 측과 주관적이라고 주장하는 측 모두 일정한 의문에 대해 대답해야 한다는 과제를 가지고 있다.

먼저 가치가 객관적이라고 주장하는 측은 가치의 문제를 사실의 문제로 환원할 수 있는지에 대한 물음에 답해야 한다. 또는 '이다'(사실)에서 '해야 한다'(가치)를 논리적으로 도출할 수 있는지에 대해 답해야 한다. 그리고 객관적 사실에서 도출된 가치의 구체적인 내용이 무엇인지에 대해서도 답해야 한다. 이는 객관성을 갖기 위해서는 모든 사람에게 동일한 '사실'이어야 한다는 논의에 따른 것으로, 아직까지도 그 완전한 대답이 도출되지 못하고 있다.[11]

다음으로 가치가 주관적이라고 주장하는 측은 과연 사회적 윤리가 가능한지에 대해 대답해야 한다. 이 문제는 좀 더 복잡한 상황을 만들게 된다. '해야 한다'라는 가치가 순수하게 주관적인 것이라면, 다

---

10 M. J. Adler, 장건인 역, 『열가지 철학적 오류』, (서울: 서광사, 1990), 28쪽.

11 길병휘, 같은 책, 170~171쪽 참고.

른 사람에게 '해야 한다'라는 가치 내용을 강요할만한 근거가 없게 된다. 그렇다면, 사회적으로 윤리가 성립될 수 있는 근거도 사라지게 된다. 따라서 가치가 주관적인 것이라고 주장하는 사람들은 가치 상대주의, 또는 윤리 상대주의를 주장할 수밖에 없게 된다. '해야 한다'라는 가치가 모든 사람에게 동일한 것이 아니라면, 현재 사회적 가치, 즉 사회에서 윤리 혹은 도덕으로 통용되는 가치는 결국 '힘' 또는 '권력'에 의해 정당화될 수밖에 없게 된다. 도덕 회의주의는 결과적으로 이와 같은 태도에서 나오는 것이다.[12]

가치와 사실의 문제에서 발생한, 이러한 질문과 문제점들은 과학과 형이상학 논쟁에서 과학파와 형이상학파에게 그대로 적용되는 것들이었다. 형이상학파는 가치가 주관적인 것이라고 주장한 반면, 과학파는 가치가 객관적인 것이라고 주장하고 있기 때문이다. 이를 확인하기 위해 먼저 량치차오(梁啓超)에 대한 논의부터 시작하기로 한다.

2. 과학과 형이상학 논쟁의 배경: 과학만능주의 파산론

량치차오(梁啓超)의 『유럽여행 감상록(歐遊心影錄)』 가운데 상편(上

12 위의 책, 21쪽 참고. 길병휘는 이곳에서 도덕적 회의주의를 '극복되어야할' 대상으로 규정하고 있지만, 반드시 그런 것만은 아닐 것이다. 즉 '힘'(또는 권력)에 의한 가치의 지배를 인정할 경우, 두 가지 상반된 태도가 가능하다. 첫 번째 태도는 현재 사회에 통용되는 가치는 '힘'에 의한 가치의 지배이며, 이는 정당하다는 태도이다. 두 번째 태도는 현재 사회에 통용되는 가치는 '힘'에 의한 가치의 지배이며, 이는 새로운 힘에 의해 얼마든지 바뀔 수 있다는 태도이다. 도덕적 회의주의에서 두 가지 매우 상반된 태도가 도출될 수 있으며, 특히 두 번째 태도는 기존 사회의 가치에 대한 비판과 교정을 위해서는 반드시 필요한 태도라고 할 수 있다.

篇)이라 할 수 있는 「대전전후의 유럽(大戰前后之歐洲)」의 7절에 '과학만능의 꿈'(科學萬能之夢)이라는 내용이 있다. 후스(胡適)가 지적한 '과학파산론'은 바로 이곳의 내용이다. 이곳에서 과학이 사회에 끼친 영향에 대해 량치차오는 다음과 같이 말하고 있다.

> 소위 우주의 대원리라는 것은 과학적 방법을 사용하여 실험하는 것이지 철학적 방법으로 명상하여 얻어지는 것이 아니다. 이러한 유물론 철학가는 과학을 일종의 순물질적, 순기계적 인생관 위에 건립시킨다. 그리고 모든 내부생활, 외부생활을 모두 물질운동의 필연법칙 아래 귀속시킨다. 이러한 법칙은 사실 일종의 변화된 운명예정설이라 할 수 있다. 구파의 예정설은 운명이 팔자에서 나오거나 혹은 하나님으로부터 정해지는 것이라 말했으며, 신파의 예정설은 운명이 과학적 법칙에 완전히 지배된다고 했다. 이들이 기대고 있는 논거는 비록 다르지만 결론은 마찬가지다. 뿐만 아니라 그들은 심리와 정신을 하나의 물질로 보았다. 실험심리학에 근거하면, 인류정신도 하나의 물질에 불과하며 필연법칙의 지배를 받는다. 이에 인류의 자유의지는 부인될 수밖에 없는 것이다. 의지가 자유로울 수 없다면 무슨 선악의 책임이 있을 수 있겠는가? 내가 선을 행하는 것은 단지 필연법칙의 틀 안에서 내가 움직이는 것이며 내가 악을 행하는 것 역시 필연 법칙의 윤곽 속에서 내가 움직이는 것이니, 결국 나와 무슨 상관이 있다는 말인가. 이와 같이 말한다면 이것은 도덕표준이 어떻게 변화해야 한다는 문제가 아니라 도덕이라는 것이 존재하는가 여부의 문제가 된다. 현재 사상계의 최대 위기는 바로 이 점이다.[13]

---

13 梁啓超, 「科學萬能之夢」, 朱維錚 編, 『中國現代思想史資料簡編』 一卷, (浙江: 浙江人民出版社, 1980), 230~231쪽.

량치차오(梁啓超)가 비판하고 있는 핵심은 과학이 사회적 도덕에 끼치는 해악에 있다. 과학의 근본적인 원리는 인과율이며 '필연법칙'이다. 과학만능주의에 의하면 인과율과 '필연법칙'으로 인간의 삶을 논할 수 있다고 한다. 그러나 인간의 삶이 인과율과 '필연법칙'으로 이루어져 있다면, 그 안에 '자유의지'가 있을 수 없다. 자유의지가 없는 삶은 개인이 행한 행위에 대해 선과 악을 따질 수 없기에 그에 따른 책임도 존재하지 않는다. 필연법칙에 지배되는 삶은 원인과 결과에 의해 필연적으로 '그렇게' 진행되는 것이므로 결국 운명예정설과 다를 것이 없게 된다.[14]

여기에서 량치차오(梁啓超)가 과학으로부터 지키려고 했던 것은 도덕이었다. 즉 도덕적 '옳음'(善)과 '그름'(惡)의 표준은 바뀔 수도 있지만 도덕 자체가 부인될 수는 없다고 생각한 것이다. 그가 생각한 '도덕'은 어떤 특징이 있는지 언급하는 말을 보면 다음과 같다.

> 종교와 구(舊)철학은 이미 과학에 의해 완전히 패배 당했으며, 당연히 '과학선생'이 그 자리를 차지하고 과학적 실험에 의지하여 우주의 새로운 대원리를 만들어내고 있다. 그런데 이 대원리는 말할 것도 없이 각 학문의 소원리도 매일 새롭게 바뀌며, 오늘 진리라고 인식한 것이 내일은 그릇된 관점(謬見)이 되어 버린다.

---

14 이와 관련하여 허남진과 박성규는 梁啓超가 침소봉대(針小棒大)하고 있다고 평가하고 있다. 학문적 엄밀성에서 자유의지를 부정한 것이 사회적 법률적 책임성이 강조되는 일상생활 속에서 자유의지의 기능을 거부한 것은 아닌데도, '자유의지가 부정되면 도덕적 책임을 물을 수 없다'는 식의 결론을 내리고 있다는 것이다. 허남진·박성규, 「과학과 인생관(현학) 논쟁」, 『人文論叢』 47, (서울: 서울대학교출판부, 2002), 184~185쪽 참고. 그러나 梁啓超의 주장은 과학적 인과율로 사회적 도덕의 문제에 접근하려는 '과학만능주의'에 대한 비판임을 고려한다면, 梁啓超의 이러한 생각이 완전한 오해는 아닐 것이다.

새로운 권위는 아직 수립되지 못했고 이전의 권위도 회복될 수 없게 되었다. 따라서 전사회의 인심은 회의와 번민과 두려움에 빠져 마치 바다 한 가운데서 나침반을 잃어버린 배가 바람과 안개를 만나 어떻게 앞길을 헤쳐가야 할지 모르는 상태처럼 되었다. 이리하여 쾌락주의(樂利主義)와 강권주의(强權主義)가 점점 세력을 얻었다. 사후에도 천당은 없으니 앞으로 남은 이 몇 십 년 동안 마음껏 즐기며 사는 수밖에 없다. 선이든 악이든 이미 책임은 존재하지 않으니 내가 모든 수단을 다해 내 개인의 욕망을 충족한들 무슨 상관이 있겠는가?[15]

량치차오(梁啓超)가 상정하고 있는 도덕은 사회의 '안정성'을 확보하는 것이다. 이 때문에 과학이 사회에 주는 해악은 바로 이 '안정성'을 무너뜨리는 것이다. 기존에 이러한 안정성을 확보하고 있던 것은 종교와 구(舊)철학이라고 할 수 있다. 종교와 구철학은 일정한 권위를 가지고 사회에 안정적인 '나침반' 역할을 했던 것이다. 그러나 양자는 이미 과학에 의해 무너졌다. 과학은 모든 것에 대해 과학적 실험을 통해 그 '권위'를 무너뜨리는 특성을 가지고 있다. 사회적 권위가 무너진 결과로 나온 것이 '쾌락주의'(樂利主義)와 '강권주의'(强權主義)이다. 그의 논리로 보면 사회 차원의 '옳음'(善)과 '그름'(惡)이 무너져서 개인의 물질적 욕망이 행위의 기준이 되어 버렸기 때문에 발생한 것이 쾌락주의라 할 수 있다. 그가 보기에 사회 차원의 질서가 없는 상태에서 각 개인이 쾌락을 추구하다 보니 약육강식의 강권주의가 출현하게 된 것은 당연하다고 할 수 있다.

여기에서 량치차오(梁啓超)의 도덕에 대한 입장을 볼 수 있다. 그가

15 梁啓超, 같은 글, 231쪽.

생각하기에 사회적 '옳음'(善)과 '그름'(惡)의 핵심 기준은 '권위'에 있다. 그리고 개인 차원의 욕망은 사회적 '옳음'과 '그름'의 권위에 의해 제한해야 할 덕목이었다. 그에게 있어서 개인의 욕망과 사회적 가치는 대립되는 것이고, 사회적 가치는 개인적 욕망을 제어하는 역할이 강조되고 있다. 그렇다면 개인적 욕망은 왜 제한되어야 하는지가 문제가 된다. 이에 대해 그의 언급을 보자.

> 향수할 물질의 증가율은 욕망의 증가율을 따라가지 못하건만 균형을 이룰 방법도 없다. 어쩌면 좋을 것인가? 그저 자기의 능력대로 자유경쟁, 솔직히 말해 약육강식할 따름이다. 요즘의 중국의 무슨 군벌, 무슨 재벌 등도 모두 이런 노선에서 생긴 것이고, 서구의 세계대전도 이것으로 인한 응보의 하나일 뿐이다.[16]

그가 생각한 개인적 욕망의 핵심은 물질에 대한 욕망이었다. 개인 차원의 욕망은 그 기준이 물질에 대한 향유에 있는 것이다. 물질에 대한 향유 욕망은 끝이 없지만, 그 대상이 되는 물질은 한정되어 있는 것이 현실이므로, 그 물질을 둘러싸고 결국 싸움이 벌어질 수밖에 없다. 전쟁과 폭력은 이러한 개인 욕망의 무한한 추구에서 나타난 일종의 '필연'이 된다.

여기에서 보이는 개인적 욕망은 물질 향유 욕망뿐이다. 개인에게 '좋다'로 인식되는 것이 물질적 향유에만 있다는 것이 된다. 사회적 가치, 즉 도덕은 개인적 욕망에 기반해서 생기는 것이 아니라고 부정하고 있는 부분이다. 인간의 도덕적 욕망에 대해서 기본적으로 부정

---

16 위의 글, 위의 책, 231쪽.

한다고 할 수 있다. 이 때문에 개인은 사회적 가치의 권위로 제어해야 할 대상일 뿐이라는 결론이 도출되는 것이다. 결국 과학은 사회적 가치인 도덕의 권위를 무너뜨렸고, 그 결과 개인의 물질에 대한 욕망만이 유일한 가치로 남게 되었다. 그 결과 사람들은 먹고 마시는 일에만 전념하게 되고, 이 먹고 마시는 일을 위하여 끊임없이 물질적 진보를 이루어 온 것이 또한 과학이었다.

> 요컨대 이러한 인생관 아래 수많은 사람들이 앞 다투어 만든 이 세계가 쉬지 않고 달려온 지 수 십년인데, 무슨 일이 일어났는가? 유일무이한 목적은 앞 다투어 먹고 마시는 것이 되어 버렸다. 그게 아니라면 우주물질운동의 큰 수레바퀴가 발동력을 잃을까 두려워 본래 그 연료를 공급하는 것이리라. 그렇다면 인생은 무슨 의미가 있으며, 인류는 무슨 가치가 있겠는가? 유감스럽게도 과학전성시대에 그 주요한 사조(思潮)는 이 방면에만 치우쳐 있어, 당시의 과학만능을 부르짖던 사람들은 과학의 성공에 도취되어 황금세계가 곧 출현할 것이라고 기대했다. 지금 계산해보면, 100년 동안의 물질적 진보가 이전 3000년 동안의 진보보다 몇 배나 더 많다. 그럼에도 우리 인류는 행복을 얻지 못했을 뿐만 아니라 도리어 수많은 재난에 직면해 있다. 이는 비유컨대, 사막 가운데 길 잃은 나그네가 멀리 보이는 큰 그늘을 보고 필사적으로 앞으로 달려와 그곳에 다가서서 알고 보니, 그 형상은 보이지 않아 이 때문에 크게 당황하고 실망하는 모습이다. 이 형상이 바로 '과학선생'이다. 서구인들은 과학만능이라는 큰 꿈을 꾸었지만 지금에 이르러 과학파산을 초래했을 뿐이다.[17]

---

[17] 위의 글, 위의 책, 231~232쪽.

량치차오(梁啓超)가 보기에 '과학선생'은 일종의 신기루였다. 기존의 사회적 권위를 무너뜨리고, 모든 사람에게 모든 분야에서 행복을 줄 것 같았던 과학은 행복보다 재앙을 남기게 되었다는 것이다. 이러한 그의 주장에 대해 주의할 것이 있다. 그가 말하는 '과학선생'은 결코 '과학 자체'가 아니라는 점이다. 이 때문에 량치차오 주장의 핵심이 '과학파산론'이었다는 후스(胡適)의 지적은 다소 빗나간 지적이라고 할 수 있다. 여기에서 '과학선생'은 '과학만능주의'를 의미하며, 파산을 맞은 것은 '과학 자체'가 아니라 '과학만능주의'였다.[18] 량치차오의 논의로 볼 때, 과학을 통해 사회적 가치를 대신할 수 있다는 관점이 일종의 '신기루'였으며, 이러한 관점이 '과학만능주의'였던 것이다.

량치차오(梁啓超)는 과학이 사회적 가치(도덕)를 대신할 수 있다는 생각을 거부한다. 그 이유는 두 가지로 요약될 수 있다. 첫째, 과학은 그 속성상 기존의 권위를 무너뜨리는 특징이 있으나, 사회적 안정성은 일정한 권위를 통해서만 이루어질 수 있다는 점이다. 둘째, 과학은 속성상 인과율의 '필연법칙'을 통해 대상을 연구하는데, 이것을 통해 인간의 삶을 설명한다면 개인의 도덕적 책임을 묻는 것이 불가능해져서 사회적 가치 자체가 성립될 수 없다는 점이다.

과학은 가치를 만들어 낼 수 없다고 량치차오(梁啓超)는 생각했다. 그가 보기에 '과학만능주의'란 객관적 사실의 법칙(과학)을 통해 사회적 '가치'를 만들어 낼 수 있다는 관점이었다. 그러나 객관적 과학은 사회적 가치의 두 가지 조건인, '안정성'과 '자유의지'를 부정하는

---

18 梁啓超는 이 글의 말미에 다음과 같이 자주(自註)를 달고 있다. "독자들은 이 과학 비판으로 인해 오해하지 말아야 한다. 나는 과학파산을 말하려는 것이 아니라 과학만능의 파산을 말하려는 것이다." 위의 글, 위의 책, 232쪽.

속성이 있었다. 그럼에도 그는 과학적 '진리' 자체를 거부할 수는 없었다. 이점은 스스로 과학을 부정하는 것이 아니라 과학만능을 부정한다고 밝힌 점에서 알 수 있다. 아울러 그는 사회적 규율로 제어하지 않으면, 개인적 가치는 오직 물질적 욕망뿐이라고 생각했다. 인간의 가치 가운데 개인 가치와 사회 가치를 대립적으로 보고 있으며, 사회적 가치가 되기 위해서는 개인적 가치(물질적 욕망)를 제어할 만한 안정적인 권위가 핵심이라고 인식하고 있는 것이다. 이러한 그의 논의의 중요성은 객관적 사실을 다루는 과학은 사회의 질서를 유지하는 도덕적 가치를 만들어낼 수 없다고 했다는 점에 있으며, 이는 향후 과학과 형이상학 논쟁의 핵심적 주제와 직접적으로 연결되는 내용이었다.

3. 장쥔마이(張君勱)와 딩원장(丁文江)의 논쟁: 주관적 · 개인적 가치와 가치의 사회성 · 객관성 문제

장쥔마이(張君勱)는 1923년 2월 14일에 칭화대학(淸華大學)에서 '인생관(人生觀)'이라는 제목으로 강연을 했다. 대상은 해외유학 예정자들이었으며, 내용은 량치차오(梁啓超)와 마찬가지로 '과학만능주의'에 대한 문제제기였다. 이 강연의 내용은 『칭화주간(淸華週刊)』 272호에 「인생관(人生觀)」이라는 제목으로 게재되었다. 이것이 과학과 형이상학 논쟁의 시작이었다. 장쥔마이는 과학의 보편적 법칙이 일상생활에 적용될 수 있는지에 대한 의문을 던지면서 그의 「인생관」을 시작한다.

여러분은 오랫동안 교과서를 읽고 세상의 일이 모두 보편적 법칙(公例)을 갖고 있으며, 모두 인과율의 지배를 받는다고 생각하고 있다. 그러나 실제로 여러분이 눈 감고 한번 생각해보면 대다수의 문제가 반드시 이처럼 명확하지 않다는 점을 알게 된다. 이런 문제는 철학의 고상한 학리(學理)가 아니라 인생의 일상 가운데 있다. 갑은 이렇게 말하고, 을은 저렇게 말하니, 시비(是非)와 진위(眞僞)의 표준이란 것이 없는 것이다. 이것은 무엇인가? 이것이 바로 인생이다. 똑같은 인생인데도 피차의 관찰점이 같지 않고, 의견이 각자 다르기 때문에 세상에서 예나 지금이나 가장 통일하기 어려운 것이 인생관이다.[19]

살아가면서 '해야 하는 것' 또는 '중요한 것이나 의미 있는 것'에 대한 관점 문제, 즉 가치 문제가 인생관 문제라고 할 수 있다. 그러한 인생관 문제에 과학적인 법칙이 적용될 수 없다는 것이다. 장쥔마이(張君勱)는 개인적 차원의 '참과 거짓', '옳고 그름'의 다양한 의견이 적용되는 것이 바로 '인생'이라고 정의한다. 인생의 표준이 있을 수 없는 이유는 사람마다 서게 되는 관점(人生觀)이 다르기 때문이다. 이렇게 사람마다 각자 다르게 대상을 보고 저 마다 다른 의견을 말하는 것이 허용되는 곳이 바로 인생이 되는 것이다. 이렇게 개인적 '가치'의 다양성에 대해 허용할 수 있는 근거에 대해 그는 다음과 같이 말하고 있다.

인생관의 중심은 바로 아(我)이다. 아와 상대되는 것이 비아(非我)이다. 그리고 비아 가운데 여러 종류의 구별이 있다. 아를 낳고

19 張君勱, 「人生觀」, 『科學與人生觀』, 1쪽.

기르는 점으로 말하면 부모가 되고, 아의 배우자로 말하면 부부(夫婦)가 된다. 아가 소속된 단체로 말하면 사회나 국가가 되며, 재산의 분배 방법으로 말하면 사유재산제나 공유재산제가 있다. 물질을 경시하는지 중시하는지에 따라 말하면 정신문명과 물질문명이 있다. 이러한 문제는 동서고금을 통해 의견이 극히 불일치하여 수학이나 물리화학 문제처럼 일정한 공식이 없다.[20]

장쥔마이(張君勱)는 주체(我)와 대상(非我)을 구분하고, 그 중심을 주체에 두고 있다. 즉 주체를 중심으로 모든 대상(세계)을 인식하고, 가치를 부여하기 때문에 그곳에서는 일정한 공식이 없다는 것이다. 일정한 공식이 없다면 '시비진위'(是非眞僞)의 구분이 의미가 없게 됨은 당연한 이치라 할 것이다. 또 그는 이러한 기준으로 부모와 부부를 정의하는데 그치지 않고 사회적 제도와 문명에까지 연장시키고 있다. 사유재산제와 공유재산제도 주체 중심의 관점으로 선택하는 것이며, 물질 위주의 물질문명과 정신위주의 정신문명도 주체 중심의 관점으로 선택할 수 있다는 의미이다. 이는 개인적 가치로 사회제도도 취사선택할 수 있다는 말이 된다.

일반적으로 주체와 대상을 나누고 주체 중심으로 대상을 인식한다고 할 때, '주체'에 보편적인 특성이 있는지 없는지는 매우 중요한 문제다. 보통 서양의 근대 주체철학의 시조로 평가되는 데카르트(Descartes)가 '코기토'(cogito)를 말할 때, 주체는 나 개인이 아니라 인간 보편이라고 할 수 있다. 즉 내가 생각하는 것은 다른 사람도 생각하는 것이라는 전제가 깔려 있다. 이 때문에 서양 근대 주체 철학에서

20 위의 글, 1~2쪽.

보편적 인식이 가능해진다. 그러나 장쥔마이(張君勱)의 인식 주체는 파편적으로 나눠진 개개인이며, 이 개인들은 인식에 있어서, 특히 가치 인식에 있어서 완전히 자유로운 존재다. 이는 '생명'을 자연의 획일적인 '기계론'과 구분하고, 생명주체의 자유로운 운동과 자발성을 강조하는 생철학(生哲學, philosophy of life)의 기본 입장과 일치한다. 그가 인생의 특징을 언급하는 다음 내용을 보면 보다 명확해진다.

> 모두 아(我)를 중심으로 생각하는 것으로, 아와 바깥의 사물(外物)을 관련시키든지 혹은 아와 바깥의 사람(外人)을 관련시키든지 하여 동서고금에 일정한 해결이라는 것이 없으니 이러한 문제는 모두 인생(人生)과 관련되어 있다. 인생은 살아 움직이는 것(活的)이라서 죽은 물질처럼 쉽게 일률적으로 묶을 수 있는 것이 아니다.[21]

인생은 '살아 움직이는 것'(活的)이고, 물질은 생명이 없는 것이다. 따라서 물질은 일률적으로 묶을 수 있는 반면, 인생은 일정한 기준으로 묶을 수 없다. 장쥔마이(張君勱)는 이렇게 생철학의 입장에서 생명의 자발성을 강조한 나머지 개인적이고 주관적 가치에 의해 사회 제도도 취사선택이 가능하다고 주장하고 있다.

본질적으로 '죽은'(死) 물질을 연구하는 것이 과학이라면, 이 과학으로 살아 움직이는 인생을 연구해서 일정한 법칙을 발견할 수는 없다. 대상의 특성이 다르기 때문이다. 따라서 인생을 바라보는 '인생관'은 대상이 되는 '인생' 자체의 살아 움직이는 특징 때문에 과학과는 구별될 수밖에 없다.

---

[21] 위의 글, 4쪽.

인생관의 특징은 주관적, 직각적, 종합적, 자유의지적(自由意志的), 단일성적(單一性的)이라는 데 있다. 이런 다섯 가지 특징이 있기 때문에 과학이 아무리 발달하더라도 인생관 문제는 결코 과학이 힘을 발휘하여 해결할 수 있는 문제가 아니다. 이 문제는 오직 인류 자신에게 의지하여 해결할 수밖에 없는 문제이다. 소위 고금의 대사상가들은 이 인생관 문제에 대하여 공헌한 바가 있는 사람들이다.[22]

인생관의 특징과 다르게 과학의 특징은 '객관적'이고, '논리적' 방법에 의해 지배되고, '분석적' 방법으로 출발하고, '인과율'의 지배를 받으며, '똑같은 현상'에서 나오는 학문이다.[23] 장쥔마이(張君勱)의 주장에 의하면 5가지 다른 점 가운데 가장 중요한 것은 과학이 객관적이고 인생관이 주관적이라는 차이점이다.[24] 여기에서 주관적인 인생관이란 공자의 행건(行健)과 노자의 무위(無爲), 맹자의 성선(性善)과 순자의 성악(性惡), 양주의 위아(爲我)와 묵자의 겸애(兼愛), 칸트의 의무관념(義務觀念)과 벤덤의 공리주의(功利主義), 다윈의 생존경쟁론(生存競爭論)과 크로포트킨의 호조주의(互助主義) 등이다.[25]

여기에서 그가 언급한 인생관들은 공통적으로 인간의 본성과 그에 따른 행위규범에 관련된 '대사상가들'의 입장이라는 특징이 있다. 즉 사회적 가치(윤리규범)라고 할 수 있다. 결론적으로 위대한 사상가들이 만들어낸 사회적 가치조차도 개인적 · 주관적 가치에 의해 취사선

---

22 위의 글, 9쪽.

23 위의 글, 4~9쪽 참고.

24 위의 글, 4쪽.

25 위의 글, 5쪽.

택할 수 있으며, 이는 가치 자체의 객관성을 근본적으로 부정하는 것이었다. 장쥔마이(張君勱)에게 사회적 가치는 주관적 가치에 의해 언제든지 부정될 수 있는 대상이었다. 이에 따라 정당한 인생관이라는 것도 당연히 존재할 수 없게 된다.

> 누군가 무엇이 정당한 인생관인지를 물어본 적이 있다. 여러분이 내가 위에서 강의한 다섯 가지 특징을 들었다면 이 문제가 답변할 수 없는 문제임을 알 것이다. 인생관은 객관적 표준이 없다. 그러므로 자기에게 돌이켜 구해야 하지 결코 타인이 만들어 낸 인생관을 나의 인생관으로 삼을 수 없는 것이다.[26]

정당한 인생관도 존재할 수 없고, 타인의 인생관도 자신에게 적용할 수 없으므로 결국 인생관은 자기 자신에게서 구할 수밖에 없다. 즉 인생관은 근본적으로 주관적인 것이다. 그런데 그의 이전 논리로 보면 자기 자신에게서 구한 인생관을 다른 사람에게 옳다고 말할 수도 없게 된다. 이러한 장쥔마이(張君勱)의 생각은 과학에 대한 극단적인 대결의식에서 나온 것이라고 할 수 있겠다.

> 과학의 쓰임은 주로 외부로 향하는 데 있으니 그 결과 실험실과 공장이 나라 안에 두루 있게 되었다. 아침에 시작해서 저녁에 그치니 인생이 기계처럼 되어 정신의 위안 둘 곳을 얻지 못하게 되었다. … 한 나라가 공업과 상업만을 중시하는 것은 정당한 인생관이 될 수 없고, 정당한 문화가 될 수 없다는 것을 알아야 한다. 서양에서 사람들은 그것을 보고 이미 큰 문제로 삼았다.

---

[26] 위의 글, 10쪽.

세계대전이 끝난 후에 이삼백년을 총 결산해 보니, 물질문명(物質文明)은 외부로 향한 물질 추구(向外逐物)를 따라잡지 못했다고 느끼는 것이다.[27]

그가 보기에 과학이 사회적 가치가 될 수 없다는 점에 대해서는 서양의 역사를 통해 충분히 알 수 있는 사실이었다. 그럼에도 중국의 젊은 학생들은 교과서를 통해 과학적 법칙만은 중요한 것으로 여기고, 모든 분야에서 과학적 방법을 통해 보편 법칙을 발견할 수 있다고 생각하고 있었다. 장쥔마이(張君勱)의 극단적 주장은 결국 과학에 대한 '극단적' 대결의식에서 출발한 것으로 평가할 수 있겠다.

앞에서 살펴본 장쥔마이(張君勱)의 주장에서 한 가지 중요한 의미를 발견할 수 있다. 가치는 객관적인 것이 아니라 주관적인 것이라고 생각한 점이다. 그의 논리로 볼 때, 가치가 객관적인 것이라면 객관적인 사실을 탐구하는 과학에 의해 충분히 연구할 수 있는 것이 되고 만다. 장쥔마이도 객관적인 대상에 대한 과학의 '위력'을 이미 인정하고 있다. 그러한 상황에서 인생관(가치)이 과학에 의해 해결될 수 없다고 생각한 것이 그의 기본입장이었다. 결과적으로 살아가면서 '해야 하는 것'에 대한 관점이라고 할 수 있는 인생관은 결코 객관적 사실로부터 도출될 수 없으며, 근본적으로 주관적인 속성을 가지고 있다고 장쥔마이는 생각했다.

장쥔마이(張君勱)의 「인생관(人生觀)」에 대한 딩원장(丁文江)의 비판 초점은 '개인적 · 주관적 가치'에 있었다. 앞에서 살펴봤듯이 장쥔마이는 개인적 · 주관적 가치만 인정하고 사회적 가치(옳음 · 그름)를

27 위의 글, 11쪽.

부정하고 있다. 딩원장이 보기에 가치의 보편성을 인정하지 않고 있는 장쥔마이의 '형이상학'은 매우 위험한 것이었다.

> 일반 청년들이 형이상학(玄學)이 옳다고 생각하여 종교, 사회, 정치, 도덕 일체의 문제에 대하여 논리방법의 지배를 받지 않는다고 여기면, 시비진위(是非眞僞)가 정말로 없어지게 된다. 그리고 오직 형이상학의 소위 주관적, 종합적, 자유의지적 인생관만을 가지고 그 문제를 해결하게 될 것이다. 이와 같다면 우리사회는 어떤 사회가 되겠는가? …… 가령 장시엔종(張獻忠)[28]같은 요괴가 홀연히 나타나 우리에게 말하길 그의 살인주의는 '나 자신의 양심이 명한 것이니 이것을 천하 후세의 표본으로 삼으라'고 하여도 우리들은 단지 그가 쇼펜하우어(Schopenhauer)나 마르크스 같은 위대한 인물이며, '기나긴 어둠의 역사 가운데 불을 밝혀 우리의 앞길을 인도한 사람 가운데 하나'라고 여겨야 하는데, 이게 무슨 말인가? 사람마다 각각의 양심이 다르다면, '불을 밝히고' '표본'을 만들어 낼 사람이 왜 반드시 있어야 하는가?[29]

딩원장(丁文江)은 사회적 문제에 대하여 주관적 가치인 장쥔마이(張君勱) 식의 인생관으로는 해결할 수 없다고 생각한다. 앞에서 살펴본 것처럼 장쥔마이는 인생관에 대해 대사상가의 역할을 강조한 바 있다. 그런데 딩원장이 보기에 대사상가에 대한 강조는 개인적 가치만 강조하는 장쥔마이의 주장과 모순되는 것이다. 개인적 가치만 중시

---

28 張獻忠은 명말에 농민반란군을 이끌던 지도자 중 한 명으로 사천, 무창 지역에서 수 없이 많은 사람을 살해했다고 해서 희대의 살인마로 불린다. 그러나 그러한 역사는 농민군을 진압했던 청나라에 의해 서술된 것이므로 사실 여부에 대해서는 논란이 있다.

29 丁文江, 「玄學與科學」, 위의 책, 18쪽.

하고 다른 사람의 인생관을 자신의 인생관으로 받아들이는 것조차 반대한다면, 위대한 사상가의 위대한 인생관도 받아들일 수 없는 것이 당연하다.

여기에서 딩원장(丁文江)이 강조하는 것은 가치의 객관성을 획득하는 문제이다. 종합적, 주관적, 자유의지적 인생관이라는 것은 결국 사회적 가치를 부정하고 주관 안에만 침잠해 있는 이기적 발상이었으며, 전형적인 형이상학적 태도였다. 딩원장에게 이러한 주관적인 태도는 당연히 객관적 성질을 갖춘 과학에 의해 대체되어야 할 것이었다.

> 과학의 목적은 인생의 최대 장애물인 개인의 주관적 견해를 제거하여 사람마다 모두 공통적으로 인정하는 진정한 이치를 구하는 것이다. 과학적 방법은 사실의 진위(眞僞)를 구별하고, 진정한 사실에 대하여 상세하게 분류한 이후에 그것의 질서관계를 찾아 가장 간단명료한 말로 그것을 개괄하는 것이다. 과학의 만능, 과학의 보편, 과학의 일관(貫通)이 그 재료에 있는 것이 아니라 그 방법에 있는 것이다.[30]

딩원장(丁文江)에 있어서 과학은 진정한 이치를 탐구하는 학문이고, 과학적 방법은 질서관계를 파악하는 수단이 된다. 질서가 필요한 것은 인간 세계나 자연 세계나 다를 것이 없었다. 질서의 특징은 보편적이어야 한다. 사회의 질서도 사회구성원이 그 가치를 받아들여야, 즉 보편적 가치로 인정받아야 질서로서 기능을 할 수 있다. 따라서 주관적 견해를 제거해야 질서를 발견할 수 있게 되는 것이다. 앞에서

30 위의 글, 20쪽.

본 종교, 사회, 정치, 도덕 등은 모두 이러한 질서에 대해 연구하는 학문이라고 할 수 있다. 질서에 대해 연구하는 학문이므로 당연히 과학적 방법을 이용해야 하는 것이다.

여기에서 그는 과학의 보편성, 일관성에 대해 과학의 대상이 보편적이고 일관되어 있기 때문이 아니라고 말하고 있다. 이보다는 과학적 '방법'을 통해 보편타당하고 일관적 사실을 발견할 수 있기 때문에 과학의 보편성과 일관성이 가능하다는 것이다. 같은 방식으로 그는 과학의 만능을 인정하고 있다. 앞서 살펴본 것처럼 량치차오(梁啓超)에 의하면 '과학만능주의'는 과학을 통해 '가치'를 만들어 낼 수 있다는 주장이었으며, 이는 량치차오와 장쥔마이(張君勱)가 똑같이 반대한 내용이다. 이에 대해 딩원장은 과학 자체의 내용이 만능이 아니라 과학적 방법이 만능이라고 대답하고 있다. 이러한 딩원장의 주장은 과학이 '죽은 자연'을 연구하는 학문이라서 객관적 특징이 있다고 생각하는 장쥔마이에 대한 비판이었다. 그러나 과학이 대상에 대해 끊임없이 회의하고 실험하여 사회의 안정적 권위를 무너뜨린다고 생각한 량치차오의 과학만능주의 비판에 대해서는 별다른 대답이 될 수 없는 내용이었다.

아울러 과학적 방법의 만능을 선언한 딩원장(丁文江)은 '과학만능주의'로 인해 서양의 물질문명이 발생했으며, 물질만을 추구하는 물질문명은 세계대전으로 인해 파산하였다고 생각한 량치차오(梁啓超)와 장쥔마이(張君勱)의 주장을 비판한다. 이를 위해 그는 먼저 공업과 과학을 구분하려 한다.

> 공업발달은 당연히 과학이 흥성하고 발달한 결과 중 하나다. 그러나 실험실과 공장은 절대적으로 다르다. (장쥔마이는 이유

없이 이 둘을 같은 것으로 혼동하고 있다.) 실험실은 진정한 이치를 구하는 장소이고, 공장은 재화를 만들어 내는 기관이다. 공업의 이익과 해로움은 복잡하여 한 마디로 다 말할 수 없다. 인류가 자연계를 이용하도록 만들어 낸 것은 과학자였다. 그러나 공장을 건축하고 기술자들을 소집하여 실제로 재화를 만들어 낸 것이 과학자였는가?[31]

실험실과 공장의 구분을 통해 진정한 이치를 추구하는 과학은 재화를 생산하는 공업과 근본적으로 차이가 있다는 점을 강조하고 있다. 과학자와 자본가는 완전히 다르다는 것이다. 이를 통해 딩원장(丁文江)이 말하고자 하는 것은 물질적 이익을 추구하는 욕심은 공업(자본가)의 정신이지 결코 과학(과학자)의 정신은 아니라는 것이다. 따라서 공업의 이익과 해로움에 대한 책임은 과학과 무관한 것이 된다.

서양의 문화가 설사 파산했다고 하더라도(실제로 이런 일은 없다) 과학은 절대로 그 책임을 부담하지 않는다. 왜냐하면 파산의 큰 원인은 국제 전쟁이었기 때문이다. 전쟁에 대해 당연히 책임져야 할 사람은 정치가와 교육가이다. 이러한 두 부류의 사람들 중 다수가 여전히 과학적이지 못하다. … 이들의 입신양명의 수단은 변형된 기독교다. 이러한 실정은 영국뿐만 아니라 대륙의 각국과 미국도 역시 이와 같다. 정치적 세력이 모두 법률을 공부한 사람들 수중에 있고, 교육 기관도 종교적 우매를 벗어나지 못했다. … 구미(歐美)의 공업이 비록 그렇게 과학의 발명을 이용한 것이기는 하지만 그들의 정치사회는 도리어 절대적으로 과학 정신을 결핍하고 있다. … 세계대전이 일어나기 몇 년 전에 노먼

31 위의 글, 22쪽.

> 엔젤(Norman Angell)은 『대환상(The Great Illusion)』이라는 책을 썼는데 과학방법을 이용하여 전쟁과 경제적 관계를 연구하였다. 이 책은 전쟁의 결과는 전승국도 마찬가지로 파산하게 된다는 것을 상세하게 증명하여 전쟁에 반대하였다. 당시 서양의 정치가들은 그것이 말도 안 된다고 웃지 않은 사람이 없었다. 지금에 와서 서양의 국가가 결국 모두 전쟁에 의해 파산한 것처럼 보이니까 당연히 책임을 져야할 형이상학가, 교육가, 정치가들이 전혀 잘못을 뉘우치지 않고, 도리어 물질문명의 죄명을 순결하고 고상한 과학에 씌우면서, 과학이 '외부에 힘쓰고 물질을 추구했다'(務外逐物)고 말하니 과학이 어찌 가련하지 않겠는가![32]

중국에서 과학에 대한 회의가 시작된 소위 '과학만능주의 파산론'은 서양의 세계대전을 지켜보고 나타난 주장이었다. '과학만능주의 파산론'을 주장하는 사람들이 보기에 세계대전은 과학이 사회에 끼친 해악 때문에 발생한 사건이었다. 그러나 딩원장(丁文江)에 의하면 세계대전의 책임자는 오히려 정치가, 교육가, 형이상학가들이었다. 이러한 사람들은 과학 정신을 결핍하고 있다는 공통된 특징을 가지고 있다. 그들이 과학정신을 가지고 있었다면, 오히려 세계대전을 예방할 수 있었다는 주장이다. 과학은 결국 물질문명의 원인도 아니며 세계대전의 원인도 될 수 없다. 학문적으로 책임을 져야 하는 쪽은 과학의 객관적 방법을 무시했던 형이상학이어야 하는 것이다. 과학의 객관적 방법을 통해 객관적 가치를 받아들였다면 세계대전은 오히려 발생하지 않았다는 논리였다.

요컨대 딩원장(丁文江)은 사회적 가치가 객관적인 것이어야 한다고

[32] 위의 글, 25~26쪽.

생각했다. 그가 생각하기에 주관적 가치가 사회적 가치가 되기 위해서는 반드시 보편성, 일관성을 획득해야 한다. 이 보편성과 일관성은 모든 사람이 같은 것으로 인식할 수 있는 것을 의미하며, 주관을 배제해야 하므로 객관적인 것이라고 할 수 있다. 이러한 보편성과 일관성은 일종의 객관적 질서라 할 수 있으며, 사회에서 이 질서를 찾아낼 수 있는 방법은 과학의 객관적 방법밖에 없다는 것이 그의 주장이다. 결국 그는 객관적 사실을 통해 가치를 만들 수 있다고 보며, 객관적 사실 자체가 가치의 보편성을 획득할 수 있는 유일한 수단이라고 판단하고 있다.

딩원장(丁文江)의 이러한 비판과 주장에서 중요한 두 가지 의미를 생각할 수 있겠다. 첫째 딩원장의 물음은 결국 객관적인 사실로부터 가치를 만들어 낼 수 있다고 생각하고 있다는 점이다. 둘째 장쥔마이(張君勱)에게 '주관적 가치가 과연 사회적으로도 옳은 것인가'라는 질문을 하고 있는 것이다. 첫째의 경우 향후 과학파가 일관되게 주장하는 내용이었으며, 아울러 형이상학파가 과학파에게 묻는 질문이기도 했다. 과학파는 형이상학파에게 객관적 사실을 통해 가치가 도출될 수 있음과 그 가치 내용이 무엇인지를 증명해야 하는 책임을 지게 되었다. 반대로 둘째의 경우 과학파가 형이상학파에게 묻는 질문이었다. 향후 형이상학파는 '주관적 가치가 사회적으로도 옳은 것인가?'라는 과학파의 질문에 대답해야 할 책임을 지게 된다. 이는 근본적으로 가치를 객관적인 것이라고 보는 입장과 주관적인 것으로 보는 입장 안에 존재하고 있는 일반적 의문의 내용이라 할 것이다.

장쥔마이(張君勱)는 딩원장(丁文江)이 제출한 질문에 답해야 했다. 앞서 언급했지만 이 질문은 주관적 가치가 '사회적으로도 옳은 것인가'라는 질문이었다. 이에 대한 장쥔마이의 대답은 딩원장의 지적을 받고 난 후에 다시 쓴 글인 「인생관과 과학에 대한 재론 및 딩원장에 대한 답변(再論人生觀與科學幷答丁在君)」에서 말했던 내용이다. 그 내용은 개인적 · 주관적 인생관에는 사회적 선(善)에 대한 지향성이 있다는 것이었다. 즉 주관적 인생관도 궁극적으로 사회적 가치가 이미 담겨있다는 설명이다.

> 딩원장(丁文江)이 우려하는 것은 인생관이 날마다 변하여 끝이 없다면, 사람마다 각각의 표준을 가지고 천하에 적용하려할 텐데, 장시엔종(張獻忠)같은 악인이 나타나게 되면 어찌할지에 관한 것 같다. 인생이라는 것은 정신과 물질 사이에 끼어 있다. 소위 선(善)이라는 것은 모두 정신의 표현이며, 법제, 종교, 도덕, 미술 같은 종류이다. 소위 악(惡)이라는 것은 모두 물질의 접촉이니, 간음, 노략질 같은 종류이다. 예부터 지금까지 위대한 사상가들은 물질과 정신의 부조화에 대해 탄식해 마지않았고, 이 때문에 깊이 사색하고 하나의 학설을 구해 얻어서 사람들에게 펼쳤던 것이다. 그러므로 우리나라로 말하면 공맹(孔孟)에서 육왕(陸王)에 이르기까지, 서양으로 말하면 플라톤(Platon)에서 마르크스(Marx)에 이르기까지 비록 주장이 각각 다르기는 해도 모두 자기를 버리고 남을 위하는 것으로 인류의 해방을 도모한 것이 아니겠는가? 인류의 목적은 계속하여 변화하지만 악(惡)을 쫓지 않고 반드시 선(善)을 쫓았다. 그러한 까닭은 지극히 현묘(玄妙)하여 측정할 수 없다.[33]

장쥔마이(張君勱)는 인생이 물질과 정신의 양 측면을 모두 가지고

[33] 張君勱, 「再論人生觀與科學幷答丁在君」, 『科學與人生觀』, 38~39쪽.

있다고 생각했다. 인생의 정신적 특징이 선(善)이고, 악(惡)은 인생이 물질과 접촉해서 생기는 것이었다. 대사상가들이 만들어낸 인생관의 특징은 정신과 물질을 조화시켜 인류를 선으로 나가게 한다는 점이다. 이 선은 이타적 특징을 가지고 있다. 그리고 역사적으로 보더라도 악이 아닌 선이 이겨왔다는 것이다. 결국 인생관을 자기 자신에게서 구할 수밖에 없다고 주장했던 장쥔마이에게 인생관이 보편적 가치를 획득할 수 있는 방법은 소아(小我)-대아(大我)론밖에 없었다고 할 수 있다.

> 제임스(W. James)에 의하면 유심주의자(唯心主義者)는 전체로 부분을 해석하기 좋아한다. 그의 말로 유심주의자의 도덕론을 살펴보면, 소아(小我) 가운데 이미 대아(大我)의 특성을 갖추고 있다는 것을 전제로 삼는다고 할 수 있다. 이 때문에 그 주장이 저절로 관철될 수 있는 것이다.[34]

소아(小我) 안에 이미 대아(大我)의 속성을 갖추고 있기 때문에 소아에서 대아를 발견할 수 있고, 그 대아의 특징은 이타적이며 선하다는 논리이다. 인간 개개인 안에 윤리적 본성을 가지고 있다는 말이 된다. 장쥔마이(張君勱)는 가치의 주관성에 대해 끊임없이 주장하고 있다. 그리고 주관적 가치가 '사회적으로 옳은 것인지'에 대한 질문에 개인(小我) 안에 이미 보편적 가치(大我)를 갖추고 있다고 대답하고 있는 것이다. 그리고 그에 대한 설명은 '현묘(玄妙)하므로 측정할 수 없다'는 것이었다. 결국 다른 사람에게 설명할 수 없다는 말이 된다.

34 위의 글, 39쪽.

이는 분명하게 딩원장(丁文江)의 지적을 받기 전에 쓴 「인생관(人生觀)」에서의 주장과 어긋나 있다. 앞에서도 살펴본 것처럼 「인생관」에서 장쥔마이(張君勱)는 분명하게 어떠한 인생관(가치)도 시비선악을 따질 수 없다고 주장한 바 있다. 가치 자체가 주관적이며 개별적(개인적)이라는 주장이었다. 그런데 이곳에서는 다시 모든 인생관이 '선'을 지향한다고 말하고 있다. 그렇다면 장쥔마이는 선악을 따질 수 없는 인생관이 결국 '선'을 지향할 수밖에 없는 이유에 대해 설명해야 했고, 그에 대한 설명으로 '현묘해서 측정할 수 없다'라고 말하고 있는 것이다. 결과적으로 선악을 따질 수 없는 주관적, 개별적(개인적) 인생관이 사회적으로 옳은 것인지에 대한 질문을 받았던 장쥔마이는 '주관적, 개별적 인생관은 사회적으로도 옳지만 그 이유는 설명할 길이 없다'라는 대답을 하고 있는 것이다. 이러한 그의 태도는 과학과 형이상학 논쟁 안에서 과학파뿐만 아니라 형이상학파 량치차오(梁啓超), 판쇼우캉(范壽康) 등에게도 비판받게 된 원인이 되었다.

4. 소결론

'과학만능주의'에 대한 량치차오(梁啓超)의 비판을 배경으로 하는 과학과 형이상학 논쟁은 장쥔마이(張君勱)가 '살아 움직이는 인간세계'와 '죽은 자연세계'를 구분하는 것에서 출발한다. 즉 윤리적 '가치'를 과학적 '사실'로부터 분리시키는 것에서 출발한다. '가치'를 '사실'의 법칙과 구별하고, 이를 통해 그 가치를 보존하려는 시도였다. 량치차오와 장쥔마이 모두 과학이라는 학문의 대상을 '사실 세계'에 고정시킴으로써 '가치 세계'를 과학으로부터 독립된 세계로 보고자 했으며, 이러한 가치/사실 이분법은 '가치'를 강조하기 위한 것이었다.

이러한 중국 지식인들의 논의는 서양에서 분석철학, 특히 논리실증주의자들이 '가치'와 '사실'을 분리시킨 의도와 다른 점이 있다. 에이어(A. J. Ayer)같은 논리실증주의자들은 기본적으로 '사실 세계'를 중시한다. 즉 그들은 '사실'에서 '가치'를 제거하기 위해서 양자를 구분했던 것이다. 학문의 대상을 '사실'에 한정함으로써, '가치'를 제거하기 위한 시도였다. 이들이 '사실'과 '가치'를 나누는 근본적인 기준은 '객관성'(objectivity)에 있다. 객관성이 없는 것은 근본적으로 주관적이며 정서적일 수밖에 없고, 이에 해당하는 '가치'는 학문의 대상이 될 수 없다는 것이다.[35] 이 때문에 '가치'를 강조하는 측은 가치/사실 이분법을 비판하고 '가치 세계'의 객관성을 확보하려고 시도했다.[36]

이러한 맥락에서 볼 때, 과학은 객관적이고 인생관은 주관적이라며 가치/사실 이분법으로 '가치'를 강조하고 있는 장쥔마이(張君勱)의 주장은 서구, 특히 영미철학의 사실-가치 논쟁과 맥락이 다른 시도라고 할 수 있겠다. 그럼에도 장쥔마이는 사실-가치 논쟁에서 가치가 주관적이라고 주장하는 측에게 필연적으로 주어지는 질문, 즉 '사회적 윤리(가치)는 성립 가능한가?'라는 질문에 답해야할 의무가 있게 된다. 즉 장쥔마이의 시도는 '주관적 가치가 사회적으로도 옳은 것인가'에 대하여 답해야할 책임을 가지고 있다. 정확하게 그 질문을 던진 사람이 딩원장(丁文江)이었고, 이에 대하여 이후 형이상학파 주장

35 M. J. Adler, 장건인 역, 『열가지 철학적 오류』, (서울: 서광사, 1990), 126~129쪽 참고.

36 Hilary Putnam, 같은 책, 87~113쪽 참고.

자들이 대답해야 할 책임을 지게 된다.

딩원장(丁文江)의 의견도 사실-가치 논쟁과 맥락이 다른 시도였다. 사실-가치 논쟁에서 엄격한 사실을 강조하는 측은 일반적으로 사실과 가치의 이분법을 강조하고 있었기 때문이다. 딩원장은 사실/가치 이분법을 거부하고 사실에서 가치가 도출될 수 있다고 생각했다. 그럼에도 가치가 객관적인 것이라는 그의 주장은 '객관적인 사실을 다루는 과학을 통해 가치를 도출할 수 있는가?'라는 질문에 대답해야 할 책임을 지게 된다. 그리고 '과학을 통해 도출한, 그 가치의 내용은 무엇인가'라는 질문에도 답해야한다. 이는 장쥔마이(張君勱)가 강연을 듣는 학생들에게 주관적 '인생관'을 말하면서 객관적인 것을 대상으로 하는 과학이 그러한 질문에 대답할 수 없다고 단정한 부분이다. 또한 당시의 시대적 과제라고 할 수 있는 지금 여기에서 무엇을 해야 하는 지에 대한 대답이기도 했다. 이후 과학파는 이러한 질문에 대답해야 했던 것이다.

III
개인적 · 주관적 가치의 사회적 가치로의 전환 가능성: 형이상학파(玄學派)의 주장

일정한 가치 규범이 사회적 가치로 통용되기 위해서는 '보편성'(universality)을 획득해야 한다. 일정한 가치에 대해 사회의 다른 구성원들도 당연히 '가치 있다'고 생각하고, 규범으로 받아들이기 위해서는 그것이 (최소한 그 사회 안에서라도) 특수한 것이 아니라 보편적인 것이라고 생각하지 않으면 안 되기 때문이다. 객관성을 '어떤 대상이 모든 사람에게 동일한 것일 경우, 그 대상의 특성'이라고 한다면 보편성은 말 그대로 '모든 대상에 두루 적용되는 특성'이라고 할 수 있다.

형이상학파의 출발점인 장쥔마이(張君勱)는 가치(인생관)가 주관적인 것임을 강조했다. 주관적이라는 의미는 사람마다 다른 것일 수 있다는 말이 된다. 가치가 사람마다 다른 것일 경우, 과연 그것을 보편적인 것이라고 말할 수 있는지는 형이상학파가 해결해야 할 문제임이 당연하다. 과학파 딩원장(丁文江)은 이점에 대해 정확하게 지적하고 있다. 과학과 형이상학 논쟁에서 형이상학파는 이러한 문제에 직면하고 있었던 것이다. 주관적 가치가 보편성을 획득할 수 있는 방법, 즉 주관적 가치가 사회적 가치가 될 수 있는 가능성에 대해 논의하는 형이상학파 인물로는 린자이핑(林宰平), 쥐농(菊農), 판쇼우캉(范壽康) 등을 들 수 있다. 따라서 III장에서는 이들의 논의를 중심으로 형이상학파가 딩원장(丁文江)의 질문에 대해 어떻게 대답하고 있는지에 대해 살펴보려 한다. 결론적으로 형이상학파는 판쇼우캉(范壽康)에 이르러 가치 내용의 주관성을 거의 포기할 수밖에 없었고, 따라서 과학과 형이상학 논쟁에서 시종 수세일 수밖에 없었음을 밝히게 될 것이다.

1. 주관적 심리작용과 양심의 보편성

장쥔마이(張君勱)의 「인생관(人生觀)」에 대한 딩원장(丁文江)의 반론과 장쥔마이의 재반론이 『누리(努力)』와 『천바오푸칸(晨報副刊)』에 게재된 것은 1923년 4월과 5월이었다. 장쥔마이를 지지하는 측, 즉 과학만능에 대해 비판적 태도를 취하는 형이상학파(玄學派)에서는 린자이핑(林宰平)이 6월 초에 『천바오푸칸(晨報副刊)』을 통해 자신의 입장을 표명한다.[1] 「딩원장 선생의 형이상학과 과학을 읽고(讀丁在君先生的

1 형이상학파 측에서 최초로 입장을 표명한 사람은 梁啓超였다. 梁啓超는 5월 말에 『晨報副刊』에 「人生觀與科學」이라는 글을 올린다. 이 글에서 梁啓超는 과학이 인생관 문제를 대부분 해결할 수 있지만, 감정(情感) 부분은 과학

玄學與科學)」라는 제목으로 쓴 그의 글은 주로 딩원장에 대한 비판이 중심을 이룬다. 린자이핑은 먼저 딩원장의 '과학만능' 주장이 배타적 선입견임을 지적하고[2], 과학의 분류 문제, '논리'적 관념, 물질과 마음의 문제, '엄격한 심사'의 의미, 순수 심리현상에 대한 인과율의 적용 문제 등에 대해 딩원장의 주장을 반박한다.[3] 이어서 린자이핑(林宰平)은 과학과 인생관의 관계를 2가지 핵심 문제로 정리한다.

> 딩원장(丁文江) 선생의 글은 원래 장쥔마이(張君勱) 선생이 칭화(清華)대학에서 강연한 것에 대해서 쓴 것이므로 문제의 중심은 당연히 과학과 인생관에 있다. 이제 중심 논점에 이르렀다. 이제 우리들은 조금 다르긴 하지만 다음과 같은 공동기초 상에서 토론하기를 희망한다. (一) 과학적 방법은 인생관에 유익한가? (一) 인생은 완전히 과학의 지배를 받는가?[4]

린자이핑(林宰平)은 장쥔마이(張君勱)와 딩원장(丁文江) 사이에 벌어진 논쟁의 핵심이 과학과 인생관의 관계라고 보고 있다. 이 핵심 문제 가운데 가장 중요하게 확인해야 할 점은 '과학 방법이 인생관에 유익한가?'와 '인생 문제가 과학에 의해 완전하게 지배를 받는가?' 부분인 것이다. 이는 다른 말로 하면 과학의 탐구 방법, 즉 사실에 대한 탐구 방법으로 가치 영역을 탐구할 수 있는지, 그리고 그것이 어느 범위까지 가능한지에 대한 물음이 된다.

을 초월한다고 주장하고 있다. 이에 관해서는 V장에서 따로 다루기로 한다.

2 林宰平, 「讀丁在君先生的玄學與科學」, 『科學與人生觀』, 5쪽.

3 위의 글, 5~31쪽 참고.

4 위의 글, 32쪽.

사실에 대한 탐구 방법으로 가치 영역을 탐구할 수 있다고 했을 때, 이는 명백히 가치의 영역에도 '사실'이 존재하는지에 대한 논의와 연결될 수 있다. 가치 영역에도 관찰과 검증이 가능한 '사실'이 존재하는지에 대한 논의는, 도덕(가치)적 사실이 검증 가능한지에 대한 논의 형태로, 서구의 윤리학에서도 매우 중요한 논쟁점이 되었던 부분이다.[5] 그러나 린자이핑(林宰平)의 논의는 거기까지 진행되지 못하고 있다. 그가 말한 과학적 방법, 즉 사실에 대한 탐구 방법은 '태도'에 대한 것이었지, 사실에 대한 '검증'의 문제는 아니었기 때문이다. '과학적 방법은 인생관에 유익한지'에 대한 그의 대답을 보면 이 점을 좀 더 명확하게 알 수 있다.

> 나는 몇 년 전 사망한 친구 황위엔용(黃遠庸)을 위해 그의 유고(遺稿)를 편찬하고 있을 때, 편집 감상을 적은 서문의 중간에, 인생에 대한 과학의 여러 가지 좋은 점을 쓴 적이 있다. 그 때는 듀이(Dewey) 선생이 북경에 와서 수시로 말한 것에 나는 실제로 감동을 많이 받았고, 현재까지도 그 부분에 대한 생각은 변함이 없다. 내 친구 투정슈(屠正叔) 선생도 다음과 같이 말했다. "과학적 정신은 선입견을 버리고, 객관진리에 복종하는 것에 있다. 과학을 연구하는 사람은 반드시 침착하게 아주 공평한 태도와 아주 세밀한 시선으로 그들의 연구대상을 처리해야 한다. 이렇게 하지 않으면 좋은 결과를 얻을 수 없기 때문이다. 인류는 과학적 훈련을 겪은 이후에 신중함(謹愼), 충실함(忠實), 공정함(公正) 같은 여러 미덕을

---

5 도덕적 관찰의 검증 불가능성을 주장한 하먼(H. Harman)과 '관찰의 이론 의존성'을 통해 도덕적 관찰과 과학적 관찰의 동일함을 주장한 워너(R. Werner) 사이의 이견(異見)을 예로 들 수 있겠다. 길병휘, 『가치와 사실』, 127~147쪽 참고.

> 키울 수 있었다.” (…) 이러한 견해를 말하는 사람은 현재 매우 많고, 딩원장 선생의 주장도 우리가 평소에 대화할 때 의견이 서로 다르지 않았으며, 위에 열거한 과학적 방법이 인생관에 유익한지 아닌지에 대해서는 당연히 긍정적이다.[6]

린자이핑(林宰平)이 말하고 있는 과학적 방법은 과학적 정신을 의미하는 것이었다. 즉 ‘공평한 태도’와 ‘세밀한 시선’이며, ‘신중함’, ‘충실함’, ‘공정함’이었다. 이는 명백히 ‘태도’와 관련된 것이며, 구체적인 탐구 방법이라 할 수 있는 ‘관찰’과 ‘검증’이라 할 수 없다. 그의 말에 의하면 과학적 정신(방법)은 연구 대상에 대한 ‘선입견’ 없는 태도라고 할 수 있다. 이러한 태도로 연구하는 것은 대상이 ‘사실’의 영역이건, ‘가치’의 영역이건 적용이 가능하다는 것이다. 이러한 평범한 논리로 그는 과학적 정신(방법)이 인생관에 이롭다는 긍정적인 대답을 할 수 있었지만, 그가 생각한 과학적 정신은 선입견 없는 ‘태도’ 정도를 의미했으므로 이는 딩원장(丁文江)이나 장쥔마이(張君勱)가 생각한, 엄밀한 의미의 과학 방법과는 다른 것이었다.

투정슈(屠正叔)의 말을 빌려서 진행하고 있는 그의 이러한 생각은 스스로도 밝히고 있듯이, 듀이(J. Dewey) 식의 ‘과학적 탐구’ 논리의 영향이었다. 듀이에게 있어서 과학적 탐구는 과학에만 적용되는 것이 아니었다. 이는 일상생활과 밀접한 관련이 있으며, 인간이 살아가는 과정 자체가 ‘탐구’라고 할 수 있다.[7] 이러한 탐구의 전제는 ‘도그마’(dogma)의 제거였다.[8] 이러한 듀이의 태도가 소박하게 적용된 것이

---

6 林宰平, 같은 글, 32~33쪽.

7 이유선, 『듀이&로티』, (서울: 김영사 2006), 108~109쪽.

8 위의 책, 120쪽.

린자이핑(林宰平)의 과학적 정신에 대한 정의라고 할 것이다. '도그마'를 제거한 과학적 '태도'를 강조하는 린자이핑이 보기에, 딩원장(丁文江)의 '과학만능'은 다름 아닌 '도그마' 자체였으며 결코 받아들일 수 없는 것이었다.

> 인생이 완전히 과학의 지배를 받는지 아닌지에 딩원장 선생은 다음과 같이 말했다. "장쥔마이는 인생관 문제의 해결은 결코 과학이 능력을 발휘할 수 없다고 말했다. 과학은 그에게 답하면서, 심리적 내용, 진실한 개념과 추론이 하나라도 과학의 재료가 아닌 것이 없다고 말한다." 이러한 과학의 독단적인 태도라면 나는 반대할 수밖에 없다.[9]

'인생이 과학의 완전한 지배를 받는가?'라는 그의 두 번째 질문에 대한 대답은 부정적이다. 딩원장(丁文江)이 가지고 있던 '독단적인 태도'에 대해 명백히 반대하고 있는 것이다. 린자이핑(林宰平)은 다시 한 번 투정슈(屠正叔)의 말을 통해 인생이 '완전히' 과학의 지배를 받을 수 없음을 강조한다.

> 투정슈(屠正叔) 선생은 이런 문제에 대해서도 논의한 글이 있는데, 그곳에서 그는 다음과 같이 말했다. "인생의 실제는 이지(理智)의 한 방면만이 아니며, 감정적 활동과 의지적 활동도 매우 큰 부분을 차지하고 있다. 인생 전체의 발전은 반드시 각 방면의 조화를 이뤄야 기대할 수 있으며, 결코 한 방면만으로 진행될 수 없다. 이지(理智)의 작용은 개념적 추론만을 중시한다. 나는 사람

9 林宰平, 같은 글, 33쪽

> 들이 '과학은 경험을 근거로 해야 한다'고 말하는 것이 진실로 맞는 말임을 깨닫는다. 과학적 재료는 구체적 경험의 원래 상태가 아니며, 경험을 가지고 재료를 만들 때, 실제로 이미 한 번의 제거하는 시간을 겪게 되는데, 주관 요소 - 감정과 의지(情意) - 를 모두 제거하고 감각적 부분만 남기게 되는 것이다. 이러한 자연(自然)은 추상의 산물이다. 과학이 한 발 한 발 전진하면서 과학의 추상성도 점점 현저해진다. 추상성이 커지면 커질수록 인생과의 거리도 그만큼 멀어진다." (…) 이러한 말에 대해 딩원장 선생이 어떻게 생각할지 모르겠다.[10]

이는 명확하게 과학 자체의 한계라고 할 수 있다. '주관적 요소'를 배제해야 한다는 과학의 근본적인 속성으로 인해, 주관적 요소가 매우 큰 부분을 차지하고 있는 인생과 멀어질 수밖에 없다는 것이다. '주관적 편견'의 제거와 감각을 통한 세계 인식은 딩원장(丁文江)이 강조한 '과학적 인식론'의 핵심이라고 할 수 있다.[11] 딩원장(丁文江)이 주장한 '과학적 인식론'에 입각해서 볼 때, 필연적으로 과학은 인생에서 멀어질 수밖에 없다는 것이 린자이핑(林宰平)의 주장이었다.

인생은 구체적인데 비해, 과학이 인식하는 대상은 추상적이다. 여기에서 추상과 구체의 구분은 주관적 요소인 감정과 의지가 있는지에 따라 달라진다. 인생의 실제적인 모습은 감정과 의지가 큰 부분을 차지하고 있는 것이다. 과학을 통해 이러한 감정과 의지를 제거하고 인생을 볼 경우, 인생의 실제가 아니라 추상화된 인생을 보는 것이 된다. 그렇다면 구체적인 인생의 모습은 어떤 것이며, 주관적 요소는

---

10 위의 글, 34쪽.

11 丁文江, 「玄學與科學」, 같은 책, 7~14쪽 참고.

어떤 특징이 있는지가 문제가 될 수 있다. 먼저 구체적인 인생의 모습, 구체적인 인간 세계의 모습은 어떤 것인지에 대한 그의 말을 보자.

> 오이켄(R. Eucken)은 다음과 같이 말했다. "우주 가운데 선(善)과 악(惡)이 있지 않은 것이 없다. 이미 혼란스러운 세계이므로 인류의 책임은 선과 악이 뒤섞여 있는 가운데에서 분투하여 살길(生路)을 만들어 내는 것이다."(…) 내가 지금 이 구절을 인용한 이유는, 오로지 다음과 같은 사실을 설명하기 위해서이다. 즉 인류가 세계 안에서 매우 괴상한 존재이며 – 어쩌면 내가 사람인 것은 사람이 괴상하다는 점을 알고 있기 때문일지도 모른다 – 선(善)할 수도 있는 것이 사람이고 악(惡)할 수도 있는 것이 사람이라는 점을 설명하기 위해서이다. 혼란스러운 세계는 거기에서 누가 말썽을 일으키고 있는 걸까? 대부분은 사람의 심리작용이다. 각 사람이 인생의 관념에 대하여 각자 자신의 견해를 가지고 있어서, 아마도 전 인류 가운데 완전히 똑같은 인생관을 찾아내는 것은 매우 어려울 것이다.[12]

여기에서 린자이핑(林宰平)이 상정하고 있는 구체적인 인간 세계는 매우 '혼란스러운 세계'이다. 그 이유는 선(善)과 악(惡)이 뒤섞여 있기 때문이다. 선과 악이 뒤섞인 세계는 도덕적으로 선과 악의 가능성을 모두 가지고 있는 존재인 사람 때문이다. 그리고 사람을 선하게도 악하게도 할 수 있는 것이 각자의 다양한 심리작용이며, 그러한 심리를 가지고 살아가는 세상이 구체적인 인간 세계의 모습이다. 여기에서 심리 작용은 인생관의 핵심이라고 할 수 있다. 그러한 심리 작용

12 林宰平, 같은 글, 34~35쪽.

을 과학이 객관적으로 분석할 수 있다면, 과학은 인생을 지배할 수 있게 되는 것이다. 그러나 그가 보기에 개인적 심리작용은 주관 요소라고 할 수 있는 감정과 의지를 포함하고 있다. 앞에서 투정슈(屠正叔)의 언급에서도 봤듯이 과학은 이러한 주관요소를 제거해야 과학이 될 수 있는 숙명을 지니고 있기 때문에, 과학이 인생관을 완전히 지배하는 것은 애초에 불가능하게 된다. 이에 대해 좀 더 자세히 논의하려면 그가 말하는 개인적 심리작용이 무엇을 의미하는지, 그리고 그것이 왜 과학으로 해결 불가능한지에 관해서도 살펴 볼 필요가 있겠다.

> 가장 괴상한 것은 감정(情感)의 활동에 있는데, 주관성이 매우 중요할 뿐만 아니라, 때때로 주관(主觀)과 비주관(非主觀)을 연결시키기도 하기 때문에 모두 그것이 규정할 수 없이 현묘하게(莫名其妙) 일어난 것이라고밖에는 설명하지 못한다. 음악이나 시(詩)의 천재 같은 경우, 자신의 창조에 대해 자신도 미리 예견하고 안배할 수 없다. 그것은 자연스럽게 측량할 수 없는 연못(不測之淵)에서부터 퍼 올린 것이며, 이렇게 사람의 마음은 마르지 않는 샘을 가지고 있다. 또 역량이 있는 사람이 그의 생활에서 모순적일 경우가 많은데, 따로 설명할 것도 없이 과학가가 비과학적 이상을 가지고 있는 경우가 자주 있는데, 모순이 이미 심한 것 아닌가? … 만약 과학이 이렇게 아주 이상한 것을 충분히 관리할 수 있다면, 세계는 단순해질 것인데, 이것은 우리도 원하는 바이다. 그러나 이처럼 획일화할 수 없고 분석할 수 없는, 감각을 초월하는 여러 심리작용도 상당히 있는데, 과학이 이러한 경우에 대해 무슨 권위를 갖겠는가?[13]

대표적 개인 심리작용이라고 할 수 있는 감정의 기능은 주관(主觀)

과 비주관(非主觀)을 연결하기도 하는, '규정할 수 없을 정도로 현묘한'(莫名其妙) 것이다. 여기에서 주관과 비주관을 연결하는 사례는 예술 작품이 될 수 있다. 예술 작품은 창작자의 주관적 심리작용에 의해 만들어졌지만, 결코 순수하게 주관적이라고만 말할 수는 없다. 린자이핑(林宰平)의 말은 주관과 비주관을 연결한 예술작품이 만들어지는 과정이 예술가 스스로도 결과를 예측할 수 없는 과정이라는 것이며, 결과를 예측할 수 없는 이유는 그 창작 과정이 결국 분석할 수 없는 심리작용, 즉 감정의 영역에 속하기 때문이라는 것이다.

과학은 '모순'(矛盾)을 인정할 수 없다. 이는 딩원장(丁文江) 스스로도 강조한 내용이다.[14] 그러나 린자이핑(林宰平)이 보기에 일상생활의 모습에서 모순은 쉽게 발견될 수 있다. '비과학적 이상'을 가지고 있는 과학가의 예처럼 이미 생활 안에서 모순은 일상화 되어 있다. 여기에서 '비과학적 이상'이라는 것은 의지(意志)와 관련될 수 있다. 사람이 살아가는 세계는 '사실'만 있는 것이 아니라, '사실'을 넘어선 가치, 즉 비사실적 이상(理想)이라는 가치도 존재한다. 그러한 가치를 추구하려는 의지(意志)는 인간의 일상적 모습이 되는 것이다. 한 사람의 심리작용 안에 이율배반적인 두 가지가 뒤섞여 있는 모습은 분명한 '모순'(矛盾)이다. 그가 보기에 이런 심리작용을 가지고 있는 괴상

---

13 위의 글, 34~35쪽.

14 丁文江, 같은 글, 11쪽. 이곳에서 丁文江은 개념과 추론의 심사기준에 대해 다음과 같이 '모순율과 동일률'을 말하고 있다. "첫째, 개념, 추론이 스스로 모순된다면 과학은 그것을 참이라고 승인하지 않는다. 둘째, 개념이 일반적인 사람의 지각, 추론과 상반되어 도출되었다면, 과학은 그것을 참이라고 승인하지 않는다. 셋째, 추론이 논리훈련을 받은 사람에 의해 그 근거로 하는 개념을 가지고 똑같은 추론이 불가능하면, 과학은 그것을 참이라고 승인하지 않는다."

한 인간으로 인해 세계는 혼란스러운 모습일 수밖에 없었다.

린자이핑(林宰平)의 개인 심리작용은 감정과 의지로 인해 예측불가능하고 모순적인 모습을 포함하고 있다.[15] 이러한 심리작용은 개인적 인생관(개인적 가치)을 완전히 개별적인 것으로 만드는 요인이 된다. 사회적 가치라고 할 수 있는 '선'(善)과 '악'(惡)을 인간이 행하는 것도 이러한 심리작용의 결과라고 할 수 있다. 개인적 심리 작용에 의한 행위의 결과가 선과 악이 될 수 있는 것이다. 이 선과 악, 즉 사회적 가치는 이미 세계에 보편적으로 존재한다. 또 심리 작용에 의해 개인이 선할 수도, 악할 수도 있다는 말이 되기도 한다. 그렇다면 선의 책임도 악의 책임도 개인의 심리작용에 있는 것이 되고 만다. 특별히 '선'(善)을 따라야 할 당위가 존재하지 않게 되어 버린다. 이러한 의문에 대하여 린자이핑은 개인적 심리작용의 결과가 선(善)해 질 수 있는 가능성을 개인 안에 존재하는 양심(良心)에서 찾을 수 있다고 생각했다. 이 때문에 그는 딩원장(丁文江)으로부터 양심을 옹호해야 했다.

> 딩원장(在君) 선생은 과학을 숭배하여 '양심'(良心)이 모두 백성을 괴롭히는 홍수나 맹수(洪水猛獸)와 같은 것으로 간주하였는데, 아무리 생각해도 이해할 수 없는 말이다. 양심을 어째서 "책도 읽을 필요 없고, 학문도 연구할 필요 없고, 지식 경험도 모두 필요 없는 것"으로 보는가?[16]

딩원장(丁文江)의 주장으로부터 '양심'을 옹호하기 위해 린자이핑

---

15 물론 그가 말하는 심리작용의 전부가 감정과 의지는 아니다. 심리작용 가운데 상당히 많은 부분이 감정과 의지와 관련되어 있다는 것이다.

16 위의 글, 37쪽.

(林宰平)이 '양심'의 보편성에 대해 언급하는 부분이다. 앞에서도 살펴본 것처럼 장쥔마이(張君勱)에 대한 딩원장의 비판은 가치의 주관성에 대한 비판이었다. 장쥔마이의 주장은 결국 사회적 규범에 대한 부정이 될 수밖에 없다는 것이 딩원장의 논리였다. 장쥔마이의 주장에서 '양심'이 주관적 가치에 머물러 있던 점 때문에 발생한 문제였다. 린자이핑은 이에 대해 정확하게 지적하고 있다.

> 또 "가령 장시엔종(張獻忠) 같은 요괴가 홀연히 나타나 우리에게 말하길 그의 살인주의는 '나 자신의 양심이 명한 것이니 이것을 천하 후세의 표본으로 삼으라'고 하여도 우리들은 단지 그가 쇼펜하우어(Schopenhauer)나 마르크스 같은 위대한 인물이며, '기나긴 어둠의 역사 가운데 불을 밝혀 우리의 앞길을 인도한 사람 가운데 하나'라고 여겨야 하는데, 이게 무슨 말인가?"라고 말했는데, 나는 딩원장(在君) 선생의 이 말에 대해 무슨 말인지 알 것 같다. 딩원장 선생이 평소에 사람 됨됨이에 대해 관심을 가지고 있던 점으로 보아 그의 본래 뜻은 (양심에 대해) 그렇게 생각하는 것은 아니라는 것을 나는 알고 있다. 후스(胡適) 선생이 종전에는 자식을 갖지 말아야 한다는 무후주의(無後主義)를 주장하였는데, 지금은 자신의 자식에 대해 매우 기뻐하고 있다. 장쥔마이(張君勱) 선생도 과학을 반대하면서도 아인슈타인의 상대성 이론(相對論)을 연구하려 한다. 딩원장 선생이 양심을 반대하는 것은 아마도 이러한 모순성이 나쁜 영향을 주었거나, 그렇지 않으면 일시적으로 후련한 말을 한 것으로 보인다. 그러나 일반 청년들이 봤을 때, 혹시라도 과학과 양심이 정말로 양립하지 못하는 것이라 생각하여 그 영향이 작지 않을 수도 있다. 나는 딩원장 선생이 이후에는 이러한 논의를 자제하기를 희망한다.[17]

린자이핑(林宰平)이 보기에, 딩원장(丁文江)도 양심이 보편적 가치인 선(善)을 지향해야 한다고 생각했다. 그러나 '심리작용의 모순성'과 일상적인 '극단적 표현' 때문에 양심을 반대하는 것처럼 보였던 것이다. 린자이핑의 주장 안에는 장쥔마이(張君勱)의 주장과 상당히 다른 점이 존재한다. 장쥔마이는 양심을 지나치게 개인 차원에서 강조한다. 그리고 양심의 보편성을 소아(小我)-대아(大我)론을 통해 확보하려고 하였다. 그러나 린자이핑은 그러한 시도를 하지 않는다. 그는 다만 양심이 과학과 병존 가능하다는 선에서 주장을 그치고 있다. 그에게 양심은 그 자체로 보편적 가치(善)를 지향하는 것이지, 그것을 통해 선악을 만들어 낼 수는 없는 것이었기 때문이다. 그에게 선과 악은 선입견 없는 양심의 탐구를 통해 '발견'되는 것이었다. 그렇기 때문에 양심을 가지고 있는 사람도 자기 안에서 대아(大我)를 발견하기보다는 '책을 읽어야 하고, 학문을 연구해야 하며, 지식 경험을 쌓아야' 하는 것이며, 결과적으로 과학적 태도(방법)가 인생관에 유익한 것이 된다.

린자이핑(林宰平)에 의하면 과학적 태도는 인생관에 도움이 되지만 과학이 인생을 완전히 지배한다는 것은 심리작용안의 감정과 의지의 불확정성(不確定性)과 모순성(矛盾性) 때문에 불가능하다. 좀 더 구체적으로 보면, 세상에는 선과 악이 편재해 있으며, 그것이 복잡하게 뒤섞이게 된 원인은 복잡한 심리작용 때문이다. 이러한 세상에서 선과 악을 명석하게 구분하려면 선입견 없는, 공정한 태도가 중요하다. 이러한 태도를 길러 주는 것이 과학적 태도(방법)라고 할 수 있다. 그러므로 과학적 태도는 인생관에 유익하다. 그러나 과학은 기본적으로

---

17 위의 글, 37~38쪽.

사실(감각자료)만을 기반으로 하기 때문에 근본적인 해결책은 될 수 없다. 인생은 사실부분(理智부분)뿐만 아니라 감정과 의지도 큰 부분을 차지하기 때문이다. 심리 작용은 선과 악에 관련된다. 즉 사회적 가치와 관련이 있다. 그리고 그러한 심리 작용 가운데 과학으로 해석 불가능한 것이 감정과 의지라고 할 수 있다. 또 이러한 감정과 의지(가치부분)를 지배하는 것은 과학이 아니라 양심이라고 할 수 있다.

> 일면 많은 사람들이 과학이 완전히 물질적이며, 기계적이고, 냉혹하고 잔인한 것이라고 말하는 것과 과학 문명의 결과가 세계대전과 현재 유럽 재정 파산의 모습이라고 말하고 있다. 이러한 주장에 대해 우리는 찬성하기 어렵다. 그러나 과학에 대해 근거 없이 죄를 뒤집어씌우는, 가혹한 주장은 딩원장(在君) 선생의 정신문명에 대한 태도와 맞아 떨어지는 한 쌍이다. 과학방법이 만능이라고 주장한 한 두 사람들의 관용적이지 못한 태도 때문에 그에 대한 반동을 낳게 된 것이다. 과학 자체는 원래 어떠한 좋고 나쁨의 문제도 없다. 과학을 이용하여 지식을 구하고 그 방법을 어떤 방면에 응용하는 것이지, 과학 스스로 뽐낼 것이 없다. 과학을 이용하여 자본가를 도와주게 되고, 과학을 이용하여 전쟁을 일으켜, 사람의 고혈을 빨고, 과부와 고아를 만들어 내도, 과학 자체는 그 책임이 없다.[18]

린자이핑(林宰平)에 의하면 과학이 담당할 수 있는 부분은 사실부분에 한정되므로 이에 대해 가치의 잣대를 가해서는 안 된다. 서구의 세계대전과 유럽 재정의 파산에 대해 과학의 책임을 물을 수 없는

[18] 위의 글, 38~39쪽.

이유이다. 린자이핑은 과학의 대상을 물질에 한정하지 않았다. 이러한 그의 태도는 세계대전의 책임을 과학에 돌리려 했던 장쥔마이(張君勱)의 태도와는 다르다. 그는 오히려 딩원장(丁文江)이 주장했던 '감각 재료'에 한정시켰다. 감각 재료는 사실의 세계를 의미했으며, 이 사실의 세계는 반드시 물질세계일 필요는 없었던 것이다. 이 때문에 세계대전의 과학책임론에 대해 딩원장과 같은 생각을 하게 된 것이다.

장쥔마이(張君勱)는 정신과 물질, 인간과 자연을 구분하고 정신이나 인간에 대해 물질이나 자연과 구분되는 가치의 영역으로 보았다. 인간과 정신은 인간의 심리작용 전체를 의미한다. 이와는 다르게 린자이핑(林宰平)은 '감각'과 '감정 · 의지'를 구분하고 감각을 사실의 영역으로, 감정과 의지는 가치의 영역으로 나누고 있다. 감정과 의지는 인간의 심리작용 중 일부를 의미한다. 또 과학 방법이 가치의 영역에 전혀 개입할 수 없다는 장쥔마이의 생각과는 달리 린자이핑은 과학의 방법, 즉 과학의 정신(공정한 태도, 선입견 없는 태도 등)은 인생관에 유익하다고 생각했다. 사실 영역에서 과학의 방법에 대해 긍정할 뿐만 아니라, 가치의 영역에도 과학적 방법을 (선입견 없는 태도에 한정되기는 하지만) 어느 정도 긍정하고 있는 것이다. 이는 형이상학파(玄學派) 내부에서도 장쥔마이의 주장이 다소 극단적이라고 생각하고 있었다는 점을 시사한다.[19] 아울러 사회적 가치라고 할 수 있는 선과 악은 세계에 뒤섞여 있으며, 그것은 감정과 의지의 결과라 할 수 있다. 개인적 심리작용으로 복잡하게 얽혀 있는 세계에서, 보편적 선(善)을 발견하고 추구하는 역할은 양심(良心)이 맡게 된다. 가치의

19 이미 梁啓超도 張君勱에 대해 주관가치의 적용범위(適用範圍)를 지나치게 넓혔다고 비판한 바 있다. 梁啓超, 「人生觀與科學」, 『科學與人生觀』, 4~7쪽 참고.

보편성은 개인마다 가지고 있는 양심과 선입견 없는 과학적 태도를 통해 세계 속에 혼재해 있는 보편적 가치(善)를 발견하고 추구하면서 가능해진다. 결과적으로 린자이핑은 사람이 선할 수도 악할 수도 있는 것은 주관적 요소인 감정과 의지에 의한 것이고, 양심은 보편적 선을 지향하는 마음이라고 설명함으로써, 주관적 가치가 보편적 양심을 통해 사회적 가치가 될 수 있음을 설명하려 했던 것이다. 그러나 그 구체적인 방법은 아직 명확하지 않다. 린자이핑에게 아직도 개인의 주관적 요소(감정과 의지)는 여전히 통일할 수 없는 부분으로 남아 있었기 때문이다.

2. 대인격(大人格) 실현 과정 안에 있는 소인격(小人格)

형이상학파 가운데 취스잉(瞿世英)은 쥐농(菊農)이라는 필명으로 과학과 형이상학 논쟁에 참여한다. 그가 『천바오푸칸(晨報副刊)』에 글을 게재한 것은 6월 12일부터 14일까지였다. 「인격과 교육(人格與教育)」이라는 제목으로 게재된 이 글은 린자이핑(林宰平)의 논의와는 달리 딩원장(丁文江) 주장에 대한 비판보다는 장쥔마이(張君勱)의 교육 관련 주장에 대한 지지의 글이었다.[20]

> … 현대의 비애와 인생의 번민, 그리고 문화의 정체가 모두 서방 문예부흥의 두 가지 정신에서 빚어진 일이다. 문예부흥을 연구한 역사가들의 말을 들어보면, 문예부흥의 양대 의미는 새로

[20] 菊農, 「人格與教育」, 위의 책, 1쪽 참고.

운 인간(新人)과 새로운 우주(新宇宙)의 발견이다. 주관 방면으로는 개인의 발견이고, 객관 방면으로는 우주의 발견이다. 바꿔 말하면, 개인주의와 기계주의이다. 우리가 역사가의 말을 듣고 현대 문명이 문예부흥의 산물이라는 것을 인정한다면, 현대의 문명은 또한 개인주의(個人主義)와 기계주의(機械主義)의 문명이다. … 개인주의와 기계주의는 문예부흥 이후 최근 수 백 년이래 일반인의 생활에 대한 태도였으며, 이 두 가지 태도는 최근 수 백 년의 역사를 형성했다. … 우리는 문예부흥을 저주하려는 것은 아니다. … 그러나 그것이 빚어낸 고통과 번민도 역시 인정하지 않으면 안 된다.[21]

쥐농(菊農)은 현대 문명을 개인주의(個人主義)와 기계주의(機械主義) 문명으로 정의(규정)하고, 이 두 가지로 인해 현대 문명 안에서 인생문제가 발생했다고 논의를 시작한다. 서구의 근대가 개인의 발견과 자연에 대한 기계론적 해석이라는 특징을 가지고 있다는 논의는 지금도 일반적인 시각이라고 할 수 있다. 이러한 개인주의와 기계주의가 서양의 근대적 생활태도라고 할 수 있으며, 이것이 서양의 근대적 인생관이라는 것이다. 그에 의하면 개인주의 · 기계주의적 인생관은 사람들에게 부정적 영향을 줄 뿐이었다.

기계주의적이며 개인주의적 인생관이 우리에게 어떤 고통과 번민을 주게 되었는지는 "유럽의 대전(大戰)과 근래 10여년의 맹렬한 사회개조 운동, 노동계의 불안 등을 통해 알 수 있으며, 이는 모두 '강요하지 않아도 스스로 자백한 진술서'(不打自招的供狀)"[22]라는 것이 그의 주

[21] 위의 글, 1~2쪽.

[22] 위의 글, 2쪽.

장이다. 이러한 그의 주장은 기계주의가 근대 과학을 의미한다는 측면에서 서양의 세계대전과 재정 파탄을 초래한 것이 과학이라는 일반적인 과학비판의 입장과 일치한다. 그러나 얼핏 보면, '개인주의'에 대한 비판의 경우 주관적 가치, 즉 개인적 심리작용을 중시했던 형이상학파의 입장과 불일치하는 면처럼 보인다. 따라서 그가 말하는 '개인주의'가 무엇을 의미하는지 좀 더 살펴볼 필요가 있겠다.

> 개인과 사회는 본래 상호 대립적인 것일 수 없다. … 개인과 사회는 원래 분리해서 말할 수 있는 것이 아니다. 개인과 사회가 원래 분리될 수 없는 이유는, 하나의 전체적인 것이기 때문이다. 사회와 개인은 전체의 두 방면이다. 우리가 경험할 수 있는 범위에서 누가 순수 독립적인 개인을 보았으며, 누가 개인을 벗어난 사회를 보았겠는가. 개인과 사회는 모두 하나의 사실이 변형된 것이며, 이러한 사실이 인생이다. 인류 생활의 집합 방면은 사회이고, 특별히 지칭한 방면이 개인이다. 사회와 개인은 다른 현상이 아니며, 사람들의 관점이 다르기 때문에 생긴 구분에 불과하므로 당연히 두 가지는 같은 것이다. 진정으로 이 전체에 생기(生機), 목적(目的), 자유(自由)가 있는 것은 끊임없이 창조적인 전체의 표현이다. … 만약 작위적으로 하나의 담장을 만들어내서 양 방면을 나누고, 사회적 방면만 주의를 기울인다면, 사회가 개성을 압박하는 상태를 조성하게 될 것이며, 개인적 방면만 주의를 기울인다면 자기만을 위하는 개인주의를 조성하게 될 것이다. 어느 쪽으로 치우치더라도 인류 생활의 전체는 막대한 고통을 받게 될 것이다.[23]

[23] 위의 글, 10쪽.

쥐농(菊農)이 말하는 개인주의는 사회와 개인이 하나임을 망각한 태도라고 할 수 있다. 이를 전체와 부분으로 설명하고 있는 것이다. 인류가 고통을 받는 것은 양자를 대립적인 것으로 보는 시각에서 나왔다. 양자를 대립적으로 보는 시각이 바로 개인주의인 것이다. 그렇다면 주관적 가치라고 할 수 있는 인생관은 이미 전체의 가치와 합일하고 있다. 이미 존재론적으로 사회와 개인이 '전체'라는 하나의 존재로 포섭되고 있기 때문에 양자의 갈등은 이미 존재하지 않는 것이다. 따라서 쥐농의 '개인주의'에 대한 비판적 입장은 결국 형이상학파의 입장과 크게 다르지 않다. 개인의 주관적 가치가 사회적 가치와 일치한다는 점을 망각하고 '인위적으로' 개인 가치와 사회 가치를 대립적으로 보는 것이 '개인주의'라면, 이것은 이미 '이기주의'(利己主義)의 범위에 속하며, 장쥔마이(張君勱) 등이 보고 있는 긍정적 '개인 가치'와 완전히 구분되기 때문이다.

이러한 '개인'은 전체의 부분이다. 이 때문에 개인은 전체의 속성을 가지고 있는 존재이며, 전체의 속성을 가지고 있는 개인은 이미 전체에 의해 규정받는 존재이다. 쥐농(菊農)은 이 '전체'와 '부분'의 관계를 사회와 개인의 관계로 한정하지 않는다. 그는 개인과 우주의 관계도 전체와 부분의 관계로 말하려 하고 있다.

> 만약 우주의 역사 진행(行曆)이 변화하지 않는다면, 개인도 변화할 수 없으며, 근본적으로 교육을 말해야 소용없게 된다. 다행히 우주는 변화한다. 우리는 우주 자신이 변화하는 가운데 변화(變)이기도 하고 본체(本體)이기도 한 것이며, 이것이 우주 역사 진행(行曆)의 의미라고 생각한다. 우주의 역사 진행이 곧 생활의 창신(創新)며, 개인 역시 변화 가운데 있지 않은 날이 없다. … 우주가 끊임없이 변화한다고 하더라도, 개인이 완전히 외부 환경

의 지배를 받는다면 교육도 불가능한 것이 되고 만다. 우리는 사람들이 모두 자유의지를 가지고 있으며, 자유의지가 곧 마음 가운데의 창조력임을 인정하고 있다. 이점이 가장 중요하다. 바꿔 말하면, 우리는 마음 안의 심력(心力)이 개인을 향상시킬 수 있다는 점을 인정한다. 만약 마음속으로 인생의 이상에 대해 이해하고 납득하고 있다면, 마음속의 노력이 이상을 실현할 수 있게 한다. 물질이 모든 것을 지배할 수 있더라도 활발한 심력(心力)에 대해서는 조금도 제한할 수 없다. 물질이 우리의 신체에 대해 어느 정도 제한할 수 있더라도 인격의 활동은 전혀 침범할 수 없다. 인격은 절대적으로 자유로운 것이다.[24]

쥐농(菊農)은 교육가의 입장에서 교육이 가능하다는 점을 위의 내용과 같이 설명하고 있는 것이다. 그의 개인, 우주, 환경, 자유의지와 관련된 논리를 풀어보면 다음과 같다. '교육이 가능하려면, 개인이 변화 가능해야 하고, 개인이 변화가능하려면 전체인 우주가 변화하고 있어야 한다.' 또 '교육이 가능하려면, 개인이 환경의 지배만으로 결정되지 말아야 하며, 환경의 지배만으로 결정되지 않으려면, 자유의지가 있어야 한다.' 내용상 분명 무리한 시도이기는 하지만, 그에게 우주의 변화와 자유의지는 교육이 가능하기 위한 일종의 '요청'이라고 할 수 있었다. 교육가인 쥐농이 보기에 교육은 실제로 가능한 것이었다. 교육 자체가 이미 가능한 것이므로 인간은 변화 가능하고, 환경을 극복할 수 있는 존재일 수밖에 없는 것이다.

쥐농(菊農)의 의도는 개인과 우주의 유기적 연결성을 통해 이기적 개인주의를 비판하고, 자유의지를 통해 기계주의를 비판하려는 것이

24 위의 글, 5~6쪽.

다. 특히 자유의지 부분에서 기계론적, 결정론적 우주관을 통해서는 교육 자체가 불가능하다는 점을 강조하고 있다. 여기에서 기계론적, 결정론적 우주관은 근대 과학의 핵심이라고 할 수 있다. 이 때문에 그는 마음(心)과 물질, 인격과 신체를 구분하고 기계론적 우주관의 한계를 설정하고 있는 것이다. 기계론적, 결정론적 우주관 즉 근대 과학은 물질과 신체를 지배할 수는 있어도 마음(心)과 인격을 지배할 수는 없다. 장쥔마이(張君勱)처럼 그에게도 세계는 마음과 물질로 나뉘고 있다. 이에 따라 인간 자체도 인격과 신체가 나뉘는 것이다. 결국 그에게 인생관은 인격과 관련된 것이다. 그가 말하고 있는 인격이라는 것이 구체적으로 무엇을 의미하는지 살펴보자.

> 우리는 인생의 이상이 인격의 실현이라고 생각한다. … 우주의 역사 진행(行曆)의 의미는 개체를 초월한 대인격(大人格)의 완성이다. 개체를 초월한 인격은 항상 창조 가운데 있으므로, 인격도 매일 창조 가운데 있는 것이다. 인생의 목적은 자기의 인격을 완성하여 커다란 전체에 공헌하는 것이다. 바꿔 말하면, 작은 자기(小己)의 인격을 실현하여 개체를 초월한 인격 실현을 추구하는 것이다.[25]

쥐농(菊農)에게 개인 인격의 실현과정은 대인격(大人格)의 실현과정이다. 여기에서 그의 태도는 헤겔(Hegel)의 '절대정신'(der absolute Geist)의 자기실현 과정으로 역사를 보는 시각과 동일하다. 우주의 역사 진행(行曆)이 대인격(절대정신)의 완성을 위한 것이라는 그의 생각은 개인과 우주의 관계에 대한 설명과 이기적 개인주의의 폐해에 대한 비판

---

[25] 위의 글, 7쪽.

이 될 수 있었다. 이러한 그의 주장은 장쥔마이(張君勱)의 소아(小我)와 대아(大我)의 관계와도 일치하는 것이다. 스스로의 인격을 실현하는 것이 곧 개체를 초월한 대인격(大人格)의 실현을 추구하는 것이 되기 때문이다. 개인적 가치의 실현이 궁극적으로 보편적 가치의 실현이 될 수 있는 것이다.

쥐농(菊農)이 지금까지 언급한 우주의 변화과정은 정신이 물질의 제약을 벗어나 자유를 실현하는 과정이다. 여기에서 지배적인 것은 정신이고, 물질은 다만 정신의 자기실현을 위한 요소일 뿐이다. 따라서 개인이 물질적 제약에서 벗어나 개인적 인격을 실현하기 위해서도 무한한 정신적 우주(大人格)에 대한 지식이 필요한 것이지 물질에 대한 지식이 필요한 것은 아니다.

> 다만 지식의 능력은 유한하며, 사람들이 이지(理知)를 이용하여 얻는 지식은 상대적 지식이라는 것이다. 이러한 지식은 비록 실제상의 각 문제를 해결할 수 있고, 실제상 도처에서 발생하는 일을 다룰 수는 있지만, 사람은 여전히 완전하게 그 질곡(桎梏)을 벗어날 수 없다. 지식으로 비록 얼마간의 물질적 속박에서 벗어날 수 있어도, 완전히 벗어날 수는 없기 때문이다.[26]

이지(理智)를 이용한 지식은 과학적 지식을 의미한다. 그가 생각하는 과학은 절대적인 정신을 알 수 있는 지식이 아니라, 상대적인 물질에 대한 지식에 불과하다. 이러한 지식은 상대적인 문제와 상대적인 일에는 적용 가능하지만, 물질적 속박에서 완전히 벗어나려고 하

---

26 위의 글, 8쪽.

는 인격 실현에는 큰 도움이 되지 못하는 것이다.

> 원래 '사람'(人)과 '물질'(物)이 다른 근본적 이유는 '물질'은 타동적(他動的)이고 '사람'은 자동적(自動的)이기 때문이다. '물질'은 지배를 받는 것이고, '사람'은 자유의지적인 것이다. 사람은 자각적 존재이며 노력하여 활동하는 존재이므로, 사람의 활동과 그 행위는 자주적(自主的)인 것이다. 자유의지의 횃불이 이 자각적 노력의 길에서 그 인격을 실현하는 것이니, 완벽한 성과를 내지 못한다고 걱정할 것이 아니다.[27]

쥐농(菊農)은 장쥔마이(張君勱)처럼 물질을 죽은 것으로 직접 규정하지는 않고 있다. 그러나 물질이 스스로 움직일 수 없는 존재라고 규정하고, 사람을 스스로 움직일 수 있는 존재로 규정한다는 점에서 쥐농과 장쥔마이 사이에 큰 차이는 없다. 스스로 움직일 수 있는 존재는 자기 스스로 결정할 수 있는 힘을 가지고 있으며, 이것이 '자유의지'이다. 이러한 자유의지는 결국 개체를 초월한 대인격과 연결되어 있으므로 그것에 대한 자각을 통해 절대적으로 옳은 판단과 결정을 할 수 있다. 그러므로 그러한 결정과 판단으로 행한 행위는 결과가 완전하지 못하더라도 결국 옳은 것이 된다.

> 우리의 말이 무슨 특별한 말이 아니다. 우리들은 근본적으로 생활이 하나의 전체라는 점을 인정하기 때문이다. 사회는 개인의 전체이며, 개인은 전체의 부분이다. 부분의 활동의 전체가 전체의 창조이다. 우주와 개인의 문제에 대해서도 이러한 것이 해답

---

[27] 위의 글, 9쪽.

이다. 기계적 우주관 하에서 우주를 거의 적대시하여 통제(載制) 할 방법을 찾기 위해 노력하게 되는데, 과학의 발달도 그 결과 중 하나이다. 그러나 사람은 오히려 큰 고통을 받게 되었다. 인생이 항상 자연의 압박을 방어하는 가운데 있게 되었고, 개인은 항상 자연을 적(敵)으로 여기게 되었다. 이 때문에 협의의 개인주의가 극심하게 발달하였다. 그러나 우리는 개인과 우주도 초월계(超越界) 안에서는 주객(主客)의 구분도 없이 하나의 커다란 조화라고 생각한다. 자연계의 모든 사물이 나에 대해 정신적 의미가 있다. 개인은 자연을 억제하는 것이 아니라 자연과 조화를 이루어야 한다. 작은 자기(小己)의 인격을 충분히 실현할 때, 우주와 하나로 융합하게 된다. 이것이 바로 우리의 이상(理想)이다.[28]

쥐농(菊農)은 르네상스 이후의 서양 근대문명의 인생관이 기계주의와 개인주의라고 생각했다. 이러한 개인주의와 기계주의라는 인생관 때문에 인류는 현재 고통을 받고 있는 것이다. 개인주의적 인생관을 극복하려면 개인과 사회, 부분과 전체가 하나라는 인식이 반드시 필요했다. 또 기계주의적 인생관을 극복하려면 '자유의지'가 반드시 필요한 것이었다. 개인주의와 기계주의가 결합된 것이 우주에 대한 적대시라고 할 수 있다. 자연에 대한 기계적 지식을 통해 자연을 통제하고, 우주를 통제하려는 시도는 근대과학의 핵심이며, 구별과 대립의식을 기반으로 하는 개인주의의 폐해였던 것이다.

앞에서도 언급했듯이 쥐농(菊農)은 절대적 정신이라고 할 수 있는 대인격(大人格) 안에서 개인과 우주를 통일하려고 하였는데, 이러한 대인격은 이미 초월계라고 할 수 있다. 이 안에서는 모든 대립적 관

---

[28] 위의 글, 11쪽.

계가 조화를 이룰 수 있다. 그 방법은 작은 자기(小己)의 인격을 실현하는 데 있다. 그가 처음부터 강조한 것처럼 이상주의(理想主義)에 입각한 논의라고 할 수 있겠다.[29] 그럼에도 그는 장쥔마이(張君勱)의 소아-대아론과 유사한 주장을 하고 있다. 즉 개인의 인격은 대인격과 부분-전체의 관계를 가지고 있으며, 개인의 가치를 실현하는 것은 결국 보편적, 절대적 가치의 실현에 공헌한다는 주장을 하고 있다. 보편가치와 주관적 가치는 전체-부분의 관계로 이미 일치하고 있는 것이다. 앞에서도 살펴본 것처럼 장쥔마이도 소아(小我)의 가치가 이미 대아(大我)의 가치를 보존하고 있으므로 소아(小我)는 그 자체로 보편적 가치를 함유하고 있었다. 장쥔마이의 경우 우주의 대인격(大人格)의 실재(實在)함을 주장하지 않았지만, 쥐농은 우주의 물질적 역사진행도 대인격의 실현을 목표로 한다고 주장한 점이 둘 사이의 차이점이라고 할 수 있겠다.

쥐농(菊農)은 근대 과학에 대해 기계주의라고 규정한다. 인간을 자연과 더불어 결정론적으로 보는 기계주의는 개인과 사회, 개인과 우주를 대립시키는 개인주의와 더불어 근대인의 번민과 고통의 원인이었다. 기계주의는 객관적인 측면이고 개인주의는 주관주의적 측면이었다. 즉 그는 객관주의뿐만 아니라 주관적인 측면도 분명 근대인의 고통이라는 점을 지적하고 있는 것이다. 또한 과학은 객관 방면에 한정시키고 있다. 객관은 그에게 물질이며, 주관은 마음(心)이었다. 그가 보기에 물질세계에 대한 지식이 기계주의적 과학이었으며, 이 지식은 자체로도 인간을 물질적 제약에서 완전히 벗어나게 하지는

[29] 菊農은 자신이 이상주의(理想主義)에 입각해서 논의하고 있다는 점을 명확하게 밝히고 있다. 위의 글, 1쪽 참고.

못하는 것이었다. 그렇다면 기계주의적 과학은 물질세계에 대해서도 완전히 지배적 위치가 아니라는 말이 된다. 과학은 물질의 의미를 온전히 인간에게 전달할 수 없는 것이었다. 물질은 '초월계'에서만 인간에게 온전한 의미가 될 수 있기 때문이다. 이는 장쥔마이(張君勱)나 린자이핑(林宰平)이 비록 한정된 분야에서이긴 하지만 과학의 진리성에 대해 긍정했던 점과 명확하게 차이가 나는 지점이다. 그의 논리에 의하면, 주관적 가치는 초월계에서 절대적 · 보편적 가치와 만날 수 있다. 이 말은 결국 '초월계'를 증명할 수 없다면, 우주의 변화가 대인격의 실현이라는 목적에 의해 진행된다는 것을 증명하지 못한다면, 주관적 가치와 보편적 가치가 합일된다는 주장도 불가능하다는 말이 되기도 했다.

3. 윤리규범 문제에서 주관적 형식의 보편타당성

판쇼우캉(范壽康)은 1923년 8월 1일자 『쉬에이자즈(學藝雜誌)』 5-4호에 과학파에 대한 비판을 게재한다. 린자이핑(林宰平)이나 쥐농(菊農)은 과학과 형이상학 논쟁이 한창 진행 중인 시기에 딩원장(丁文江)에 대한 비판이나 장쥔마이(張君勱)에 대한 지지하는 글을 발표한 것이었다고 볼 수 있다. 이에 비해 판쇼우캉은 논쟁이 정리 국면으로 가고 있던 시기에 그 동안의 논쟁 진행을 바탕으로 자신의 견해를 밝히고 있다. 따라서 판쇼우캉은 인생관과 과학에 대한 정의와 함께, 양자 사이의 관계에 대해 딩원장이나 장쥔마이의 주장뿐만 아니라 런슈용(任叔永), 린자이핑(林宰平), 장동순(張東蓀), 탕위에(唐鉞), 왕싱공(王星拱) 등 과학파와 형이상학파를 막론하고 논쟁에 참여한 사람들의 논의에 대해 비판적으로 검토하면서, 자신의 견해를 밝혀 나간다.[30] 판쇼우캉은 "인생관이란 무엇인가? 과학이란 무엇인가? 인생관과 과학은 결국 관계가 있는가? 있다면 그 둘의 관계는 결국 어떤 것인가?"라는 질문을 시작으로 자신의 문제의식을 서술하고 있다.[31] 먼저 그의 인생관에 대한 정의를 보면 다음과 같다.

> 인생관은 인생의 현실과 이상이라는 양 방면에 관련된 견해다. 예부터 인생관에 대한 논의가 매우 많고 여러 설이 분분하여 일치된 결론을 낼 수 없었다. 인생의 현실에 관한 견해로는 비관론과 낙관론 등이 있다. 인생의 이상과 관련된 견해로는 쾌락론과 직각론 등이 있다. 한걸음 더 나아가 말하면, 인생관이 포함하는 내용이 비록 현실과 이상이라는 양 방면으로 나뉘지만, 중점은 이상 방면에 있다고 할 수 있다. 우리가 인생에 관해 완전히 선한(完善的) 이상을 수립하려고 할 때, 당연히 인생 현실의 진상(眞狀)을 이해해야 하는 것이 첫걸음(第一步)이 되며, 인생의 현실을 이해하는 것은 결국 우리가 인생의 이상을 수립하기 위한 준비에 불과할 뿐이다. 인생관을 대체로 말하면, 인생 방면에 있는 가치문제에 대한 주장이라고 말할 수 있다. 이 주장은 실제로 사람마다 다르지만 우리는 인생방면의 각종 가치문제의 해결에 대해 하나의 공통적으로 지녀야할 규범을 구할 수 없다고 할 수는 없다.[32]

---

30 范壽康, 「評所謂'科學與玄學之爭'」, 『科學與人生觀』, 5~7, 10~13, 17~19쪽 참고. 이러한 范壽康의 논의는 이에 대한 唐鉞의 비판으로 진행되며, 두 사람 사이의 '인과율과 자유의지 논쟁'으로 발전된다. 자세한 내용은 V장에서 다루기로 한다.

31 위의 글, 4쪽.

32 위의 글, 5쪽.

판쇼우캉(范壽康)은 인생을 현실과 이상으로 나누고, 인생 안에 있는 가치문제에 대한 주장이 인생관이라고 말하고 있다. 인생관에서 현실과 이상 가운데 중심이 되는 것은 이상이다. 왜냐하면 인생관이라는 것이 인생 안에 있는 가치문제에 대한 주장이라고 할 때 있는 그대로의 현실이 아니라 무언가 추구해야 할 가치, 또는 이상에 대한 주장이어야 인생관이 될 수 있기 때문이다. 여기에서 인생의 현실과 이상의 관계는 매우 중요한 문제가 된다. 이에 대해 그는 인생의 현실은 이상을 수립하기 위한 첫걸음이라고 말한다. 현실을 알아야 그것으로부터 이상이 수립된다는 것이다. 즉 이상은 현실을 기반으로 해야 의미가 있다는 주장이 된다.

판쇼우캉(范壽康)은 논의의 시작에서부터 이미 보편적 규범에 대한 가능성을 언급하고 있다. 이전에 장쥔마이(張君勱), 린자이핑(林宰平), 쥐농(菊農) 등의 보편적 규범에 대한 논의는 매우 부족한 부분이라고 할 수 있다. 다소 모호하게 선(善)에 대한 지향성이나 대인격(大人格)의 실현 등을 말하면서 가치의 보편성 획득이 '가능'하다고 하는 정도의 주장이었다. 그들은 궁극적으로 과학과 인생관을 구별하려고 하면서도, 과학적 지식의 객관성을 완전히 부정할 수는 없었다. 그들은 인생 안의 가치가 과학적 지식(사실에 대한 지식)의 '객관성'과 구별된다고 주장해야 했고, 객관성 없는 보편성이 과연 가능한지에 대해 설명하면서 형이상학으로 넘어갈 수밖에 없었다.

판쇼우캉(范壽康)도 보편적 가치가 어떻게 가능한지에 대해 해답을 제시해야 했다. 이를 위해 그는 우선 '법칙'이라는 용어를 사용했다. 그가 보기에 객관적인 과학 지식은 '법칙'으로 표현될 수 있었다. 법칙이라는 말에는 이미 '보편성'이 내재해 있다. 판쇼우캉은 이러한 '법칙'이라는 용어를 이용하여 가치의 보편성을 주장하려는 시도를 다음과 같이 진행시킨다.

과학에 대한 해석은 광의(廣義)와 협의(俠義) 두 가지가 있다. 광의로 말하면 과학방법으로부터 만들어진 학문 모두가 과학이다. 광의의 과학은 설명과학과 규범과학 두 가지를 포함하고 있다. 협의로 말하면 과학은 단지 설명과학일 뿐이다. 무엇을 설명과학이라고 하는가? 무엇을 규범과학이라고 하는가? 원래 우리 인류가 말하는 법칙 중에는 두 가지 다른 법칙이 있다. 하나는 필연(必然)의 법칙이라고 부르고, 다른 하나는 당연(當然)의 법칙이라고 부른다. 필연의 법칙(자연적 법칙)은 모두 일정불변하기에 우리들이 그것들을 인력으로 좌우할 수 없다. 그것들은 필연적인 것이며, 불가피한 것이다. 당연의 법칙(규범)은 그렇지 않다. 방임(放任)의 시기에 우리는 복종할 필요도 없고, 불복종할 필요도 없었다. 바꿔 말하면, 당연의 법칙의 실행은 필연적인 것이 아니며, 사람에 따라 다른 것이다. 그러나 다른 방면에서 당연의 법칙은 설사 그것을 어기는 사람이나 어기는 경우가 있더라도, 우리에게 요구되는 것이며, 이 때문에 우리가 다른 사람에 대해 온힘을 다해 발견하고 싶어 하고, 아울러 온힘을 다하여 존중하고 봉행하고 싶어 하는 것이다. 과학 안에 필연의 법칙을 연구하는 것을 설명과학이라고 하고, 당연의 법칙을 연구하는 것을 규범과학이라고 한다. 동물학, 식물학, 물리학, 화학, 지질학, 의식의 자연법칙을 연구하는 심리학 등이 모두 설명과학이다. 논리학, 미학, 인생의 당연법칙을 연구하는 윤리학 등이 모두 규범과학이다. 광의의 과학 – 설명과학과 규범과학을 포함하여 – 과 서로 상대되는 것이 바로 종교와 예술이다.[33]

---

[33] 위의 글, 9~10쪽.

판쇼우캉(范壽康)은 먼저 과학을 두 가지로 구분하고 있다. 하나는 '설명과학'이고, 또 하나는 '규범과학'이다. 여기에서 설명과학은 일반적으로 말하는 과학이다. 그러나 규범과학이라는 윤리학, 미학 등은 당시에 일반적으로 과학이라고 말하지 않는 인문학 분야였다. 윤리학, 미학을 과학이라고 부를 수 있는 근거가 무엇인지에 대해서 그는 '당연'의 법칙을 연구하는 분야라고 설명하고 있다. 그의 논의로 볼 때 과학이란 '법칙'을 연구하는 학문이라고 할 수 있을 것이다. 또 이 '법칙'이라는 말은 '보편적 원리'라고 보면 무리가 없겠다. 즉 규범에 대한 보편적 원리는 '당연(當然)의 법칙'이 되고, 사실에 대한 보편적 원리는 '필연(必然)의 법칙'이 된다. 따라서 양자 모두 '법칙'을 연구하는 학문으로서 과학이 될 수 있는 것이다.

판쇼우캉(范壽康)은 법칙이라는 보편적 원리를 적용하여 규범 분야, 즉 가치 분야에 대해 보편성을 강조하고 있는데 당연의 법칙은 분명히 필연의 법칙과 구분되는 개념이다. 간단히 말하자면 '당연의 법칙'은 인간에게 '요구되는' 법칙이다. 필연의 법칙이 변함없고 예외 없는 원리라고 한다면, 당연의 법칙은 사람과 시기에 따라 지키기도 하고 지키지 않기도 하는 원리라고 할 수 있다. 그럼에도 판쇼우캉에게 당연의 법칙은 인간으로서 모든 사람에게 '바람직한 것'이므로 '보편적인 것'이라고 할 수 있다. 개인마다 지켜야 하지만 꼭 지켜지는 것이 아니므로 필연의 법칙과는 구별되고 그렇지만 모든 사람에게 요구되는 것이므로 보편적이다. 결국 이러한 규범 내의 '당연의 법칙'을 통해 가치 분야도 광의의 과학이며 보편적인 원리가 적용되는 분야라는 설명이다.

판쇼우캉(范壽康)이 말하는 광의(廣義)의 과학은 이미 가치 원리도 포함되는 학문이 되는 것이다. 광의의 과학에 대해 규정하는 과정에서 이미 가치도 보편성을 획득할 수 있는 가능성이 생긴다. 이어서 그는 광의의 과학이 '인생 안의 가치문제에 대한 주장'(인생관)과 어떤 관계를 맺고 있는 것인지, 또 필연의 법칙과 당연의 법칙은 인생관에 어떤 의미가 있는지에 관해 설명하고 있다.

> 인생관이 현실과 이상 양 측면으로 나뉘었다면, 우리가 인생과 관련하여 도달할 수 있는 법칙의 일부는 필연의 법칙이고, 일부는 당연의 법칙이다. 그리고 인생관이 이미 이상 방면에 중심을 두고 있는 것이므로 현실과 관련된 법칙은 이상을 수립하기 위한 준비에 불과하다. 그렇다면 당연 법칙이 필연 법칙에 비해 중요하며, 필연의 법칙은 당연의 법칙을 수립하는 근거에 불과하다. 이러한 이유로 우리는 인생관이 실제로 규범과학 안의 윤리학적 연구 문제라고 말할 수 있으며, 동시에 우리는 다음과 같이 말할 수도 있다. 즉 인생관은 대체로 윤리규범 전체이다(人生觀大體就是倫理規範的全部).[34]

판쇼유캉(范壽康)은 인생의 두 측면이라고 할 수 있는 이상과 현실에 각각 '당연의 법칙'과 '필연의 법칙'이 적용된다고 생각했다. 현실에 대한 '필연 법칙'은 이상에 대한 '당연 법칙'을 위한 기초로 설명 가능하다. 이 때문에 인생관은 설명과학이 아니라 규범과학의 영역이 중심이라고 할 수 있으며, 모든 윤리규범은 인생관이라고 할 수 있다. 판쇼우캉은 윤리 규범에 대해 다시 선천적 형식과 후천적 내용을 나누면서, 규범과학과 윤리 규범의 관계에 대해 설명하고 있다.

---

[34] 위의 글, 14쪽.

> 윤리규범(인생관)의 일부는 선천적이고, 일부는 후천적이다. 선천적 형식은 주관적 직각(直覺)으로 알게 되는 것이므로 과학이 간섭할 수 있는 것이 아니다. 후천적 내용은 당연히 과학적 방법으로 탐구하고 토론한 후에 정해지는 것이므로 주관이 멋대로 정해서는 안 된다. 바꿔 말하면, 인생관의 형식 방면은 초과학적인 것이지만 인생관의 내용 방면은 과학적인 것이다. 형식 방면은 보편타당하며, 불변(不變)하는 것이므로 실천(實踐)을 제외하고는 따로 연구할 필요가 없다. 그러므로 연구해야 할 것은 내용 방면이며, 내용의 법칙을 연구하려면 과학의 연구방법을 채용할 수밖에 없다. 이러한 의미에서 인생관과 과학 두 가지는 대부분 관련을 맺고 있지만, 이와 동시에 과학은 인생문제의 전부를 해결할 수는 없다.[35]

인생관을 윤리학 분야라고 규정한 판쇼우캉(范壽康)은 윤리규범의 '형식'과 '내용'을 구분하고 있다. 또 형식은 선천적(先天的)인 것이며, 내용은 후천적(後天的)인 것이다. 선천적인 것은 과학을 통해 알 수 있는 것이 아니다. 선천적인 것은 이미 정해져 있는 것이다. 이것은 경험 이전에 존재하는 것이므로 경험을 바탕으로 성립한 과학으로는 찾을 수 없는 부분이다. 또 그 형식적 측면은 모든 사람이 가지고 있는 것이므로 보편적이며, 경험 자체를 가능하게 해주므로 타당하다고 할 수밖에 없다. 경험을 대상으로 하는 과학적 방법으로 인식할 수 없는 선천적 형식은 오직 직각(直覺)을 통해서만 발견할 수 있는 것이다. 따라서 과학은 인생문제의 전부를 해결할 수는 없다는 의미이다.

---

[35] 위의 글, 17쪽.

주의할 것은 그가 여기에서 말하고 있는 과학이 규범과학이라는 데 있다.[36] 여기에서 규범과학은 당연의 법칙을 연구하는 과학이며, 구체적으로는 윤리학이다. 윤리학을 과학이라고 설명하지 않으면 결코 윤리규범의 내용도 과학적 방법으로 얻어질 수 없는 것이다. 윤리규범(인생관), 즉 가치의 보편성을 확보하기 위해 윤리학을 '과학'이라고 규정하고, 과학인 윤리학을 통해 윤리규범의 내용을 볼 수 있다는 논리이다. 또 윤리 규범 안에 주관적인 것은 오직 '선천적 형식'뿐이며, 선천적 형식 이외의 것은 모두 객관에 해당된다. 선전적 형식을 제외하고 윤리규범의 모든 내용에 대하여, 규범과학인 윤리학의 '과학적 방법'을 통해 '객관적'으로 '당연의 법칙'을 발견할 수 있는 것이다. 그가 양심(良心)에 대해 설명하는 부분, 그리고 직각주의(直覺主義)의 한계를 지적하는 부분에서 이 내용은 보다 명백하게 드러난다.

> 우리의 윤리적 규범은 주관적인 부분과 객관적인 부분이 합성(合成)된 것이다. 양심(良心) – 감각, 감정, 의지가 합성된 통일적 의식 – 은 두 가지의 작용이 있다. (1) 양심은 인류에게 각 사람이 스스로 선(善)이라고 인정하는 행위를 하라고 명령한다. (2) 양심은 각종 선과 악(善惡)을 평가하려고 한다. '당신이 스스로 선하다고 인정하는 행위를 하라!'는 명령은 결코 착오(錯誤)를 일으킬 가능성이 없다. 수많은 착오는 오히려 선악 내용을 판정하면서

36 정귀화는 선전적 형식은 규범과학(당연법칙 적용)이고, 후전적 내용은 설명과학(필연법칙 적용)이라고 잘못 이해하고 있다. (정귀화, 같은 글, 17쪽) 인용문에서 볼 수 있듯이 윤리규범을 연구하는 윤리학은 이미 규범과학에 속하는 학문이며, 규범과학은 당위의 법칙을 연구하는 과학이다. 따라서 선천적 형식은 주관적 직각을 통해 알 수 있는 것이고, 후천적 내용은 객관적 규범과학을 통해 알 수 있는 것이다.

생기게 된다. 갑(甲)이 선이라고 생각하는 것을 을(乙)이 반드시 선이라고 여기는 것은 아니며, 을이 악이라고 생각하는 것을 갑이 반드시 악이라고 여기는 것은 아니다. 칸트(Kant)는 보편타당성(普遍妥當性)이 윤리규범의 요건이라고 생각했다. 하나의 법칙이 타당성의 범위가 작으면 작을수록 그 법칙의 권위도 그에 따라 감소한다. 만약 선험적 법칙이 충분히 보편적으로 적용 가능하다면, 선천적 형식은 유일한 도덕규범이며, 이것은 의문의 여지가 전혀 없게 된다. 소위 직각주의(直覺主義)는 이 한 가지 점에 입각한 것이므로, 그걸로 충분하고 이 한 가지 점에서 멈춰야 한다. 사실상 직각주의는 종종 주관이 독단적으로 연역한 것을 실제 생활의 내용적 규범에 적용시키려고 한다. 이것은 직각주의의 근본적인 착오다. 내용의 윤리 법칙은 결코 순수 주관형식처럼 주관적 직각을 통해서 얻은 것만으로는 충분할 수 없다. 우리는 과학적 연구 토론을 사용할 수 있어야 비로소 내용적 윤리 규범을 충분히 획득할 수 있다.[37]

위 인용문의 양심 가운데 (1) 부분은 선천적 형식이라고 할 수 있고, (2) 부분은 후천적 내용이라고 할 수 있다. 판쇼유캉(范壽康)이 보기에 선천적 형식은 '선(善)을 행하라'는 명령이며, 후천적 내용은 '어떤 것이 선(善)이고 어떤 것이 악(惡)인지 구별하는 것'이다. 선천적 형식이라고 할 수 있는 (1)은 그 자체로 완전히 보편타당하다. 그러나 후천적 내용이라고 할 수 있는 (2) 부분은 과학적(규범과학적) 방법을 통해 착오를 제거해야 하는 부분이다. 그에 의하면 직각주의(直覺主義)는 선과 악을 구별하지 못한 상태에서, '선(善)을 행하라'는 명령

[37] 范壽康, 같은 글, 15~16쪽.

만을 가지고 실제 생활의 윤리규범을 만들 수 있다고 생각하는 오류를 범하고 있다. 이 안에는 장쥔마이(張君勱) 등의 직각주의자들에 대한 비판이 명확하게 담겨 있다.

판쇼우캉(范壽康)에 의하면 일정한 법칙은 타당성의 범위가 좁을수록 보편성의 강도는 떨어지게 된다. 주관적 직각을 통해 얻은 것은 그 범위에 한정된다. 즉 주관 안에 한정되는 것이다. 그것은 객관적인 내용을 가능하게 해주는 근거이지, 그것 자체가 객관적 내용이 될 수는 없다. 객관적인 내용은 무엇이 선(善)이고 무엇이 악(惡)인지에 대한 내용이 담겨 있어야 한다. 또한 무엇이 선이고 무엇이 악인지 구별하는 내용이 있다고 하더라도, '선을 행하라'는 명령이 없다면 굳이 선을 행할 필요가 없게 된다. 이 때문에 윤리규범은 주관과 객관을 합성하여야 얻어질 수 있는 것이다. 윤리규범에서 주관은 '선을 행하라'는 명령만을 의미하고 객관은 구체적 윤리규범의 내용 모두를 의미하는 것이다.

이상에서 알 수 있는 것처럼 판쇼우캉(范壽康)에 의하면 윤리규범의 내용은 과학적(규범과학적) 방법을 통해 얻을 수 있는 것이다. 그리고 그것은 객관적인 내용이기도 하다. 그렇다면 과학적 방법을 통해 얻은 윤리규범의 내용은 착오가 완전히 제거된 '보편타당한' 것인가? 바꿔 말하면 객관적인 것은 과연 보편타당한 것인가? 이 질문은 두 가지 점에서 매우 중요한 의미가 있다. 첫째, 객관성은 보편타당성을 보증하는지에 대한 의미이다. 둘째, 만약 그것이 보편타당하다고 했을 때 윤리규범의 내용은 변화될 수 없는 것인지에 대한 의미이다.

> 여기에서 과학연구를 통해 얻은 내용 법칙이 결국 보편타당성이 있는지는 의문이 될 수 있다. 우리는 다음과 같은 사실을 알아

야 한다. (甲) 실제과학과 실제생활에 대하여 너무 단순하게 형식적으로 규정하는 것은 사용하기에 충분하지 않다. (乙) 주관 방면에서 독단적으로 연역해낸 규범은 과학연구로 얻은 규범에 비해 타당성과 권위를 적게 갖는 것이 마땅하다.[38]

판쇼우캉(范壽康)의 대답은 객관성이 그 자체만으로는 보편타당성을 보증하지는 못한다는 것이다. 따라서 윤리규범의 내용은 변화 가능하다. 그럼에도 주관적 직관의 연역 결과보다는 타당성이 높다. 객관에 대한 연구의 결과가 자체로 보편타당성을 획득할 수 없다는 논리는 보편타당성이 절대적인 개념이기 때문에 가능하다. 그에게 보편타당성은 '절대적으로 옳다'라는 말이 된다. 따라서 객관적 대상에 대한 과학적 연구는 어느 정도 타당하기는 하지만 '절대적으로 타당한 것'은 아니다. 과학적 지식의 '상대적' 보편성을 인정하지만, '절대적' 보편성은 부인하는 것이다.

그는 과학의 대상이 실제 생활과 완전히 분리되어있다고 생각하는 것도 잘못이라고 본다. 이는 과학이 주관적 감정과 의지를 배제하면서 점점 더 추상적 지식이 되고, 그 결과 정점 더 인생과 멀어진다고 본 린자이핑(林宰平)의 주장과 거리가 있는 부분이다. 판쇼우캉(范壽康)에 의하면 과학은 실제 생활에 적용가능하며, 실제 생활에서 '퍼올린' 법칙의 내용이 실제로 윤리규범의 내용을 구성해야 한다는 것이다.

아울러 판쇼우캉(范壽康)의 주장을 보면, '타당성'과 '권위'가 윤리규범의 내용 중 (상대적) 보편성을 획득할 수 있는 조건이 된다. 일정

38 위의 글, 16쪽.

한 가치가 사회적 가치로 되기 위해서는 '타당성'과 '권위'가 있어야 한다는 것이다. 애초에 량치차오(梁啓超)는 가치의 보편성을 '권위'에서 찾고 있었음을 상기할 필요가 있겠다. 판쇼우캉은 이러한 량치차오의 '권위'에 '타당성'을 덧붙이고 있다. 이러한 타당성은 결국 규범과학을 통해 가능한 것이다. 린자이핑(林宰平)은 객관적 요소를 감각으로, 주관적 요소를 감정과 의지로 보며, 객관요소와 주관요소를 명확하게 구분하려고 하였다. 이에 비해 판쇼우캉은 린자이핑의 객관요소와 주관요소를 '양심'으로 통합한다. 이미 양심은 주관적 요소와 객관적 요소를 모두 포함하고 있다는 것이다. 다만, 린자이핑과는 다르게 판쇼우캉에게 주관적 요소는 의지와 감정이 아니라 '선천 형식'만을 의미했다.

> 윤리에 대한 당위적 선천 형식은 인류에 대한 가장 고귀한 의무의식이다. 그러므로 우리는 당연히 쾌락주의적 학문가들처럼 그것을 완전히 홀시해서는 안 된다. 쾌락주의적 학문가들은 윤리적 규범이 모두 경험의 산물이라고 본다. 이 때문에 이 선천형식 이외에 우리는 과학연구를 근거로 하여 확실한 내용의 기본 법칙을 수립할 수밖에 없다.[39]

앞에서 판쇼우캉(范壽康)은 인생의 이상 측면에 관한 견해를 '쾌락론과 직각론 등'이라고 서술한 바 있다. 직각론은 선천적 형식에서 실제 윤리규범을 독단적으로 연역해 내려는 잘못이 있다. 그리고 쾌락론은 선천적 형식에 대해 무시하고 윤리규범이 생활의 경험을 통

---

[39] 위의 글, 16쪽.

해 만들어진 것이라고 생각한다. 이러한 그의 논리로 보면 직각론은 '절대주의적 윤리규범'을 강조하게 되고, 쾌락론은 '상대주의적 윤리규범'을 강조하게 된다. 그가 생각하기에 윤리규범은 절대적인 것도 완전히 상대적인 것도 아니다. 절대적 선천 형식과 상대적 보편성을 지닌 후천적 내용이 결합된 것이 윤리규범이다. 이 가운데 후천적 내용을 탐구하는 과학이 규범과학이 되며 윤리학이 되는 것이다. 그러므로 그가 보기에 쾌락론과 직각론은 각각으로 볼 때 완전한 인생관이 될 수 없으며, 인생관에 대해 한 쪽 입장에서 극단적으로 주장한 것이 각각 장쥔마이(張君勱)의 주관적 · 개별적 가치 강조와 딩원장(丁文江)의 객관적 · 과학적 가치 강조가 되는 것이다.

이상에서 살펴본 판쇼우캉(范壽康)의 논의를 보면 윤리 규범 가운데 과학에 적용되지 않는 부분은 오직 '선천적 형식'뿐이다. 형이상학파의 입장에서 보면 상당히 위축된 모습이라고 할 수 있다. 물론 그는 과학의 범위를 이전의 형이상학파 학자들보다 넓히고 있다. 형이상학파의 입장에서 과학의 범위를 넓힌다는 것은 자신의 입지를 그만큼 좁힌다는 의미가 된다. 그가 왜 이러한 시도를 하고 있는 것인지 의문이 생길 수밖에 없다. 그러나 판쇼우캉의 이러한 주장은 최소한 세 가지 측면에서 형이상학파에게 유리하다. 첫째, 윤리규범은 '과학'이라는 어휘를 통해서 보편성(비록 상대적이기는 하지만)을 획득할 수 있다. 둘째, 인생관의 대부분을 '규범과학'의 대상으로 규정함으로써 오히려 가치의 영역을 넓힐 수 있다. 셋째, 규범과학으로도 해결 불가능한 '선천 형식'을 제시함으로써 과학의 한계도 지적할 수 있다. 형이상학파의 입장에서 과학, 특히 자연과학을 필연의 세계에 한정한다는 자기 방어적 논의가 가능했던 것이다. 그러나 결과적으로 가치가 순수하게 주관적인 것이라는 장쥔마이(張君勱)의 주장에 대해서는 거의 완전하게 포기하고 마는 결과를 초래했다.

판쇼우캉(范壽康)은 선천적 형식을 과학의 대상에서 완전히 배제하고 대신 후천적 내용을 규범과학 안에 포함시키고 있다. 그는 세계를 모두 법칙이 존재하는 곳이라고 보았다. 다만 가치의 법칙이 있고 사실의 법칙이 별도로 있는 세계였다. 규범과 관련된 가치의 영역은 설명과 관련된 사실의 영역과 명확히 구분되는 것이었다. 이러한 태도는 세계를 가치의 영역과 사실의 영역으로 나누려고 시도한 이전의 형이상학파들의 입장과 일치한다. 그에게 있어서 최소한, 규범과학 안에서 과학적 지식은 절대적인 것이 아니었다. 즉 당연의 법칙이 지배하는 가치의 영역 안에서 절대적인 것은 선천적 형식밖에 없으며 과학의 결과는 상대적 타당성만을 지니게 된다. 이에 따라 그는 세계를 당연과 필연의 세계로 구분하고 있다. 그러나 그에게 가치의 내용 영역도 선천적 형식(의무의식)을 제외하고는 충분히 객관적이므로 (상대적인) 보편성을 획득할 수 있는 것이며, 또 가치의 형식 영역(의무의식)도 모든 사람이 가지고 있는 '절대적인' 것이므로 이미 모든 사람에게 절대적 일치를 전제로 하고 있다. 이는 장쥔마이(張君勱)가 「인생관(人生觀)」에서 주장한 개별적, 개인적 가치와는 상당한 차이를 보인다. 결국 판쇼우캉(范壽康)은 가치(규범 내용)가 순수하게 주관적인 것이라는 점을 완전히 포기했다. 주관적인 가치(규범 내용)가 언제나 '사회적으로도 옳은가'에 대한 질문에 '그렇지 않다'라고 대답하는 것이다.

4. 소결론

장쥔마이(張君勱)는 과학의 적용범위를 한정함으로써, 가치는 객관적인 대상을 탐구하는 과학을 통해 도출될 수 없는 주관적이며 개별적(개인적)인 것이라고 주장했다. 이 가치가 주관적이라는 주장은 형이상학파에게서 일관되게 유지되었다. 그리고 그들은 그러한 주관적인 가치가 보편적 가치가 될 수 있다는 가능성에 대해 지속적으로 설명하려 했다.

린자이핑(林宰平)은 과학이 적용될 수 없는 부분은 인간의 심리작용 가운데 감정(感情)과 의지(意志) 부분이라고 생각했다. 감정은 이미 주관적인 것과 비주관적인 것을 연결하는 기능도 하고 있는 매우 복잡한 것이므로 이에 따라 예측이 불가능하다는 것이다. 또 인생의 이상(理想)과 관련된 의지는 한 사람 안에서도 모순적일 수 있으므로, 모순을 부정하는 과학으로는 해결이 불가능한 영역이라고 할 수 있었다. 그에게 주관의 특징이 예측 불가능성과 모순가능성에 있다면 개인적 가치는 예측 불가능하고 모순 가능한 것이라는 의미가 되기도 한다. 따라서 이러한 개인적 가치는 사회적 가치인 선(善)을 추구하는 양심(良心)의 지도를 받아야 한다. 이 때문에 양심은 결코 주관적인 것만은 아니었다. 그러나 린자이핑은 양심과 심리작용 사이의 관계에 대해서는 명확하게 설명을 하지는 못했다. 그의 논리로 보면 양심은 보편적 가치를 지향하고 있기는 하지만 개인적 가치(감정과 의지)에 의해 부정될 수도 있는 것이었다. 물론 이러한 점은 장쥔마이(張君勱)의 '소아-대아론'(小我-大我論)과 분명한 차이가 있다. 즉 '소아-대아론'에서는 근본적으로 개인적 가치와 사회적 가치가 '신비하게' 일치하는 것이었지만, 보편적 가치(양심)와 개인적 가치(감정과 의지)는 반드시 일치하는 것은 아니었기 때문이다. 린자이핑의 주장은 결국 양심이란 보편적 가치와 심리작용이라는 개인적 가치가 불일치하기 때문에 과학이 인생관을 완전히 해결할 수 없다는 주장이 되고 말았던 것이다.

장쥔마이(張君勱)가 주장한 개인 가치와 사회 가치의 궁극적 일치를 더욱 강화된 형태로 진전시키려고 한 것은 쥐농(菊農)이었다. 쥐농은 장쥔마이의 교육 분야에 대한 자신의 지지 입장을 밝히면서 인간과 물질의 관계, 개인과 사회, 개인과 우주의 관계에 대해 논의를 진행시켰다. 그는 기본적으로 헤겔(Hegel)의 절대정신(der absolute Geist)과 유사한 대인격(大人格)이라는 개념을 사용했다. 대인격을 실현하는 방향으로 우주의 역사가 진행된다는 것이 그의 기본적인 생각이었다. 이러한 관점으로 그는 개인과 사회, 개인과 우주도 부분과 전체의 관계 안에서 하나라고 할 수 있었으며, 따라서 우주의 근본적인 본체인 대인격 안에서 자연과 인간, 물질과 정신이 통합될 수 있었다. 개인적 가치라고 할 수 있는 인생관은 대인격의 일부분이라고 할 수 있는 개인의 인격과 관련된다. 개인의 인격을 실현하는 것이 궁극적으로 인생관의 목표가 되는 것이다. 개인적 인격의 실현이 곧 대인격의 실현에 공헌하는 방법이기 때문이었다. 장쥔마이의 주장처럼 개인적 가치에 충실하게 되면 궁극적으로 보편적 '선'(善)의 방향으로 나아갈 수 있다는 것이다. 아울러 그가 보기에 이러한 유기적 관계를 부정하는 것이 근대 과학의 기계주의였다. 이 때문에 그의 생각은 근대 과학이 우주의 실상에 대한 지식조차 될 수 없다는 다소 극단적인 주장으로 진행된다.

판쇼우캉(范壽康)은 인생 안의 당위 문제에 대한 주장을 인생관이라고 규정한다. 필연(必然)의 법칙을 구하는 설명과학이 아니라 당연의 법칙을 구하는 규범과학을 통해 인생관을 보려고 했다. 그에게 인생 안의 가치문제는 윤리규범과 관련된 것이었다. 또 윤리규범은 형식과 내용으로 구분할 수 있는데, 형식은 선천적인 것이고 내용은 후천적인 것이었다. 이 가운데 선천적 형식은 주관적 직각을 통해서만 발견할 수 있는 것이다. 왜냐하면 선천형식은 경험으로 알 수 없는 선험적인 것이었기 때문이다. 따라서 그에게 선천적 형식만이 과학을 적용할 수 없는 부분이었다. 나머지 윤리규범의 내용들은 모두 규범과학의 적용을 받는 후천적인 것이다.

형이상학파의 인생관에 대한 논의는 인생관이 궁극적으로 과학의 지배를 받지 않는다는 주장이었다. 인생관이란 의미는 애초에 장쥔마이(張君勱)에 의해 '개인적 · 주관적 가치'라는 의미로 사용되었다. 이에 따라 인생관이 객관적 과학의 지배를 받지 않는다고 주장하는 형이상학파의 가장 큰 문제는 '주관적 가치가 사회적으로도 옳은 것인가'라는 질문에 대한 해답이었다. 장쥔마이도 이미 딩원장(丁文江)에 의해 똑같은 질문으로 비판을 받은 바 있었다.

린자이핑(林宰平)은 양심과 관련하여 사회적 가치에 대해 긍정만 하고 있을 뿐, 개인적 · 주관적 가치와 사회적 가치의 관련성에 대해 구체적으로 제시하지 못했다. 이는 그의 주요 관심사가 딩원장(丁文江)에 대한 비판이었지 장쥔마이(張君勱)에 대한 옹호는 아니었기 때문이다. 쥐농(菊農)은 절대적인 우주 대인격의 실현을 강조했다. 개인적 가치인 개인 인격은 이미 절대적 가치인 우주 대인격의 일부이므로 양자 간의 차이가 없다. 개인의 주관적 가치는 그 자체로 사회적 가치와 다르지 않다고 보았던 것이다. 그러나 그의 '우주 대인격'이라는 비과학적 존재는 형이상학파 사람들뿐만 아니라 이와 논쟁하던 과학파 사람들에게도 별다른 주목을 끌지 못했다.[40]

40 林宰平이나 范壽康은 張君勱의 개인적 가치 강조에 대해 어느 정도 비판적 태도를 취하고 있었던 반면, 菊農은 張君勱의 주장을 적극적으로 옹호했다. 그럼에도 林宰平이나 范壽康의 논의는 丁文江, 唐鉞 등 과학파 인물들의 관심을 끌었지만, 菊農의 주장에 대해 관심을 가지고 언급한 논쟁 참여자는

판쇼우캉(范壽康)은 윤리규범이 모두 인생관이라고 설명을 한다. 윤리규범은 이미 개인적 · 주관적 가치라고 할 수 없다. 그가 설명하고 있는 인생관은 이미 사회적인 것이었다. 따라서 그것의 객관성을 인정할 수밖에 없었다. 이를 통해 윤리규범은 그 내용이 모두 객관적인 것이며 당연의 법칙이 적용되는 분야라고 설명한다. 그에게 주관적인 것은 윤리규범의 형식만을 의미한다. '선을 행해야 한다'는 선의지(윤리규범의 형식)만이 주관적인 것이었으므로, 구체적 선이 무엇을 의미하는지에 관한 윤리규범의 내용은 이미 객관적인 것이었다. 인생관이 일정한 내용의 가치관, 세계관이라고 할 때, 인생관의 구체적 내용은 주관적, 개인적 규범이 아니라 객관적, 사회적 규범일 수밖에 없는 것이었다.

정리하면, 장쥔마이(張君勱)에 의해 개인적 · 주관적 가치 개념으로 시작된 인생관 개념은 개인가치와 사회가치의 관계에 대해 비판받으면서 판쇼우캉(范壽康)에 이르러 사회적 가치라는 의미로 변형된다. 그만큼 '주관적 가치가 사회적으로 반드시 옳은 것인가?'라는 질문은 형이상학파에게 상당히 곤혹스러운 것이었으며, 형이상학파는 그에 대해 명확하게 대답하지 못했다는 평가가 가능할 것이다. 물론 판쇼우캉의 이러한 주장은 논쟁과정에서 자기 논리를 개선한 형이상학파의 진전된 모습이었으며, 개인적 가치와 사회적 가치 사이의 '무조건적'(설명할 수 없는) 일치라는 장쥔마이의 모호한 해명을 합리적으로 대체한 것이라는 점도 명확하다. 아울러 장쥔마이의 문제제기, 즉 인생관은 주관적, 개인적인 것이므로 과학의 대상이 될 수 없다는 문제제기는 형이상학파 내부에서 결국 폐기되고 말았다는 점도 명확하다.

찾아볼 수 없었다.

IV
사실로부터 가치 도출의 문제: 과학파와 유물사관파의 입장

과학과 형이상학 논쟁 안에서 가치가 주관적인 것이 아니라 객관적인 것이라고 주장하는 측은 과학파에 해당된다. 가치가 객관적인 것이라면 모든 사람이 같은 것을 인식하게 되므로 사회적 규범으로 동의받기에 무리가 없다고 할 수 있다. '가치'와 '사실'의 관계 안에서 일반적으로 '객관적'이라는 말이 적용되는 것은 '사실'의 영역이라고 할 수 있다. '사실'은 그것에 대해 모든 사람이 같은 것으로 인식함을 전제로 하기 때문이다. 그렇다면 과학파는 경험주의 철학자인 흄(D. Hume)이 제기한 문제로 다시 돌아갈 수밖에 없다.[1] 즉 과학파는 '이다'(사실)에서 '해야 한다'(가치)를 과연 도출할 수 있는지에 관한 설명을 해야 했다. 그런데 과학파인 딩원장(丁文江), 왕싱공(王星

1 흄이 제기한 문제에 대해서는 이 논문의 II장의 주 5번 참고.

拱) 등은 분명히 인식론상 경험론자들이었다. 자신들이 기반하고 있는 경험론의 창시자 중 한 명인 흄이 가치를 경험적 사실로부터 분리시키려고 했던 것에 비해, 이들은 경험적 사실로부터 가치가 형성될 수 있다는 것을 증명해야 한다는 곤란한 문제점을 처음부터 가지고 있었던 것이다. 아울러 당시의 과학파는 그렇게 도출한 가치가 구체적으로 무엇인지, 즉 '지금 여기에서 무엇을 해야 하는지'에 대한 대답도 해야 했다. 장쥔마이(張君勱)가 과학은 객관적이고 인생관은 주관적이라고 문제 제기했을 때, 과학파는 이미 이 두 가지 질문에 대한 대답을 요구받게 되었던 것이다.

딩원장(丁文江) 이후 이러한 질문에 대한 해답을 시도한 것은 왕싱공(王星拱)과 우즈후이(吳稚暉)[2], 그리고 유물사관파 천두슈(陳獨秀)라고 할 수 있다. 먼저 왕싱공은 과학의 원리가 모든 현상에 실재함을 설명하려고 하였다. 이후 우즈후이는 우주론을 통해 우주 안에서 인간 존재에 대해 논의하면서 우주의 (과학적) 원리에 의한 인간 사회의 가치 도출이 가능하다는 것을 보여 주려고 했다. 이 두 사람의 논의는 객관적 사실로부터 가치가 충분히 도출될 수 있다는 점에 초점이 맞춰져 있었으나, '지금 여기에서 무엇을 해야 하는지'에 대한 대답은 못한 것으로 보인다. 다음으로 천두슈는 자신의 유물사관적 입장에서 '경제 원인론'과 '역사발전 단계론' 등을 통해 앞의 두 사람의 한계를 극복하려고 시도했다. IV장에서는 과학파에게 주어진 앞의

2 吳稚暉(1865~1955): 강소(江蘇) 무진(武進)과 무석(無錫) 지역의 경계인 설언교(雪堰橋) 출신. 1905년 영국 런던에서 同盟會 가입. 1907년 李石曾 등과 프랑스 파리에서 '世界社'를 결성하고 잡지『新世紀』를 통해 무정부주의 선전. 1923년 孫中山의 국민당 개조에 참여. 이후 蔣介石의 반공노선 지지. 1947년 '국민대회' 주석 역임.

두 가지 질문과 관련하여 왕싱공, 우즈후이의 대답과 한계를 구체적으로 살펴보고, 유물사관파 천두슈가 이러한 한계를 어떻게 극복하려하고 있는지에 대해 논의하기로 한다.

1. 모든 현상에 실재하는 과학 방법의 원리: 인과(因果)와 제일(齊一)

왕싱공(王星拱)이 자신의 글을 『누리(努力)』라는 잡지를 통해 발표한 시기는 린자이핑(林宰平)과 쥐농(菊農)이 『천바오푸칸(晨報副刊)』에 글을 게재한 이후이며, 판쇼우캉(范壽康)의 글이 발표(8월 1일)되기 이전인 6월 24일이었다. 화학자였던 그는 일반적으로 마흐주의자(machist)[3]로 평가받는 인물이었다.[4] 왕싱공도 딩원장(丁文江)처럼 과학의 원리가 자연뿐만 아니라 인간의 삶의 문제(인생관, 가치)에도 적용됨을 밝히려고 시도하고 있다. 그가 생각하는 과학의 핵심 원리는 '인과(因果)의 원리'와 '제일(齊一)의 원리'였다.

---

3 감각적 경험만을 지식이나 이론 해명의 근본라고 생각한 마흐(E. Mach)의 입장과 같은 생각을 하는 사람을 의미한다. 레닌(V. I. Lenin)이 「유물론과 경험비판론」을 통해 이들을 비판했던 것으로 유명하다. 마흐의 입장은 '물체'와 '자아' 개념에 가장 선명하게 나타나 있다. "물체는 색, 음, 압력 등의 '복합체'로 정의되는데, 이것은 시공간과 관련을 맺으며 지속성 혹은 안정성의 정도가 보다 높다는 점에서 (물체가 아닌 것과) 구별된다. 다른 한편으로, 하나의 특정한 물체(유기체)와 연결되어 있는 기억, 정서, 감정 등의 복합가 자아로 불리우며, 이것도 어쨌든 상대적인 지속성을 가진다." 도미니크 르쿠르 外, 이성훈 편역, 『유물론 반영론 리얼리즘』, (서울: 백의, 1995), 30쪽.

4 王育民·呂希晨, 이승민 역, 『중국현대철학사 I』, (서울: 청년사, 1989), 120~122쪽 참고, 方克立·王其水 主編, 『二十世紀中國哲學』 第二卷 人物志 上, (北京: 華夏出版社, 1995), 111쪽.

> 과학이 근거한 것에는 두 가지 원리가 있다. 하나는 인과(因果)의 원리(Causality)이고, 또 하나는 제일(齊一)의 원리(Uniformity)이다. 인과의 원리는 '우주 가운데 각종 현상은 반드시 인과적 관계가 있어서 원인 없이 그렇게 된 것도 없고, 결과(效果)를 만들어내지 않는 것도 없다'는 것을 말한다. 이 원리 안에 가분(可分)의 원리(Divisibility) 또는 다원(多元)의 원리(Pluralism)를 포함한다. 무엇이 원인이고 무엇이 결과인지를 변별해내기 때문에, 이미 우주를 세세한 조각들로 나누는 것이다. … 만약 우주가 하나로 뒤엉켜 나눌 수 없는 것이라면, 과학은 성립될 수 없을 것이다. … 제일(齊一)의 원리는 '같은 원인은 반드시 같은 결과를 만들어 낸다'는 것을 말한다. 이 원리가 없다면 우주에 수많은 각각의 사실이 있게 되어 우리들은 인과관계를 찾아내기 매우 어렵다. 그렇게 되면 과학도 근거할 만한 구조가 없게 된다. 역사적으로 과학은 수많은 현상에서 같은 점을 찾아, 이 같은 점을 종합하여 일정한 법칙(定律)을 만들어 냈다.[5]

왕싱공(王星拱)이 말하는 '인과의 원리'는 결과적으로 구별의 원리이며 분석의 원리라고 할 수 있다. 우주의 일정한 현상에 대해 그 원인을 찾으려면 결과와 원인을 구별할 수 있어야 한다. 이 때문에 과학자는 우주를 하나하나 나눌 수 있어야 하는 것이다. 이렇게 구별하는 것은 일정한 물질이나 현상과 다른 물질이나 현상을 나누는 것이 될 수도 있고, 한 가지 물질이나 현상을 여러 개로 나누는 것이 될 수도 있으므로 다원(多元)의 원리와 가분(可分)의 원리를 포함한다고 말하고 있는 것이다. 또 그가 말하는 '제일의 원리'는 결과적으로

---

5 王星拱, 「科學與人生觀」, 『科學與人生觀』, 4~5쪽.

종합의 원리라고 할 수 있다. 개개의 사물이나 현상에 대해 개별적인 원인과 결과를 찾는다면 우주는 개별적 사물과 개별적 현상으로 무한하게 분해된다. 그러므로 일정한 원인이 일정한 결과를 도출하는 공통점을 찾아서, 이를 종합하는 것이 바로 제일의 원리가 되는 것이다.

인과의 원리와 제일의 원리 가운데 인과의 원리에 대해서는 형이상학파도 자연세계에 적용되는 원리라고 생각하는 부분이다. 애초에 장쥔마이(張君勱)가 주장한 내용에서도 과학의 특징으로 언급된 것이 인과율 부분이도 했다.[6] 또 왕싱공(王星拱)은 스스로 자신이 설명하고 있는 과학은 인문 · 사회과학을 포함하는 광의(廣義)의 과학이 아니라 협의(俠義)의 과학(수학과 자연과학)을 말한다고 설명한 바 있다.[7] 그러므로 그가 말하는 인과의 원리에 대해서는 별다른 논란이 없는 내용이라고 할 수 있다.[8] 이런 이유로 왕싱공은 두 가지 원리 가운데

6 張君勱, 「人生觀」, 『科學與人生觀』, 7~8쪽.

7 광의의 과학과 협의의 과학에 대해 王星拱은 다음과 같이 말하고 있다. "과학은 두가지 의미가 있는데, 하나는 광의의 과학이고, 하나는 협의의 과학이다. 광의의 과학은 과학 방법으로 만들어진 모든 것이 과학이라는 것이다. 이러한 말을 승인하지 않는 사람들이 있다. 그들은 '과학이 과학이 되는 것은 그 내용 때문이지 그 방법 때문은 아니다'라고 말한다. 그들의 의견에 의하면, 과학방법은 형식적 논리이며, 이 형식적 논리는 종교도 그것을 사용하고, 소설도 그것을 사용하는데, 종교와 소설을 모두 과학이라고 부르지 않는다는 것이다. … 실제로 이것은 과학방법에 대한 오해이다. 과학방법은 형식적 논리가 아니며 그 가운데 수많은, 정밀(精密)하고 엄격(嚴毅)한 절차가 있다. 정밀이라는 것은 단계 단계마다 빈틈이 없다는 것이고, 엄격(嚴毅)이라는 것은 감정을 배제하고 취사선택하는 것이다. 종교가나 소설가는 실제로 이런 방법을 사용하지 않는다. 또 그들은 이러한 방법을 사용할 필요도 없다. 아마도 그들은 이 방법을 정말 사용할 수 없을 것이다. 만약 이 방법을 사용하면 그것은 종교나 소설이 될 수 없게 된다. 협의의 과학은 수학, 물리학, 화학, 생물학, 지질학 등처럼 보통 '일반인'(路上人)이 과학이라고 인정하는 것이다. 이 과학은 희랍에서 맹아가 생겨나서 문예부흥시대에 다시 살아나고, 18세기이후에 두드러지게 되었다. 나는 지금 이 협의의 과학으로 입론(立論)하려 한다." 위의 글, 2쪽.

주로 '같은 원인에서 같은 결과가 도출된다'는 '제일의 원리'에 대해 자세하게 설명하려고 했다.

> 한 물질의 성질은 두 가지 방면으로 볼 수 있다. 하나는 개체(個體) 방면으로 보는 것이며, 이것은 개체적 성질이 된다. 또 하나는 유(類)적 방면으로 보는 것이며, 이것은 유적 성질이 된다. 개체적 성질은 하나의 사물에 무한한 성질이 있으며, 이 무한한 성질의 집합이 하나의 사물(物)인 것이다. 유적 성질은 하나의 유(類) 가운데 구성원(分子)이 공통적으로 가지고 있는 성질이며, 이 공유적(共有的) 성질의 집합이 유(類)가 된다. 과학의 법칙은 유적 성질을 바탕으로 건축된 것이다.[9]

이러한 왕싱공(王星拱)의 설명은 '과거의 현상이 총체적으로 현재의 현상을 발생시킨 원인이며, 그 총체적 과거는 시시각각 다르므로 우주 안에는 영원히 같은 원인의 현상이 없다'는 베르그송(Bergson)의 '창화'(創化), 즉 창조적 진화 개념에 대한 비판이었다.[10] 그의 설명에서 추론해 보면, 베르그송의 '창화'라는 말은 개체적 성질만 본 것이다. 즉 개체적 성질이 무한하고, 현재 그 개체가 된 일정한 원인을 밝힌다는 것은 무한한 성질을 모두 열거해야하기 때문에 불가능하다고 본 것이 '창화' 개념이라는 것이다. 그러나 일정한 물질은 개체적

8 아울러 자연세계와 인간세계, 사실의 세계와 가치의 세계를 연속선상에서 보려고 시도하는 그의 입장에서 볼 때, 인과의 원리가 구별의 원리라면, 세계가 무한하게 쪼개질 수 있고, 이에 따라 인간의 가치도 무한하게 쪼개질 수 있다는 의미를 함축하고 있기 때문에, 인과의 원리 자체만 따져본다면 오히려 王星拱에게 불리한 원리라고 할 수도 있다.

9 위의 글, 6쪽.

10 위의 글, 5~6쪽 참고.

성질뿐만 아니라 유적(類的) 성질도 가지고 있다. 유적 성질은 하나의 유(類)에 속하는 모든 구성원(分子)이 이미 공통적인 성질을 가지고 있다는 의미이다. 거꾸로 말하면 일정한 물질의 무한한 속성 가운데 다른 물질과 공통적으로 가지고 있는 속성도 있고, 이 공통적 속성(類的性質)을 모아 놓은 것이 하나의 유(類)가 된다는 설명이다. 그가 보기에 이러한 속성이 이미 '존재'하기 때문에 같은 원인도 당연히 존재하는 것이었다.[11] 이러한 유적 성질은 종합 원리의 산물이며, '제일(齊一)의 원리'와 같은 의미라고 할 수 있다. 왕싱공에 의하면 이러한 유적 성질은 다시 구성원의 '필수성질'과 '평균대표'라는 두 가지로 나누어진다.

> 유적 성질은 다음과 같이 두 가지로 나눌 수 있다. (1) 하나의 유(類) 가운데 구성원이 반드시 가지고 있는 성질. (2) 하나의 유(類) 가운데 구성원 성질의 평균대표(平均代表). 형식논리와 수학 가운데 유적 성질은 모두 (1)에 속한다. 예를 들면 갑(甲)은 모두 갑류(甲類)에 속하며, 갑이 아닌 것(非甲)은 모두 갑이 아닌 유(非甲類)에 속한다. 단독적(單獨的)인 것(반드시 물질일 필요는 없다)은 모두 (1)에 속하는 유(類)며, 짝을 이루는 것(成雙的)은 모두 (2)에 속하는 유(類)이다. … 물질을 다루는 과학 가운데 유적 성질은

---

11 실제로 이것이 창조적 진화(創化) 개념을 비판할 수 있는 내용인지는 의문이다. 그가 이해하고 있는 창화 개념만 보더라도, 현재는 과거의 총체적 결과이며, 이 총체적 결과인 현재는 과거와 이미 다른 것이 되고, 이것이 다시 과거가 되어 미래의 새로운 현재를 만드는 원인이 된다는 말이다. 이에 대해 비판하면서 사물에는 공통적 속성이 있다는 내용으로 답하는 것은 다소 엉뚱하다고 볼 수 있다. 그럼에도 여기에서 그의 주된 관심이 분석과 더불어 종합이라는 과학의 특성을 설명하기 위한 것으로 보고 그의 설명에 맞춰 논의를 진행하기로 한다.

> 모두 (2)에 속하는 유적 성질이다. 이것은 모두 평균 대표이며, 이 평균 대표는 예외가 있을 수 있다.[12]

그에 의하면 형식논리나 수학이 아닌, 일반적으로 물질을 다루는 과학은 모두 일정한 유(類) 가운데 구성인자들의 평균대표(平均代表)를 통해 법칙을 연구하는 학문이다. 그런데 이 평균대표는 기본적으로 예외가 존재할 수 있는 것이었다. 따라서 그는 두 가지 평균대표라고 할 수 있는 '정성적(定性的) 평균대표'와 '정량적(定量的) 평균대표'가 모두 예외가 있는 평균대표라고 설명한다.

> 평균 대표의 유적 성질은 두 가지가 있다. 하나는 정성적(定性的) 평균대표인데, 예를 들면 모든 물질은 열을 가하면 팽창한다는 것이 이러한 유적 성질이다. 그러나 물은 0도와 4도 사이에서 열을 가하면 오히려 수축한다. 니켈합금(鎳滲金)의 경우 열을 가해도 팽창하지 않고 냉각시켜도 수축하지 않는다. 인류의 유적 성질을 말할 수 있지만, 인류 가운데는 장애인도 있는 것이다. 또 하나는 정량적(定量的) 평균대표인데, 예를 들면 키가 5.5척(尺)이라는 것은 인류의 유적 성질이 된다. 그러나 엄격하게 측량하면 모든 사람의 키가 정확히 5.5척은 아닐 것이다.[13]

유적 성질 가운데 평균대표는 기본적으로 예외가 있다는 그의 설명은 과학이 완벽한 것이 아니라는 설명이 되기도 한다. 그렇다면 과학의 진리성이 무엇으로 보증되는지가 문제로 남는다. 이에 대해

12 위의 글, 6쪽.

13 위의 글, 7쪽.

왕싱공(王星拱)은 다음과 같이 말하고 있다.

> 정성적 평균대표라는 유적 성질은 각 분자의 개체적 성질 가운데 일부분이다. 개체적 성질이 진실한 것이라면 이 유적 성질도 당연히 진실한 것이다. … 정량적 평균대표라는 유적 성질도 진실한 것이다. 생물계 가운데 한 생명의 개체 성질은 모두 같지 않다는 점은 사실이며 우리는 그것을 인정하지 않을 수 없다. 그러나 하나의 유(類) 가운데 구성원(分子)의 성질에는 모두 하나의 유적 성질(Race average)이 있다는 점도 우리가 인정해야할 사실이다. 하나의 유(類) 가운데 구성원의 성질의 분량(分量)이 평균대표와 정확하게 부합하지 않는 것도 있지만, 다수가 평균대표와 부합한다는 사실을 인정해야 한다.[14]

왕싱공(王星拱)에 의하면 정량적 평균대표는 대다수가 그 값에 부합되므로 진실하다고 말할 수 있다. 정량적 평균대표는 다른 말로 통계적 평균이라고 할 수 있다. 한 집단(類)에서 각각 다른 개체들의 평균값을 구해 그것으로 그 집단의 대푯값을 삼는다. 이것은 양적 평균이므로 대푯값보다 크거나 작은 개체가 있을 수 있다. 그럼에도 그 집단(類) 구성원(分子)의 대부분이 평균값에 부합되므로 대푯값이 될 수 있다는 말이다. 이러한 정량적 평균대표는 결국 편의적인 것이기는 하지만, 개체의 실제적인 값을 기반으로 한 것이므로 객관적인 것이며, 본질적으로 진실한 것이다.[15]

정성적 평균대표는 각 개체의 성질 중 일부이다. 앞에서도 살펴본

---

14 위의 글, 8쪽.

15 위의 글, 9쪽.

것처럼 각 개체는 무한한 성질을 가지고 있다. 그렇게 무한한 것 가운데 일부 공통적인 성질들이 모여서 유적 성질을 이루는 것이다. 따라서 하나의 유(類) 가운데 개체들은 최소한 한 가지 이상의 공통점을 가지고 있어야 한다. 이렇게 정성적 평균대표가 개체의 성질 중 일부이기 때문에 객관적이며 진실하다는 말이다. 그에게 개체적 성질은 감촉(感觸)을 통해 알 수 있는 세계에 속하므로 그 자체로 진실한 것이었다.[16]

> 피어슨(Pearson)은 개념의 세계가 감각할 수 있는 세계(感觸世界)를 이용하여 건축된 것이라고 설명했다. … 유적 성질은 하나의 유 가운데 구성원인 개체적 성질의 평균대표이고 개체 성질은 감각할 수 있는 세계에 존재하는 것이다. 유적 성질은 개념 세계에 존재하는 것이다. 과학 사실은 개체성질의 표현이다. 과학의 법칙(定律)은 유적 성질의 표현이다. 유(類)는 개체를 벗어나 독립적인 것이 될 수 없다. 개념적 세계는 감각할 수 있는 세계를 벗어나 독립적인 것이 될 수 없다. 과학 법칙도 과학사실을 벗어나 독립적인 것이 될 수 없다. 개념세계 가운데 같은 원인이 반드시 같은 결과를 만든다는 법칙이 있는 까닭은 감각할 수 있는 세계 가운데 반드시 같은 원인이 같은 결과를 만든다는 사실이 먼저 있기 때문이다.[17]

---

16 王育民과 呂希晨은 앞의 인용문에서 나온 王星拱의 "개체적 성질이란 한 가지 사물이 지니고 있는 무한한 성질이다"라는 말을 들어 王星拱의 생각이 "사물은 감각 세계에만 존재할 뿐, 감감세계를 떠나면 어떠한 사물도 있을 수 없다"는 생각이라고 해설하고 비판한다. 王育民·呂希晨, 같은 책, 122쪽.

17 王星拱, 앞의 글, 10쪽.

왕싱공(王星拱)은 과학의 사실과 과학의 법칙이 모두 감각(感觸)을 통해 확실성이 보증된다고 생각했다. 여기에서 과학 사실은 개체의 성질에 대한 표현이고, 과학의 법칙은 유적 성질에 대한 표현이다. 개체의 성질은 감각을 통해 확실하게 '존재함'을 알 수 있으며, 유적 성질은 그러한 개체의 성질 가운데 (정성적 혹은 정량적) 평균 대표이므로 그 진실성이 보증된다. 과학의 법칙은 확실히 '존재'하는 과학적 사실에 기반하므로 진실성을 보장받게 되는 것이다. 즉 과학의 법칙은 객관성(objectivity)을 획득하는 것이 된다. 또 개념의 세계도 이러한 유적 성질들로 구성되어 있기 때문에, 감각할 수 있는 세계를 기반으로 만들어진 것이 되고, 결과적으로 그 진실성을 보장받게 된다. 여기에서도 개념의 세계는 객관성을 보증받게 되는 것이다. 왕싱공에 의하면 이러한 개념은 실재(實在)하는 감각의 반영이므로 개념이 존재한다면, 그것은 감각 세계(感觸世界)에 이미 존재하는 '제일의 원리'를 반영한 것에 불과하다.

왕싱공(王星拱)은 아주 분명한 개념실재론(槪念實在論)의 입장에서 '제일의 원리'를 설명하고 있다. 개념의 타당성을 주장하기 위해서, 개념이 실재(實在)와 연결되어 있는 '객관적'인 것이라고 말하는 것이다. 그는 제일의 원리가 틀리지 않은 것임을 설명하고, 이어서 제일의 원리가 틀지지 않은 이유는 우리가 살아가는 세계에 이미 '제일의 원리'가 실재(實在)하고 있기 때문이라고 논리를 전개해 왔다. 이러한 논리는 제일의 원리가 결국 '객관적'이라는 말을 통해, 그 타당성을 확보하려는 시도였다.

> 이 두 가지 원리는 실제로 우주 간에 존재하는 것이며, 수학, 물리학, 화학 등 과학은 이 원리들을 이용하여 구조화된 것이다.

우리들이 인생의 각종 현상을 이 두 가지 원리로 다시 보면, 수학, 물리학, 화학 등 과학이 연구하는 대상과 근본적으로 다르지 않다. 바꿔 말하면, 이 두 가지 원리는 인생의 각종 현상 가운데 존재한다.[18]

결국 그에게 '인과의 원리'와 '제일의 원리'는 세계 안에 실재하고 있는 것이며, 이것은 감각을 통해 '객관적'으로 보증된 '정신의 원리'이므로 정신적인 면에도 충분히 적용될 수 있는 것이 된다. 이렇게 객관적이라는 것이 '보증된' 과학의 원리는 당연히 인생관의 두 가지 의미라고 할 수 있는 '생명의 관념'(Concept of life)과 '생활의 태도'(Mood of living)에 모두 적용되는 원리였다.[19] 두 가지 인생관의 의미 가운데 생명의 관념에 대한 그의 설명을 보자.

고등동물의 지혜 활동은 다만 생물활동 가운데 가장 복잡한

---

18 위의 글, 9~10쪽.

19 王星拱은 인생관에 대해 다음과 같이 '생명의 관념'과 '생활의 태도'로 구분하고 있다. "인생관이라는 명사는 역사상의 관습(沿襲)으로 인해 두 가지 다른 의미가 있다. 하나는 생명의 관념(Conception of life)이고, 다른 하나는 생활의 태도(Mood of living)이다. 이 생활은 보통 정신생활이라는 용어로 말하는 것이다. 과학에 의해서 생명문제를 해석했다면 당연히 '인생의 과학관'(人生之科學觀)이라고 불러야 하는 것은, 과학에 의해서 우주문제를 해석했을 때 당연히 '우주의 과학관'(宇宙之科學觀)이라고 불러야 하는 것과 마찬가지다. 생명문제에 대해서 과학만이 과학적 해결방법을 가지고 있다. 그 해결이 맞는 것인지와 모든 사람이 찬동하는지는 별개의 문제이다. 과학의 해결이 맞더라도 모든 사람이 찬동하지 않을 수도 있다. 과학가는 다음과 같이 말한다. 지구가 태양을 돌고 있는 상황에서, 종교가는 반드시 태양이 지구를 돈다고 말하려 하는데, 무슨 판단기준이 있는 것인가! 과학 태도에 의지하여 생각을 정리하고, 의견을 구조화하여 몸으로 실천(身體力行)하는데 이르게 되면, '과학적 인생관'(科學的 人生觀)이라고 부를 수 있다. 과학가의 태도는 종교가나 미술가의 태도와 실제로 다르다." 위의 글, 3쪽.

> 것으로 하등동물은 할 수 없는 것이지만 (생물활동이라는 점에서) 근본적 구별은 없고 그 지혜 활동이 영혼에서 나온 것으로 생각할 필요도 없다. 생물 활동도 천연활동 가운데 일부이며, 무기물 세계(無機界)의 활동과 근본적 구별이 없고, 그것이 생명력에서 나온 것이라고 생각할 필요도 없다. 무기물을 연구하는 물리와 화학도 생물문제에 응용할 수 있으며, 생물을 연구하는 생물학도 인생 문제에 응용할 수 있다. 다만 인생문제 가운데 구성인자들은 비교적 복잡하여, 과학(협의의 과학)의 여러 문제 가운데 구성인자문제에서 실험자가 규정하기에 쉽지 않을 따름이다.[20]

장쥔마이(張君勱)에 의하면 물질은 생명이 없는 것이고 인생은 살아 움직이는 것이었다. 이것은 생명과 물질을 근본적으로 구분하려는 의도였다. 그러나 왕싱공(王星拱)은 생명이라는 것이 결국 무생물(물질)에서 진화한 것에 불과하며 궁극적으로는 생물활동과 무생물활동이 모두 자연의 활동(天然活動)에 속하는 것일 뿐이라고 반박하고 있다. 그는 '콜로이드(colloid) 상태의 물질(膠體物質)에 극자광(極紫光)을 비추면 단세포 활동과 유사한 활동을 한다'는 사실을 통해 생물이 무생물에서 진화했다는 주장을 진행한다.[21] 무기물과 생명이 연장선상에 있음은 과학적으로 어느 정도 증명된 사실이라고 생각하고 있다. 무기물, 하등동물, 고등동물의 근본적인 차이가 없으므로 무기물에 대한 연구(물리와 화학)를 하등동물 연구(생물학)에 적용시킬 수 있고, 하등동물에 대한 연구(생물학)를 고등동물 연구(人生)에 적용시킬 수

---

20 위의 글, 12~13쪽.

21 위의 글, 11쪽.

있게 된다. 인생문제는 생물학에서 다루는 사실보다 약간 복잡할 뿐이다. 따라서 '인간의 생명'이라는 '인생'은 그 안에 존재하는 '인과의 원리'와 '제일의 원리'에 의해 충분히 해석할 수 있는 것이며, '생명의 관념'이란 의미의 인생관도 그에 따라 자연스럽게 해결되는 것이다.

다음으로 왕싱공(王星拱)은 인생관의 또 다른 의미인 '생활의 태도'에 대하여 설명을 이어 간다. 그가 말하는 생활이라는 것은 '정신생활'을 의미한다.[22] 이는 가치의 문제라고 할 수 있겠다. 그가 보기에 이러한 정신생활 문제, 즉 가치의 문제를 과학이 해결할 수 없다는 주장은 주로 세 가지를 근거로 하고 있다. 첫째 '자유의지'(自由意志)라는 것이고 둘째 '감정의 신비'(感情神秘)이며 셋째 '인생관은 통일하지 못한다'(人生觀不統一)는 것이다. 자유의지에 대해 그는 다음과 같이 비판하고 있다.

> 그들은 사람의 의지가 자유로운 것이어서 과학이 근거하고 있는 인과율을 응용할 수 없다고 말한다. … 의지가 진정으로 자유로울 수 있는가? …좋은 의지의 방면으로 삶을 좋아하고 죽음을 싫어하는 것이 생명의 천성이며, 인류도 당연히 이런 천성을 가지고 있다. … 유럽의 대전(大戰) 때, 수많은 애국건아들이 목숨을 걸고 전쟁터로 나가길 원했다. 나쁜 의지 방면으로 좋아하는 것(愛好)도 모두 인류의 천성이다. 염치없는(寡廉鮮恥) 일은 사람이 하고 싶어 하지 않는 일지만, 평생 매춘과 도둑질에 종사하고도 이상하게 생각하지 않고 편안하게 여기는 사람도 있다. 묻건대 우리들이 기질(temperament)로 유전된 것이나 환경에 의해 물들고

---

[22] 위의 글, 13쪽.

(濡染) 암시 받은 것들도, 모두 우리가 원래 원했던 것이라고 생각할 수 있는가?[23]

왕싱공(王星拱)이 보기에 좋은 의지이건 나쁜 의지이건 환경과 유전에 의해 규정되는 경우가 많다. 여기에서 환경과 유전은 원인이고 환경과 유전에 따른 의지는 결과가 된다. 즉 원인과 결과(因果律)로 의지를 설명할 수 있다. 여기에서 다시 평균대표를 구하면 의지도 자유로운 것이 아니라, 일정한 법칙을 만들어 낼 수도 있다는 의미가 되며, 따라서 의지가 완전히 자유롭다는 형이상학파의 주장은 잘못된 것이 된다. 이어서 그는 감정이 신비하다는 근거에 대해서도 비판한다.

인류가 생활을 할 때 (개체와 종족을 포함하여 말하면) 보다 좋은 생활(소위 상향적 생활)을 원하는 욕망도 함께 한다. 이 욕망을 만족시킬 수 있는 것은 유쾌한 감정을 발생시키고, 이 욕망을 만족시킬 수 없는 것은 고통(悲苦)의 감정을 발생시킨다. 그 경험의 과정이 비록 2 더하기 2는 4인 것처럼 쉽고 명료하지는 않지만 '현자의 돌'(哲子石, Philosopher's Stone)처럼 헤아릴 수 없는 것도 아니다. 우리들이 이 과정을 명백히 밝혀낸다면 이 방법으로 감정을 발생시킬 수도 있을 것이다.[24]

왕싱공(王星拱)에게 감정은 욕망에 부합한지 아닌지에 따라 발생하는 것이다. 그래서 가장 기본적인 감정은 욕망 충족 여부에 따른 '기

23 위의 글, 13~14쪽.

24 위의 글, 14쪽.

쁜 감정'(愉快的感情)과 '슬프고 고통스런 감정'(悲苦的感情)이라고 할 수 있다. 여기에서 욕망의 내용은 매우 중요하다. 그것에 의해 감정이 한정되기 때문이다. 그는 욕망의 내용을 '보다 좋은 생활을 바라는 마음'이라고 규정했다. 이 마음의 충족 여부가 감정으로 나타난다는 것이며, 결과적으로 감정도 원인에 의해 발생한다는 것이었다. 왕싱공이 생각하기에 욕망의 충족 여부에 따른 감정은 이미 인과율의 지배를 받고 있으며, '제일의 원리'를 통해 그 메커니즘을 정확히 파악한다면 일정한 방법으로 충분히 제어할 수 있는 것이었다.

이러한 생각으로 '감정의 신비함'에 대해 비판한 왕싱공(王星拱)은 형이상학파의 대표 격인 장쥔마이(張君勱)가 중요시했던 유가사상(儒家思想)에서도 이미 감정이 제어(支配) 가능하다고 말하고 있음을 지적한다.

> 중국의 옛 서적에 '이치(理)로 욕심을 이긴다'(以理克欲), '감정에서 출발하여 예의에서 멈춘다'(發乎情而止乎禮義)는 표현이 있는데, 여기에서 '이긴다'(克)와 '멈춘다'(止)는 것은 일정한 방법을 이용하여 감정을 지배하는 것이다.[25]

성리학(性理學)의 기본원리라 할 수 있는 '이치로 욕심을 이긴다'는 말과 시경(詩經)의 서(序)에 나오는 '감정에서 출발하여 예의에서 멈춘다'는 말을 인용하여 감정을 제어할 수 있다는 사례를 들고 있다. 이미 고대 중국에서부터 감정은 제어 가능하다고 생각하고 있었다는 사례가 될 것이다. 감정이 욕망의 결과로 나온다고 생각한 그의 입장

25 위의 글, 14쪽.

에서 보면 욕망과 감정이 모두 제어 가능하다는 옛 서적의 내용은 그 자체로 매우 중요했을 것이다. 왜냐하면 감정이 과학방법 혹은 객관적 법칙으로 제어(支配)할 수 없다고 주장하는 형이상학파(玄學派), 특히 전통 유학적 가치에 대해 우호적인 장쥔마이(張君勱)에 대해 비판하는 데 있어서 감정이 일정하게 제어될 수 있다고 나와 있는 유교 서적이 있다는 것만으로도 매우 의미가 컸기 때문이다.

여기에서 주의할 점은 왕싱공(王星拱)이 말한 두 가지 사례가 감정을 제어할 수 있다는 가능성을 말하고 있는 것이지 감정의 발생 메커니즘을 말하고 있는 것이 아니라는 점이다. 일정한 방법을 사용하여 일정한 감정을 발생시킬 수 있다는 것도 '앞으로 과학이 발전하면'이라는 조건이 붙어 있는 것이지 현재 감정의 발생 메커니즘에 대한 연구 결과에 따른 것이 아니었다. 결국 감정의 신비함에 대하여 당시 과학의 힘으로 완전히 해체시킬 수 있었던 것은 아니었다. 다만 과학적 방법, 즉 우주의 모든 사물과 모든 현상에 존재하고 있는 인과의 원리와 제일의 원리가 감정에도 존재한다는 확신 정도였다. 아직까지 감정을 조절(支配)할 수 있는 원리는 과학에 의해서도 발견하지 못한 것이었다.

> 인생관을 통일할 수 없지만 인생관이 유전(遺傳)과 교육(教育)에서 나온다는 원리는 통일적이다. 만약 각 사람의 유전과 교육을 명백하게 알게 된다면 그의 인생관도 단번에 알 수 있을 것이다. 우리가 쉽게 비교하기 위해서 각 사람이 받은 교육을 고찰해 보더라도, 만약 일반인이 받은 교육이 대체로 거의 같은 것이라고 명백히 알 수 있다면 그들의 인생관도 대체로 다르지 않다는 것을 추측할 수 있을 것이고, 하나의 평균대표를 얻을 수 있을 것이며, 이것은 과학(협의적)의 법칙(定律)과 다르지 않다.[26]

위의 내용은 '인생관은 통일하지 못한다'는 형이상학파 의견에 대한 왕싱공(王星拱)의 비판이다. 결국 인생관은 유전과 교육의 결과로 나타나는 현상이 된다. 당연히 이곳에는 원인(유전, 교육)과 결과(인생관)의 관계가 성립된다. 또 유전에 대해 명확하게 규정할 수 없는 상황이라도 어떤 사람의 과거 교육 이력에 대해 알 수 있다면 그에 대해 유적 성질을 구할 수 있고 평균대표를 할 수 있다는 것이다.

그의 논리로 보면, 교육을 통제할 수 있다면 인생관의 통일도 가능할 수 있다. 그러나 그의 주장은 인생관이 통일되어야 한다는 것이 아니었다. 사람마다 인생관이 모두 같은 '청일색'(淸一色)의 세계는 왕싱공(王星拱) 자신도 바라지 않는다고 명확하게 말하고 있다.[27] 다만 그가 주장하는 것은 인생관 자체가 원인이 있어서 생긴 것이고(인과의 원리), 이 원인을 같게 한다면 결과인 인생관도 같게 할 수 있다(제일의 원리)는 것이었다. 결국 그는 인생관에서도 인과의 원리와 제일의 원리가 존재하고 있다는 주장에서 그치고 있다. 당연히 그의 결론은 다음과 같은 내용일 수밖에 없었다.

> 나의 결론은 다음과 같다. 과학은 인과와 제일의 원리를 근거로 하여 만들어진 것이며, 인생문제가 생명이건 생활의 태도이건 간에 모두 이 두 가지 원리의 범위(金剛圈)를 벗어날 수 없기 때문에 과학은 인생문제를 해결할 수 있다.[28]

왕싱공(王星拱)에게 감각(感覺)은 존재(存在)의 확실성을 보장해주는

---

26 위의 글, 16쪽.

27 위의 글, 15쪽.

28 위의 글, 16쪽.

유일한 수단이다. 그는 '인과의 원리'와 '제일의 원리'가 감각의 차원에서 실재(實在)하고 있다고 생각했다. 즉 객관성(objectivity)을 확보한 원리라고 생각한 것이다. 또 이 객관적 원리가 인생문제를 해결할 수 있는 유일한 수단이라고 생각했다. 그에게 가치의 문제(인생문제)도 결국 유전과 환경(교육)이라는 객관적 원인에 의해 발생한 객관적 결과일 따름이었다. 따라서 가치문제(인생문제)도 분석과 종합이 가능한 대상이었다. 그러나 그가 보기에도 당시의 과학 수준은 가치문제(인생문제)에 대해 분석과 종합을 마친 상태가 아니었다. 특히 유전의 문제는 확실하게 알 수 있는 영역이 아니었다. 따라서 '향후에 그렇게 할 수 있다' 정도의 주장밖에 할 수 없는 상황이었다. 이 때문에 구체적으로 객관적 과학을 통해 도출한 객관적 가치가 무엇을 의미하는지에 대한 문제는 과학파의 입장에서 여전히 해결해야할 과제로 남게 된다.

2. 과학적 우주론으로 환원 가능한 가치: 재질(質)과 힘(力)

후스(胡適)에 의하면 다른 과학파 인물들과는 다르게 우즈후이(吳稚暉)야 말로 선명하고 단호하게 과학적 인생관을 믿었던 사람이다.[29]

---

[29] 胡適, 「科學與人生觀序」, 『科學與人生觀』, 13쪽. 胡適은 이곳에서 다음과 같이 말하고 있다. "과학을 옹호하는 사람들은 추상적으로는 과학이 인생 문제를 해결할 수 있다고 인정하지만, 결국 공공연하게 그 구체적인 '순물질, 순기계적 인생관'이 과학적 인생관이라고 승인하고 싶어 하지 않았다. 나는 그들이 '원하지 않았다'고 말하는 것이지, 그들이 겁나서 하지 못했다고 말하는 것이 아니다. 그들이 과학가의 인생관에 대해 吳稚暉 선생처럼 선명하고 단호한 신앙처럼 할 수 없었기 때문에 공공연하게 주장할 수 없었다고 말하는 것이다."

우즈후이는 자신이 생각하는 과학적 우주관을 통해 객관적인 가치를 도출하려고 시도한 사람이라고 할 수 있다. 그의 주장은 존재의 근원이 '순물질, 순기계적임'을 드러내고, 이를 통해 인간이 살면서 지녀야할 가치에 대해 논의하는 것이 핵심이다. 그는 이러한 자신의 생각을 1923년 8월 5일에 잡지 『타이핑양(太平洋)』 4-1호에 게재하기 시작하여, 10월 5일(4-3호)까지 이어서 발표한다. 그에 의하면 우주의 근원은 '하나'(一個)이다. 이 '하나'(一個)에 대하여 그는 다음과 같이 설명하고 있다.

> 내가 말하는 '하나'(一個)는 하나의 '활물'(活物)이다. 그 '하나'에서 변화하여 현상세계, 정신세계, 모든 것이 있는 세계(萬有世界), 아무것도 없는 세계(沒有世界), 시간과 공간에 적용되는 것과 시간과 공간에 적용되지 않는 것, 이치에 맞게 말이 되는 것, 서로 모순되는 것, 직각할 수 있는 것, 지각할 수 있는 것, 직각할 수 없는 것, 수없이 많은 형형색색(形形色色), 있는 것과 없는 것이 모두 자연이며, 이 활물(活物)과 통한다.[30]

우즈후이(吳稚暉)가 말하는 우주의 근본적인 존재인 '하나(一個)'는 '활물'(活物)이다. '활물'은 말 그대로 마치 살아 있는 것처럼 변화하는 존재이며, 다른 '활물'을 만들어 낼 수 있는 능력을 가지고 있는 존재이다.[31] 그리고 의미를 부여할 수 있는 모든 대상은 바로 이 '활물'을 근원으로 하여 '스스로 그러한 것'(자연)이라고 할 수 있다. 얼핏 보기에 이 '활물'은 형이상학적 근본 존재라고 할 수도 있을 것

30 吳稚暉, 「一個新信仰的宇宙觀及人生觀」, 『科學與人生觀』, 12쪽.

31 위의 글, 15쪽.

같다. 우즈후이는 분명히 과학파의 일원으로 자신의 주장을 하고 있다. 그럼에도 '활물'이라는 개념을 통해 우주 존재의 근원을 말하고 있는 것은 어딘지 어색하다. 그렇다면 이 '활물'이 무엇을 의미하며, 이것이 어떻게 '과학파'의 주장이 될 수 있는지는 매우 중요한 내용이라고 할 수 있겠다. 먼저 그가 말하는 활물이 무엇을 의미하는지 살펴보자.

> 활물(活物)의 정의를 가장 천박한 말로 하면 다음과 같다. (1) 재질(質地)이 있어야 하는 것이다. (2) 감각할 수 있는 것이다.[32]

그에 의하면 존재의 근원인 '활물'은 두 가지 조건, 즉 '재질'(質)과 '감각'을 갖추고 있어야 한다. 그 가운데 '재질'이 있어야 한다는 의미에 대해 우즈후이(吳稚暉)는 다음과 같이 설명하고 있다.

> 나는 본래 만물이 재질(質)을 가지고 있고 힘(力)을 가지고 있다는 점을 인정하여 재질을 말하면 힘도 존재하는 것이고, 힘을 말하면 재질도 존재하는 것이니, 힘이 없는 재질은 없다. 재질과 힘이라는 것은 하나의 사물에 대한 다른 이름이다. 우리의 만물(萬有)이 '하나'일 때, 그 본체(體)로 말하면 재질이고 그 기능으로 말하면 힘이다. 이것에 대해 쉽고 명백한 명칭을 사용한다면 활물(活物)이라고 하는 것이다. 하나의 활물이 변하여 만물(萬有)이 되고, 크게는 해와 별과 같이 재질과 힘이 병존하는 것이다. 작게는 전자(電子)와 같이 재질과 힘이 함께 갖추어진 것이다.[33]

---

[32] 위의 글, 16쪽.

[33] 위의 글, 22쪽.

'활물'의 전제 조건인 '재질'(質)은 물질(質)이면서 에너지(力)라고 할 수 있다. 재질(質)과 힘(力)은 우주의 근본적인 존재에 대한 다른 이름이다. 우리가 인식할 수 있는 존재인 '재질'은 모두 재질이면서 동시에 힘인 것이며, 이 '재질'이라는 근본적인 요소로 해서 만들어진 것이 우주라는 의미이다. 이처럼 우즈후이(吳稚暉)는 당시의 과학적 관점으로 물질에 대한 해석을 시도하였고, 이를 통해 자신의 우주론을 진행하고 있었다. 우즈후이는 이렇게 순수하게 '물질적 관점'으로 우주존재에 대해 설명한 후, '활물'의 또 다른 정의라고 할 수 있는 '감각할 수 있다'는 특징이 무엇을 의미하는지에 대해서도 언급하고 있다.

> 그러므로 감각이란 명사에 대하여 동식물에게만 속한 것이라고 하고 싶다면 역시 불가능할 것도 없다. 나는 더욱 해괴한 말을 쓸 수 있으니, 나는 동식물도 감각이 본래 없으며, 모두 단지 그 재질(質)과 힘(力)의 교추(交推)가 있을 뿐이고, 복사반응(輻射反應)이 있을 뿐이다. 사람을 예로 들면, 사람의 재질 구조가 이와 같은 신경계이고, 그 힘이 발생하면 이와 같이 반응한다. 소위 감정(情感), 생각, 의지 등은 이러한 반응이며 억지로 이름을 붙여, 그 이름을 미화하면 심리(心理)라고 하고, 그 일을 신비화하면 영혼(靈魂)이라고 하는 것이다. 솔직히 말하면 감각이라고 하는 것은 재질과 힘의 상호반응에 불과하다.[34]

우즈후이(吳稚暉)는 '감각할 수 있다'는 '활물'의 특징을 간단하게 '재질'과 '힘'의 상호작용일 뿐이라고 말하고 있다. 우리가 감각하는

34 위의 글, 22~23쪽.

것도 단지 힘이면서 동시에 재질이라고 할 수 있는 물질의 작용일 뿐이라는 설명이다. 그가 말하고 있는 '활물'은 근본적으로 '힘'과 '재질' 이외에 다른 것이 아니다. 따라서 '활물'은 형이상학적 근본존재라고 볼 수 없으며, 순물질적 존재라고 하는 것이 정확한 표현이다. 그런데 우즈후이는 왜 굳이 활물(活物)이라는 표현을 써서 자신의 우주론을 설명하고 있는 것일까? 이에 대해서는 과학과 형이상학 논쟁의 출발점이라고 할 수 있는 장쥔마이(張君勱)의 「인생관(人生觀)」에서 찾아볼 수 있을 것이다.

장쥔마이(張君勱)는 인생관과 과학의 대상에 대해 구별하면서 인생관은 '살아 움직이는'(活的) 인간의 삶(人生)을 대상으로 하고, 과학은 '죽은'(死) 물질(物質)을 대상으로 한다고 주장한 바 있다.[35] 이에 대해 물질은 '죽은' 것이 아니라 '살아 움직이는' 것임을 강조하기 위해 '활물'(活物)이라는 표현을 하고 있는 것이다. '살아 움직인다'(活)는 것은 생명이나 인간의 특징이 아니라 물질의 기본적인 특징이다. 왜냐하면 우즈후이(吳稚暉)에게 생명의 특징이라고 할 수 있는 감각 작용도 근본적으로는 힘과 재질의 상호작용 가운데 하나일 뿐이기 때문이다. 이러한 그의 생각은 존재의 지위에 대한 '차별'을 부정하는 것에 초점이 맞춰져 있었다.

> 이처럼 만물의 영장이라는 칭호는 만물 각자가 대표로 공식 추대한 것이 아니라 우리 인간이 제 마음대로 팔아넘겨서 부르는 것이니 웃기는 일이 아닐 수 없다. 나는 이 긴 글에서 만물의 감각이 차등적이라거나 동등하지 않다고 계속 표명하고 있다. 차등은

---

35 張君勱, 「人生觀」, 『科學與人生觀』, 4쪽.

> 상황의 다름이지 정도의 높고 낮음이 아니며, 사람은 사람의 감각을 가지고 있고, 파리는 파리의 감각을 가지고 있으며, 장미 나무는 장미 나무의 감각을 가지고 있다는 것이다. 즉 감각적 상황이 각각 다르고, 각자 특수한 발달 조건을 가지고 있다는 것이다. … 우주관에서 추론하여 '하나'(一個)가 활물(活物)이 된다는 점을 알게 된다면, 이러한 차별을 허용하지 않게 된다.[36]

우즈후이(吳稚暉)에 의하면 인간이나 동물, 또는 식물은 감각 능력이 다르기는 하지만 그 능력의 우열(愚劣)이 있는 것은 아니었다. 이 때문에 인간을 만물의 영장이라고 칭하는 것도 정당성이 없게 된다. 물질적 존재와 감각이 모두 힘과 재질의 작용이라는 그의 우주관으로 본다면 당연한 이치일 수 있다. 모든 물질적 존재가 차별 없이 동등한 의미를 갖는다는 말은 모든 존재의 가치가 같다는 말이 된다. '가치'라는 말이 이미 평가를 전제로 성립되는 말이라면 물질적 존재는 모두 힘과 재질의 작용으로 환원될 수 있으므로 이에 대해 평가한다는 것이 무의미하다. 따라서 가치를 따진다는 것도 무의미하다고 할 것이다. 이렇게 재질과 힘의 상호 반응이 감각이라고 하고 감각 능력의 우열을 평가하여 인간을 다른 물질 존재보다 우월한 것으로 생각하는 일반적인 생각에 우즈후이는 반대하고 있다. 그는 논의를 더욱 확장하여 자신의 주장을 보다 확고하게 한다. 즉 인간의 특징이라고 할 수 있는 모든 정신 작용이 이 감각에서 나온다고 설명하고 있다.

36 吳稚暉, 같은 글, 20~21쪽.

바깥 사물(外物)과 접촉하여 감각(感覺)을 만든다. 감각을 반기거나 거부하여 감정(情感)을 만든다. 감정에 오류(誤)가 있을까 두려워 생각(思想)을 만들고 이지(理智)가 된 것이다. 이지(理智)가 반복해서 심사하는 것을 거치면서 특별한 종류의 감정(情感)이 자연의 항상됨(自然的常)에 비추어 적당하다고 여기거나, 혹은 오히려 이지(理智)의 막힘을 바로잡으면서 직각(直覺)을 만든다. 그것이 심체(心體)에 적합하고 아울러 더 심사하고 조사할 것이 없으므로 남아서 본능이 된다. 하나의 작용마다 모두 신경계에서 기계장치를 더 많이 만드는 것이다. 결국 3.2근의 뇌(腦髓)를 이루게 되는 것이다(이것은 농담으로 한 말이며, 우리 지역에서 속설로 '머리의 무게는 9.5근'이라고 하니 뇌는 그 3분의 1 정도가 적당할듯하여 이렇게 말한 것이다). 또 5천48개의 뇌신경(腦筋)에서(역시 농담이며, 5천48은 우리 지역에서 매우 많다는 의미로 쓰는 말이다) 직각은 이지가 감정(情感)을 심사하면서 생기는 것이니, 요약하면 후스(胡適)선생이 말한 '직각은 경험의 암시에 근거하고, 살아 있는 경험에서부터 만들어진 것'이라는 의미이며, 장쥔마이(張君勱)선생이 아주 불복(不服)했던 그 의미이다.[37]

인간 정신작용의 특징이라고 할 수 있는 감정(情感), 생각(思想), 이지(理智), 직각(直覺)이 모두 외부 사물과 접촉하여 생긴 감각을 기반으로 생긴다는 의미이다. 우즈후이(吳稚暉)는 심지어 인간의 본능도 결국 감각에서 생성되는 것이라고 말하고 있다. 앞에서 본 것처럼 감각은 힘과 재질의 상호작용이다. 이렇게 본다면 인간의 정신 작용이 모두 물질적 반응에 불과하다는 의미가 된다. 이러한 그의 주장은 '물질일원론'적 주장이라고 할 수 있겠다. 세계는 물질(力과質)로만 이루어져

[37] 위의 글, 30쪽.

있고 그 물질의 상호 작용에 의해 생성된 것이 인간을 포함한 우주 만물이므로 인간이 세계에 대해 알 수 있는 방법은 기본적으로 물질적 반응이라고 할 수 있는 감각을 통해서만 가능하다. 이렇게 감각이 모든 앎의 근거라고 생각한 것은 딩원장(丁文江), 왕싱공(王星拱), 후스(胡適) 등 과학파가 일관되게 주장했던 내용이다. 그가 보기에 감각적 경험이 실재하는 세계를 알 수 있는 유일한 방법임에도 불구하고 형이상학파 장쥔마이(張君勱)는 이에 동의하지 않고 있었던 것이다.

원래 감정과 직각은 형이상학파에서 강조한 내용이다. 장쥔마이(張君勱)에 의하면 인생관은 '직각적'(直覺的) 방법을 사용해야 하지만 과학은 '논리적'(論理的) 방법을 사용을 사용해야 하는 학문이었다.[38] 또 과학과 형이상학 논쟁에서 형이상학파로 분류되는 량치차오(梁啓超)는 인생의 대부분 문제는 과학의 사유방식인 이지(理智)를 통해 해결할 수 있지만 감정(情感)만은 이지의 범위를 벗어난다고 주장한 바 있다.[39] '가치'(인생관)를 인식하려면 직각적 방법을 사용해야 한다고 주장한 사람이 장쥔마이였으며 그러한 가치가 나오는 근원이 감정이라고 생각한 인물이 량치차오였다. 그들이 생각한 인생관은 인간에게만 해당되는 것이며 다른 존재(생물과 무생물)에는 해당되는 것이 아니었다. 우즈후이(吳稚暉)는 이에 대해 근본적인 질문을 던지고 있었던 것이다.

우즈후이(吳稚暉)는 형이상학파가 주장하고 있는 특별히 의미 있다고 생각하는 것들에 대해 근본적인 우주의 존재, 즉 물질적 '힘(力)과

38 張君勱, 「人生觀」, 『科學與人生觀』, 9쪽 참고.

39 梁啓超, 「人生觀與科學」, 『科學與人生觀』, 8쪽 참고. 이와 관련하여 자세한 내용은 V장에서 다루기로 한다.

재질(質)'로 환원하려고 시도하고 있다. 그의 관점으로 보면 형이상학파가 보기에 의미 있는 정신작용인 '감정'이나 '직각'도 모두 감각에 의해 생성된 것이며, 이 감각은 물질적인 힘과 재질의 상호작용으로 환원된다. 물질적 힘과 재질은 분명 어떠한 가치와도 관계없는 사실 그 자체였다. 그가 보기에 우주 만물은 이 힘과 재질의 상호작용으로 형성된 것이며 이것은 분명하고도 객관적인 사실이었다. 그 객관적 사실에 대해 사람마다 아무리 다르게 해석하더라도 사실 자체는 왜곡될 수 없는 것이다.

> 이미 갖추고 있는 재질(質)과 힘(力)의 '헤아릴 수 없는(不思議)' 양이 합(合)하여 어떤 것(某某子)가 되고, 이 어떤 것이 합하여 전자(電子)가 되며, 이 전자가 합하여 원자(原子)가 되고, 원자가 합하여 일월성신(月日星辰), 산천초목(山川草木), 조수(鳥獸)・곤충(昆蟲)・어류(魚鱉)가 된다. 당신이 이것이 끊임없이 이어지는 창조적 진화(創化)라고 부르며 기뻐해도 좋고, 당신이 재미있게 그것을 심경(心境)이 변화한 것이라고 칭해도 괜찮다. 결국 그것은 이제 변화가 없다고 해도 좋고, 아울러 똑같은 것이 없는 것 같다고 해도 괜찮으며, 그것이 이제 만족하여 영구불변(永久不變)에 머물게 되었다고 해도 좋다. 이것이 나의 우주관이다.[40]

우즈후이(吳稚暉)가 자신의 우주관을 최종적으로 정리하는 부분이다. 그가 보기에 우주는 힘과 재질로 이루어져 있다는 사실, 그리고 그 작용으로 만물이 만들어지고 변화한다는 사실은 명확하다. 이것은 과학적 사실이며 객관적인 사실이다. 결국 형이상학파는 이러한

[40] 吳稚暉, 같은 글, 35쪽.

객관적 사실에 대해 잡다하게 의미를 부여하고 이름을 붙이고 있는 사람들에 불과하다는 것이다. 그의 우주관은 이런 방식으로 가치를 사실의 차원으로 환원시킬 수 있었다.

그러나 우즈후이(吳稚暉)의 이러한 시도는 아들러(Mortimer J. Adler)가 말하는 '환원주의의 오류'에 빠져 있었다.[41] 아들러에 의하면 실제로 동일한 차원에서 두 가지 다른 존재가 동시에 한 공간을 점유할 수 없다. 예를 들면 우리가 만지고 볼 수 있는 책상이 하나 있다고 하자. 이 책상은 기본적으로 원자로 구성되어 있으며, 그 원자는 궁극적으로 미립자(微粒子) 단위로 나뉠 수 있다. 그렇다면 이 책상이 있는 공간에 책상과 원자와 양자(量子)라는 존재가 동시에 존재하는 것일까? 아들러는 실제로 이것은 불가능하다고 말한다. 이것이 '환원주의의 오류'라고 할 수 있다. 아들러는 이러한 오류에 대해 실제로 존재의 차원이 다름에도 불구하고 같은 차원으로 잘못 이해한 데서 발생한다고 지적한다. 즉 책상이 책상으로 존재할 때 그 구성인자인 원자는 가능성(potentia) 차원에서 존재한다는 것이다. 원자는 책상이 원자 단위로 쪼개졌을 때에야 실재하는 존재가 되며, 미립자도 원자가 입자가속기에서 미립자로 분해되었을 때만 존재로서의 의미가 있다는 것이다.[42] 즉 우리가 인식하는 책상은 책상이라는 정체성으로 존재하지 원자나 미립자로 존재하는 것이 아니라는 말이 된다. 이러한 생각으로 보면, 우즈후이(吳稚暉)의 환원주의는 분명한 오류를 범하고 있다고 할 수 있다.

결국 우즈후이(吳稚暉)의 우주관을 보면 가치 자체가 성립될 수 없

---

41 M. J. Adler, 같은 책, 189쪽.

42 위의 책, 189~194쪽 참고.

다. 그는 모든 존재가 재질과 힘으로 이루어져 있기 때문에 모든 존재는 재질과 힘으로 환원할 수 있다고 보았다. 이 재질과 힘은 보이지도 않고 만질 수도 없으며 소리가 있거나 냄새로 인식할 수도 없는 존재이다.[43] 따라서 재질과 힘으로 환원된 모든 존재는 그 자체로서의 특성은 사라지고 만다. 따라서 우즈후이의 주장은 기존의 가치를 무의미한 것으로 만드는 데 초점이 맞춰진 시도인 것이다. 인생 안에서 각종 개인적 가치 그리고 사회적 가치라고 할 수 있는 윤리나 도덕은 인간이라는 존재 차원에서 논의되어야 하는 것이었다. 우즈후이는 인간이라는 존재에 대한 논의를 그러한 '가치'와는 전혀 관계가 없는 그 구성인자로 환원시키고 그것을 같은 차원에서 논의하는 오류를 범하고 있는 것이다. 이러한 오류를 범하고 있는 것과는 별도로 이러한 모든 존재를 구성인자로 환원하여 만든 몰가치적 '사실'에서 과연 '가치'를 도출할 수 있는지는 의문이 아닐 수 없다. 그럼에도 그는 이러한 우주관을 통해 새로운 인생관(가치)을 만들어 낼 수 있다고 생각했다. 우즈후이의 우주론 설명이 가치를 사실로 환원시키는 시도였다면 그의 인생관 설명은 사실에서 가치를 도출하려는 시도였다. 먼저 그가 생각한 인간(人)과 인간의 삶(人生)에 대해 살펴보자.

> 무엇을 인간이라고 하는가? … 개괄적으로 말하면 사람은 외면적으로 두 다리와 양손을 가지고 있으며, 내면적으로 3.2근의 뇌수와 5천48개의 뇌신경을 가지고 있어서, 비교적 많은 신경계의 재질(質)을 소유한 동물이다. 무엇을 생(生)이라고 하는가? …

43 吳稚暉는 이것을 『莊子』에 등장하는 혼돈(混沌)으로 비유해서 쓰고 있다. 吳稚暉, 위의 글, 35쪽 참고. 混沌과 관련된 내용은 『老子 · 莊子 上』, 新釋漢文大系, (東京: 明治書院, 1966), 271~272쪽 참고.

생(生)이라는 것은 연기하는 것을 일컫는 것일 뿐이다. 살아 있는 시절은 징소리와 함께(鑼鼓) 등장하여, 맑은 소리로 노래 부르고 솜씨 좋게 춤추고, 창이나 막대기를 이용하여 재주를 피우는 시절이다. 아직 모태에서 나오기 전은 무대 뒤에 있는 것이다. 관(棺)에 들어가는 것은 집으로 돌아가는 것이다. 그나 그녀나, 아직 태어나지 않았거나 이미 죽었거나 간에, 길(吉)한 날을 택하여 개장(開場)하여 잠시 머물면서 연기를 하는 것이라고 말할 수 있다.[44]

우즈후이(吳稚暉)는 인간의 삶은 무대에서 잠시 공연하는 배우와 같다고 생각했다. 물질적 존재로서 사람은 성별(性別)이나 생사(生死)에 관계없이 물질 작용의 일부일 뿐이다. 그러므로 생명이 있을 때 잠시 사람의 형태로 삶을 살아가면서 자신의 능력을 발휘하는 것이 인생이라고 할 수 있다. 인간은 외적(外)으로는 두 발과 두 손을 가지고 있으며, 내적(內)로는 뇌와 신경을 지니고 있는 존재일 뿐이다. 내적으로나 외적으로나 모두 물질(力과質)의 작용인 것이다.[45] 따라서 그에게 인생관은 다음과 같은 의미일 뿐이었다.

---

44 위의 글, 38~40쪽.

45 여기에서도 내(內)와 외(外)라는 말도 張君勱의 내(內)-외(外)의 구분을 비판하기 위해 쓰인 것으로 보인다. 張君勱는 인간의 삶과 내(內)와 외(外)를 구분하려고 했다. 張君勱에 의하면, 한 사람에게 의복이나 육체, 그리고 뇌신경도 외(外)에 해당된다. 내(內)는 맹자(孟子)가 말한 "구함은 나에게 있다"(求在我)와 공자(孔子)가 말한 "자기를 바르게 한다"(正己)를 의미한다고 하여, '내적 생활'(內生活)을 강조한 바 있다. (張君勱, 「再論人生觀與科學並答丁文江」, 『科學與人生觀』, 84~85 참고.) 張君勱의 이러한 설명을 보면, 내(內)는 정신에 해당되고 외(外)는 물질에 해당된다고 볼 수 있다. 吳稚暉는 이러한 내(內)와 외(外) 모두 물질의 작용일 뿐이라고 비판하고 있는 것이다. 정신 작용을 모두 물질의 작용이라고 보는 吳稚暉의 우주관으로는 당연한 비판이라 할 것이다.

이른바 인생은 손을 쓰고 뇌를 쓰는 동물이 '우주 대극장'의 수없이 많은(億垓八京六兆五萬七千) 막(幕) 가운데 바로 거기에서 무대에 올라 연기하고 노래 부르는 것이다. 이처럼 보는 것을 바로 인생관이라고 부르기로 하자.[46]

우즈후이(吳稚暉)의 생각으로 우주의 시간으로 본다면 인간의 인생이라는 것은 매우 짧은 순간에 불과하다. 그리고 그의 우주관에 의하면 인간은 특별한 지위가 있는 것도 아니었다. 다만 다른 생명 혹은 물질과 다른 것은 그 기능적 차이만 있을 뿐 우월성을 주장할 만한 것도 없는 존재였다. 이러한 사실을 받아들이고 자신의 인생을 볼 수 있는 것이 바로 인생관이는 것이다. 이러한 인생관에서 '인간이 살아가면서 가지는 가치'라는 의미를 발견할 수 있는지는 의문이 있을 수 있다. 이에 대해 우즈후이는 우주와 인간, 인생에 대해 알게 되었을 때 갖추게 되는 '가치'에 대해 다음과 같이 3가지를 언급한다.

저속한 말로 된 세 구절과 강호 편지조의 세 구절의 관계로, 소위 내가 이 글의 중심점이라고 하는 것을 진술해 보겠다. … 부끄럽지만 그것이 통하건 통하지 않건 3개 제목을 만들어 보면 다음과 같다. (갑) 청풍명월적 밥 먹는 인생관 (清風明月的喫飯人生觀). (을) 신공귀부적 애 낳는 인생관 (神工鬼斧的生小孩人生觀). (병) 부천대지적 친구를 불러 모으는 인생관 (覆天戴地的招呼朋友人生觀)[47]

---

[46] 위의 글, 47쪽.

[47] 吳稚暉, 같은 글, 54~55쪽.

청풍명월(淸風明月), 신공귀부(神工鬼斧), 부천대지(覆天戴地)라는 강호(江湖)의 어휘에 '밥 먹는'(喫飯), '애 낳는'(生小孩), '친구 불러 모으는'(招呼朋友)이라는 '천박한' 어휘를 덧붙여서 3가지 주요한 인생관의 명칭을 만들었다는 의미이다. 일반적으로 청풍명월은 '맑은 바람과 밝은 달'처럼 재물이나 명예와 관련하여 욕심 없이 살아가는 모습을 의미하며, 신공귀부는 '귀신이 만들어 놓은 것'처럼 창작과 관련하여 뛰어난 솜씨를 상징하고, 부천대지는 '하늘을 덮고 땅을 짊어진 것' 같이 사사로움을 벗어난 공적인 의무의식을 지니는 모습 정도의 뜻이다. 여기에서 사회적 가치와 관련 있는 것은 세 번째 인생관, 즉 '부천대지적 친구 불러 모으는 인생관'이라고 하겠다. 먼저 '청풍명월적 밥 먹는 인생관'에 대해 우즈후이(吳稚暉)는 다음과 같이 설명하고 있다.

> 청풍명월의 의미는 입과 배에는 인색하더라도 눈과 귀에 풍요롭다면 똑같이 생명의 편안함에 도달할 수 있다는 의미이다. 나는 비록 밥 먹는 것을 잊지 못하더라도 오히려 청풍명월을 지극히 숭배한다. 그러므로 둘 모두 완비하여, 하나의 청풍명월적 밥 먹는 인생관이 이루어지기를 원한다. 결론적으로 말하면, 먹으려고 노력해도 먹을 것을 얻지 못하던 시기에도 오히려 다른 사람의 먹을 것을 빼앗아 먹기를 바라지 않는 것이니, 제3조를 만족시킨 것이고, 제1조로 제2조를 구제(救濟)하는 것을 돕고 있어서, 제2조 내가 밥 먹는 것이 다른 사람의 밥 먹는 것을 저해하지 않는다는 내용을 실행할 수 있다.[48]

48 위의 글, 61쪽. 吳稚暉에 의하면 여기에서 말하는 제1조, 제2조, 제3조 등은 일반적으로 말하는 '밥 먹는 것'의 표준이라고 할 수 있다. 이에 대해 그는 다음과 같이 설명했다. "제1조 밥 먹는 것은 스스로의 노력으로 재화를 교환

'밥 먹는 것'에서 일반적인 상식에 맞는 규범을 지킬 수 있는 것이 '청풍명월적 밥 먹는 인생관'이라고 할 수 있다. 이것은 다른 사람에게 피해를 주지 않아야 한다는 '개인적 · 소극적 도덕'이다.[49] 물질적 존재로서 인간과 다른 존재의 차별을 부정했던 그의 우주관에 따라 인간과 인간 사이의 차별을 인정하지 않는 것은 당연하다고 할 것이다. 다른 사람에게 피해를 준다는 것은 누가 누구보다 '먼저'라는 차별의 발로이다. 그러나 사회적으로 물질적 재화가 이미 일부의 사람에게 편중되어 있는 현실에서 이렇게 '남에게 피해 주지 않는 인생관'이 주는 의미가 무엇인지에 대해서는 구체적으로 설명하고 있지 않다. 그가 주되게 설명한 인간은 '물질'로 환원될 수 있는 인간이었지, 사회의 복잡한 제도 안에서 살아가는 구체적인 인간이 아니었기 때문이다. 물질적 자연 세계 안에서 인간은 다른 인간, 즉 다른 존재에 대해 피해를 줄 권리가 없다는 '평등'만을 강조하고 있는 것이다. 그러나 인간이 살아가는 사회의 구조와 각종 제도들에 대한 설명이 없다면 이는 매우 '공허한 황금률'이라고밖에 볼 수 없다.

물질적 존재(活物)로서 인간을 상정하고 있는 우즈후이(吳稚暉)의 전제는 '신공귀부적 애 낳는 인생관'이나 '부천대지적 친구 불러 모으는 인생관'에도 분명하게 나타난다. '신공귀부적 애 낳는 인생관'에서는 예술 작품의 창작이 모두 인간 몸의 특성에서 기인하며, 이것은

해야 한다. 제2조 내가 밥 먹는 것이 다른 사람의 밥 먹는 것을 저해해서는 안 된다. 제3조 먹기 위해 노력해도 먹을 것을 얻지 못했을 경우도 다른 사람의 먹을 것을 빼앗아 먹는 것을 원하지 않는 것은 어렵지만 귀하다고 할 수 있다. 제4조 많은 먹을 것으로 사람들을 먹게 하는 것을 생각할 수 있으면 당연히 최고이다. 반대로 많은 사람들의 먹을 것을 빼앗아 내가 친애하는 사람들에게 주어 노력하지 않고 먹을 수 있게 하면 안 된다." 위의 글, 58~59쪽.

49 위의 글, 61~62쪽 참고.

결국 물질적 근원 존재라고 할 수 있는 '활물'(活物)의 특성에서 발생한다는 논리로 이어진다.

> 차이지에민(蔡孑民) 선생이 미학(美學)으로 종교를 대신하고자 했을 때, 나라 사람들이 이것으로부터 암시를 얻어서 근년 이래 문학적 창작품, 예술적 창작품이 모두 신공귀부적(神工鬼斧的) 수단을 이용하여 외치는 가운데 고상한 감정이 무성해 졌다. … 우주를 창조하는 시작(原始)도 역시 신공귀부를 가지고 만드는 하나의 과정일 뿐이다. 의지(意志)는 감정(情感)을 낳고, 감정은 이지(理智)를 일으키고, 이지는 의지를 확정하니, 순환하여 연합하는 것으로 중심이 없다. 애 낳는 정자와 난자가 서로 맹목적으로 밀어붙이게 되니, 이것이 감정(情感)의 표현이다. 나누어 담은 두 개의 병(여성과 남성 즉 兩性: 인용자)이 똑같이 작용하니 또한 이지(理智)의 표현이다. 그러므로 단지 애정의 연애가 있을 뿐만 아니라, 과학의 연애도 있을 수 있다. 또 신공귀부의 수단은 애 낳은 시원(始原)과 부합하니, 우리 칠흑(漆黑) 노조(老祖)께서 이미 신공귀부로 일월성신(日月星辰), 각종 동식물의 기묘한 모습을 만들었다. … 바둑 두는 식의 우주관, 애 낳는 식의 인생관이 비로소 의미가 무궁하다는 것을 깨닫게 된다. 이것이 나의 신공귀부적 애 낳는 인생관이다.[50]

활물의 기본적인 속성은 또다른 활물을 낳는 성향이다. 이렇게 기본적 물질의 성향은 그 자체로 '의지'라고 할 수 있으며 이러한 성향은 인간의 몸의 성향, 즉 애 낳는 성향이 되었고, 이러한 몸의 성향으로부터 '감정'과 '이지'가 만들어졌다는 말이다. 결국 이러한 감정과

---

50 吳稚暉, 위의 글, 85~87쪽.

의지에 의해 뛰어난 예술작품이 만들어지게 된다.[51] 문학이나 다른 예술 창작품이 모두 물질의 기본적인 성향으로 환원 가능하다는 말로, 여기에서도 인간은 물질적 존재(活物)로서의 인간이다. 이러한 그의 인간에 대한 태도는 '공적인 의무의식'이라고 할 수 있는 '부천대지적 친구 불러 모으는 인생관'에도 다르지 않다. 우즈후이(吳稚暉)는 '부천대지적 친구 불러 모으는 인생관'을 4개의 층으로 구분해서 논의해야 한다고 주장한다.[52]

> 제1층, 인생관은 인사관(人死觀)이 아니다. 제2층, 인생관은 아생관(我生觀)만은 아니다. 제3층, 인생관은 타생관(他生觀)과 함께 한다. 제4층, 인생관은 우주관(宇宙觀)을 가지고 있다.[53]

우즈후이(吳稚暉)가 설명하고 있는 각 층의 인생관이란 무엇인지가 그의 최종적인 결론이라고 할 수 있다. 먼저 제1층인 "인생관은 인사관(人死觀)이 아니다"라는 말이 무엇을 의미하는지부터 살펴보자.

> 어째서 인생관은 인사관(人死觀)이 아니라고 말할까? 인생관을

---

51 吳稚暉는 張君勱와 梁啓超에 대한 비판을 하고 있는 것이다. 張君勱는 과학이 결코 다룰 수 없는 지식에 대해 '도덕과 관련된 앎(知)', '예술과 관련된 앎(知)', '삶과 죽음에 대한 형이상학적 앎(知)'이라고 주장한 바 있다. 張君勱, 「再論人生觀與科學並答丁文江」, 『科學與人生觀』, 55~56쪽 참고. 앞의 인생에 대한 정의부분에서는 '삶과 죽음에 대한 형이상학적 앎'에 대한 비판이었다면, 이 부분은 '예술과 관련된 앎'에 대한 비판이라고 할 수 있다. 또 梁啓超는 '과학적 연애'가 불가능하다고 주장한 바 있는데(梁啓超, 「人生觀與科學」, 『科學與人生觀』, 8쪽.), 이에 대한 비판도 아울러 진행하고 있는 내용이다.

52 吳稚暉, 같은 글, 160쪽.

53 위의 글, 161쪽.

말하는 것은 삶(生)을 말하지 죽음(死)을 말하는 것이 아니기 때문이다. … 인생은 우주전진의 일막(一幕)이다. 나의 생(我生)은 인생이란 막(幕) 안의 한 부분(一角)이다. 우주 대극장의 수없이 많은 막 가운데 결코 하나의 나(一我)를 갖추지 않은 경우는 없다. 그러므로 그 적당한 형체의 나(我)와 그 적당한 시간의 나(我)를 선(善)으로 생각해야, 나(我)는 정교하고 화려한 연기와 노래 공연을 할 수 있게 된다. 적당한 음식과 적당한 색(色)으로 나의 삶(我生)을 유지시킬 수 있는 것이다. 모두 따지고 보면 선(善)을 다하는 것이므로 취할 수 있으면 취해야 한다. 겸손하게 말하면 인욕횡류(人慾横流)라고 이름 붙이는 것이 적합하겠다. 친구 부르는 것으로 실증해보면 나도 부천대지의 안에서 내 몸의 음식과 색(食色)을 가지고 있으며, 이것으로 내 삶(我生)을 선(善)하게 하는 것이다.[54]

인생관에서는 삶(生)이 죽음(死)보다 가치 있다는 의미가 된다. 우즈후이(吳稚暉)에 의하면 인간의 식욕(食慾)과 성욕(性慾)은 인간이 삶(生)을 유지시키는 필수라고 할 수 있다. 인간이 타고난 이러한 욕망에 대해 인정하고 이것을 선(善)으로 여겨야 한다는 것이다. 인간은 우주 자연 안에서 자기의 욕망을 충족할 수 있는 자신의 몸을 가지고 있으며 이 몸에 대해 언제든지 주장할 수 있다는 의미이다. 물론 다른 '친구'들도 그러한 몸을 가지고 있기 때문에 그러한 인간의 욕망이 서로 '가로지르는'(横) 것이라고 할 수 있다. 우즈후이에 의하면 이것이 '인욕횡류'(人慾横流)였다.

왕위민(王育民) · 뤼시천(呂希晨)은 이러한 '인욕횡류'의 인생관에 대해 "인간을 보통의 동물로 전락시켜 버렸다"고 비판하면서 "자산 계

54 위의 글, 161쪽.

급의 개인주의와 향락주의를 극력 주창하여 몰락하는 자산 계급을 옹호했다"는 평가를 내리고 있다.[55] 그러나 우즈후이(吳稚暉)는 이러한 인욕횡류에서 말하는 '아'(我)가 결코 자신만을 위하는 양주(楊朱)의 '아'(我) 개념과는 다르다고 주장한다. 양주의 '아'는 '가로지름'(橫)이 없는 소아(小我)라는 것이다.[56] 우즈후이가 말하는 인욕횡류는 사람마다 자신이 누려야할 욕망을 충족시키는 것이 당연하며, 이는 무절제한 것이 될 수 없었다. 왜냐하면 나뿐만 아니라 다른 사람도 자신의 욕망을 충족시키는 것이 선(善)이므로 나의 욕망 충족은 다른 사람의 욕망 충족에 의해 저절로 절제될 수밖에 없는 것이다. 그가 말하고 있는 인간의 '자연 상태'는 홉스(Thomas Hobbes)가 말하는 '만인의 만인에 대한 투쟁 상태'와는 결코 다른 것이었다. 이는 "인생관은 아생관(我生觀)만은 아니다"라는 '부천대지적 친구 불러 모으는 인생관'의 제2층을 보면 분명하게 드러난다.

> 어째서 인생관이 아생관(我生觀)만은 아니라고 말할까? 인생관이라는 명사는 생존하는 인간 전체에 대한 것이지, 단지 한명의 살아있는 사람인 나에 대한 것이 아니기 때문이다. … 만약 인생이 부천대지(覆天戴地)하지도 못할 뿐만 아니라 (친구를) 불러 모으지도 못한다면 반드시 자기 하나의 생(吾一生)도 훼손하게 된다. 이 때문에 모든 인생을 더욱 빛나고 성대하게 만들려고 하고, 전체 인생을 구제하려고 하며, 이것을 다하게 되면 살신(殺身)도 가능하다. 살신(殺身)은 소위 인을 이루는 것(成仁)이 아니다. …

---

[55] 王育民 · 呂希晨, 이승민 역, 『중국현대철학사 I』, (서울: 청년사, 1989), 120쪽.

[56] 吳稚暉, 같은 글, 161쪽 참고.

내가 수요(需要)를 스스로 헤아려서 나를 훼손한 것이라면, 맹목(盲目)에서 나온 것이 아니라 우주 전진의 원리에서 나온 것이므로 열반(涅槃)이나 자살(自殺)과는 다르다. 친구를 불러 모으면서 나의 삶(我生)을 훼손하게 된 것도 결국 인생관을 중요시하였기 때문이다.[57]

우즈후이(吳稚暉)가 말하는 '부천대지적 친구 불러 모으는 인생관'은 인생이 기본적으로 인류 전체의 삶(生)이라는 점을 자각해야하는 인생관이다. 물질적 우주 전체로 본다면 한 인간의 살신(殺身)은 그 자체로 소멸하는 것이 아니다. 따라서 소극적으로 보면 자신의 생(吾一生)을 보존하기 위해 인류 전체 인생의 중요함을 깨달아야 하며, 적극적으로 보면 인류 전체 인생을 위해 자신을 희생할 수도 있다는 논리이다. 여기에서 주의할 것은 그 희생이 '자발적' 희생이어야 한다는 점이다. 자발적 희생이 아닌 경우 그 정당성은 사라지게 된다. 우즈후이에 의하면 이것은 인간뿐만 아니라 다른 생명들에 대해서도 마찬가지로 적용되어야 한다. 이것은 "인생관은 타생관과 함께 한다"는 제3층에 나타나 있다.

어째서 인생관이 타생관(他生觀)과 함께 한다고 말할까? 인생이라는 하나의 극(劇)은 남의 삶(他生)을 조명과 배경으로 하여 공연해야 결국 훌륭한 극(劇)이 되기 때문이다. … 우리 인류가 다른 생물의 능력을 부르는 데 진력하면, 언젠가 그 친소(親疎)가 사라지게 될 것이다. 그리고 이것은 정당하다. 그렇지 않으면 오히려 다른 날에 초인이 지금 우리 인간이 소와 양을 보는 것처럼 우리

57 위의 글, 163쪽.

> 인간을 멀게(疎) 보고, 인간을 삶아 초인의 음식으로 충당하면서, 친소(親疎)와 양지(良知)가 천리의 흐름(天理之流行) 가운데 있음을 안다고 말한다면 얼마나 웃기는 일이겠는가? 이른바 친구를 부른다는 것은 결코 다른 생물을 버릴 수 없는 것이고, 이는 인생관을 중요시한 결과이다.[58]

여기에서 타생(他生)이란 인간 이외의 생명들을 의미한다. 따라서 우즈후이(吳稚暉)는 인간의 생을 위해 다른 생명을 희생시키는 것은, 앞에서 말한 '자발적' 희생이 아니므로 정당성이 없다고 주장하고 있다. 그의 우주론에서도 봤듯이 그는 기본적으로 '차별'을 부정하였다. 모든 존재가 이미 물질작용(力과質의 작용)의 결과이므로 인간, 동물, 식물, 무생물의 각각 다른 점을 가지고 차별의 근거로 삼을 수 없다는 것이 그의 논리였다. 이 때문에 그가 '부천대지적 친구 불러 모으는 인생관'에서 최종적으로 강조하는 것은 제4층 "인생관이 우주관을 가지고 있다"는 점이었다.

> 어째서 인생관이 우주관을 가지고 있다고 말할까? 낳아서(生) 인간이 있게 된 것은 우주의 연극 자체가 훌륭하기 때문임을 말하는 것이다. 여기에 이르게 되면 극도의 창조충동(創造衝動)과 최고의 극기의무(克己義務)를 가지고 비로소 자책하면서 인간이 만물의 영장이라는 생각을 거의 욕되게 여긴다고 말하게 될 것이다. (권리를 향유할 때라면, 스스로 인간이 만물의 영장이라고 여기게 되는데, 결국 절대적인 착오이다.) 부천대지의 큰 책임은 우주 사이에 만물의 친구에게 부름을 받을 수 없었기 때문에 오로지

---

[58] 위의 글, 163~164쪽.

> 우리 인간부터 친구를 부른 것이다. … 우리 인간을 이처럼 따져서 꾸짖는 것은 진실로 인생관을 중요시하기 때문이다.[59]

우즈후이(吳稚暉)는 우주관을 통해 인생관을 도출하려고 했다. 그의 우주관은 당시의 과학을 통해 얻은 우주에 대한 사실이었다. 그러한 과학적 지식을 통해, 살아가면서 지니게 되는 가치(인생관)를 과연 도출할 수 있는가에 대한 장쥔마이(張君勱)의 물음에 그는 우주관과 인생관으로 대답하고 있다. 그러나 그의 인생관은 앞에서 본 것처럼 '차별'의식을 없애야한다는 것 이외에 별다른 것이 없다. 그가 기본적으로 모든 차별과 일방적 권력을 부정하는 아나키즘(anarchism)을 주장한 인물이었다는 점[60]과 그가 바라본 인간은 사회의 구체적 제도 안에서 살아가는 인간이라기보다는 물질(活物)로서의 인간이었다는 점에서 그가 그렇게 주장한 이유를 찾아볼 수도 있을 것이다. 결과적으로 그가 생각한 기존의 형이상학적 인생관은 힘(力)과 재질(質)의 작용이라는 우주의 근본적 '사실'에 대해 제멋대로 '가치'를 부여한 것에 불과했다. 따라서 그의 인생관은 그의 의도와는 상관없이 사실로부터 가치를 도출하려는 시도보다는 기존에 형이상학파 등이 의미 부여한 가치들을 '원래의 사실'(무가치)로 되돌리는 것이었다. 이 때문에 그는 새로운 가치관을 주장하기보다는 기존의 형이상학파가 주장하는 가치를 비판하는 데 주력했던 것이다. 즉 기존 형이상학파의 가치는 '차별'의식에서 시작되었고, 그 차별의식은 우주의 사실을 제대로 몰랐기 때문에 생겼다고 주장하고 있다. (물론 이것은 기본적으

---

59 위의 글, 164~165쪽.

60 方克立・王其水 主編, 『二十世紀中國哲學』第二卷 人物志 上, 18쪽 참고.

로 '환원주의의 오류'를 범하고 있는 주장이다.)

앞서 살펴본 왕싱공(王星拱)의 경우 자연은 물론이고 사회와 인간의 심리현상에도 모두 과학이 그 대상으로 하는 '인과'와 '제일'의 원리가 있다는 점을 증명하려고 했다. 이에 비해 우즈후이(吳稚暉)는 자연과 인간이 근본적으로는 다르지 않음을 증명하려고 했다. 우즈후이의 이러한 시도에 대해 후스(胡適)는 '우즈후이 선생의 큰 뜻에 따른 자연주의 인생관 10가지'를 제시하기에 이른다. 그러나 후스가 제시한 자연주의 인생관도 '과학적 지식에 근거해 형이상학파가 의미 있고 중요하다고 생각하는 가치들이 거짓임을 깨닫게 한다'는 것이었다.[61] 결국 과학파는 기존의 가치에 대하여 비판할 수는 있었지만 새

61 胡適, 「科學與人生觀序」, 『科學與人生觀』, 15~17쪽. 胡適이 말하는 10가지 자연주의 인생관은 다음과 같다. "(1) 천문학과 물리학의 지식에 근거하여, 사람들로 하여금 공간의 무한함을 깨닫게 한다. (2) 지질학과 고생물학의 지식에 근거하여, 사람들로 하여금 시간의 무궁함을 깨닫게 한다. (3) 일체 과학에 근거하여, 사람들로 하여금 우주 및 만물의 운행과 변천은 모두 자연적이며, 초자연적 주재자 또는 조물주 등은 존재하지 않는다고 깨닫게 한다. (4) 생물학적인 지식에 근거하여, 사람들로 하여금 생물계의 생존경쟁의 참혹함을 깨닫게 한다. 이렇게 해서, 사람들로 하여금 운명 등은 명백히 성립될 수 없다는 것도 깨닫게 한다. (5) 생물학, 생리학, 심리학 등의 지식에 근거하여, 사람들로 하여금 인간은 동물의 일종에 지나지 않으며, 인간과 다른 종류의 동물은 단지 정도의 차이만 있을 뿐, 종류상의 구별은 결코 없다는 것을 깨닫게 한다. (6) 생물학 및 인류학, 인종학, 사회학 등의 지식에 근거하여, 사람들로 하여금 생물 및 인류사회 진화의 역사와 진화의 원인을 깨닫게 한다. (7) 생물학 및 심리학의 지식에 근거하여, 사람들로 하여금 일체의 심리적 현상은 모두 원인이 있는 것임을 깨닫게 한다. (8) 생물학 및 사회학의 지식에 근거하여, 사람들로 하여금 도덕과 예교(禮教)는 변화는 것이며, 변화의 원인은 모두 과학적 방법을 사용하여 밝혀낼 수 있음을 깨닫게 한다. (9) 새로운 물리화학적 지식에 근거하여, 사람들로 하여금 물질은 죽은 것(死)이 아니라, 살아 움직이는 것(活)이며, 정(靜)적인 것이 아니라 동(動)적인 것임을 깨닫게 한다. (10) 생물학과 사회학의 지식에 근거하여, 사람들로 하여금 개인(小我)은 사멸하지만, 인류(大我)는 사멸하지 않음을 깨닫게 한다. 그리고 사람들로 하여금 '모든 종이 영원히 생활하는 것을 위한'(爲全種萬世而生活) 종교가 최고

로운 가치에 대해 명확하게 제시하지는 못했다. 따라서 애초에 과학파에게 주어진 질문, 즉 객관적인 사실로부터 가치를 도출할 수 있는지와 그 가치가 구체적으로 무엇인지의 질문에 대답을 하지 못했던 것이다. 이에 대해 비판하고 극복하려고 했던 것이 천두슈(陳獨秀)를 비롯한 유물사관파였다.

3. 물질적 원인에서 비롯된 가치와 그 내용: 유물사관

천두슈(陳獨秀)는 1923년 야동투슈관(亞東圖書館)에서 발행한 『과학과 인생관(科學與人生觀)』의 「서문(序)」[62]에서 과학과 형이상학 논쟁에 대한 자신의 입장을 밝히고 있다. 천두슈는 이미 1921년 공산당이 창당되면서 총서기직을 맡고 있었으며, 이 글을 쓰기 이전에 「사회주의에 관한 토론(關於社會主義的討論)」(1920. 12), 「사회주의비평(社會主義批評)」(1921. 7), 「마르크스학설(馬克思學說)」(1922. 7) 등을 『신칭니엔(新青年)』지에 발표하면서 유물사관을 구체적으로 설명 · 선전해 오고 있었다. 과학과 형이상학 논쟁에 관한 「서문(序)」에서는 유물사관의 구체적인 내용보다는 유물사관이 사회과학이며, 그러한 사회과학은 인생관을 규정할 수 있다는 내용이 주를 이룬다.[63] 그는 분명한

의 종교이며, 개인을 위해 죽은 후의 '천당'(天堂)과 '정토'(淨土)를 모색하는 종교는 사리사욕적인 종교임을 깨닫게 한다."

62 『科學與人生觀』에는 서문으로 陳獨秀의 「科學與人生觀序」와 胡適의 「科學與人生觀序」 2개를 싣고 있다. 참고로 胡適의 「科學與人生觀序」에는 부록(附註)으로 胡適의 「答陳獨秀先生」이라는 글과 陳獨秀의 「答適之」라는 글을 함께 싣고 있다.

63 이 논문에서는 과학과 형이상학 논쟁에 초점을 맞추려고 한다. 이에 따라 가

태도로 (사회) 과학을 통해 형이상학파 장쥔마이(張君勱)에 대해 비판하고 있으며 아울러 과학파 딩원장(丁文江)의 '철저하지 못함'에 대해서도 지적하고 있다.[64] 먼저 과학파 딩원장에 대한 천두슈의 비판에서 논의를 시작해 보기로 하자.

> 딩원장(丁文江)이 스스로 존의적 유심론(存疑的唯心論)이라고 부른 것은 헉슬리(Th. H. Huxley)와 스펜서(H. Spencer)등의 오류를 답습하고 있다. 즉 이미 우주 가운데 불가지의 부분이 있다는 것을 인정하고 의심스러운 것으로 남겨둔다면(存疑), 과학자는 자기 자리를 비우고 형이상학자가 와서 의심스러운 것을 해결하도록 양보하는 것이다. 이 때문에 장쥔마이(張君勱)가 "이미 의심스러운 것으로 남겨둔다면 형이상학계의 형이상학을 연구하는 것에 욕할 말이 없다."고 말한 것이다. 실제로 우리가 아직 발견하지 못한 물질에 대해서는 비록 의심스러운 것으로 남겨둘 수는 있지만, 물질을 초월한 독립 존재, 그리고 물질을 지배할 수 있는 무슨 마음(마음은 물질의 표현이다), 무슨 신령(神靈)과 상제(上帝)에 대해서, 우리는 남겨 둘만한 의심스러운 것이 없다. 우리를 독단(武斷)이라고 해도 좋고, 우리를 전제(專制)라고 해도 좋다.[65]

딩원장(丁文江)은 스스로의 과학지식론을 '철학적 용어로 말하면 존의적 유심론'(存疑的唯心論이라고 주장한 바 있다.[66] 이에 대해 천

능하면 陳獨秀가 과학과 형이상학 논쟁 안에서 언급한 내용에 한정해서 그의 유물사관을 설명하려고 한다.

64 陳獨秀는 丁文江에 대해 張君勱의 유심론적 견해와 '오십보백보'라고 비판한다. 陳獨秀, 「科學與人生觀序」, 『科學與人生觀』, 1쪽 참고. 이와 관련된 胡適과의 논쟁에 대해서는 V장에서 다루기로 한다.

65 陳獨秀, 「科學與人生觀序」, 『科學與人生觀』, 10쪽.

두슈(陳獨秀)가 비판한 부분이다. 그러나 천두슈가 딩원장을 비판하는 핵심은 딩원장이 철저하게 유물론적(唯物論的) 사고를 못했다는 점이다. 물질을 초월한 존재는 '존재하는지 존재하지 않는지 알 수 없는 것'이 아니라 '존재하지 않는 것'이라는 점이다. 천두슈에게 세계에서 존재하는 것은 오직 물질뿐이며 우리가 경험할 수 있는 모든 사회적 현상은 모두 객관적인 물질을 원인으로 해서만 형성될 수 있는 것이었다.

> 우리는 객관적 물질 원인만이 사회를 변동시킬 수 있고, 역사를 해석할 수 있으며, 인생관을 지배할 수 있다고 믿는다. 이것이 '유물사관'(唯物的歷史觀)이다.[67]

---

[66] 丁文江, 「玄學與科學」, 『科學與人生觀』, 12~13쪽. 이곳에서 丁文江은 자신의 존의적 유심론에 대해 다음과 같이 말하고 있다. "이상에서 말한 것은 평이한 과학지식론이다. 철학적 명사(名詞)를 이용하여 말하면, 이것을 존의적 유심론(存疑的唯心論, Skeptical idealism)이라고 말할 수 있다. … 감각기관의 감촉이 우리가 물체를 알 수 있는 유일한 방법이고, 물체의 개념은 심리상의 현상이므로 이것을 유심(唯心)이라 말하는 것이다. 감각기관의 감촉의 바깥에, 자각의 배후에 사물이 있는지 없는지, 또는 물체의 본질이 어떤 것인지에 관해서는 알 수 없다고 생각하여, 존재하더라도 거론하지 않는 것이 마땅하다고 생각하였기 때문에 이것을 존의(存疑)라고 말하는 것이다. 그들(존의적 유심론자들: 인용자)은 형이상학가의 최대의 적들이다. 이 때문에 형이상학가가 밥 빌어먹는 도구는 존의유심론자들이 알 수 없다고 생각한 것, 존재하더라도 거론하지 않는다고 생각한 것이며, 심리를 떠나 독립적으로 존재하는 본체인 것이다. 이렇게 불가사의한 것에 대하여 버클리(Berkeley)는 상제(上帝)라고 불렀고, 칸트(Kant)와 쇼펜하우어(Schopenhauer)는 의향(意向)이라고 불렀고, 부흐너(Buchner)는 물질(物質)이라고 불렀고, 클리포드(Clifford)는 심리질(心理質)이라고 불렀고, 張君勱는 아(我)라고 불렀다. 그들은 언제나 모든 사람들이 공인하는 정의방법이 없고, 각자 서로 다른 신비를 가지고 알지 못하는 것을 아는 것이라고 똑같이 억지를 부리고 있다. 다른 사람들은 애매모호(模糊)하다고 말하는 것을 그들 스스로는 오히려 현묘(玄妙)하다고 여긴다."

[67] 陳獨秀, 같은 글, 11쪽.

그가 말하는 객관적 물질 원인이란 무엇인지 그의 설명을 보자.

유물사관에서 말하는 객관적 물질원인은 인류사회에서 당연히 경제(즉 생산방법)를 골간으로 삼는 것이다.[68]

천두슈(陳獨秀)가 말하는 객관적 물질 원인은 명확하게 생산방법을 의미하는 경제였다. 우즈후이(吳稚暉)도 모든 현상이 물질의 작용에 의해 이루어진다고 주장한 바 있다. 천두슈가 말하는 객관적 물질 원인은 우즈후이가 말하는 물질 원인과 전혀 다른 것이었다. 양자의 물질 개념이 서로 다른 이유를 보면 우즈후이는 자연 차원에서 물질을 논의했지만 천두슈는 사회 차원의 물질을 언급하고 있었기 때문이다. 앞에서 살펴본 과학파 왕싱공(王星拱)과 우즈후이의 논의는 '사회'에 초점이 맞춰져 있지 않았다. 왕싱공은 과학의 탐구 원리 자체가 모든 현상에 존재하고 있기 때문에 사회와 심리현상에도 존재한다는 정도의 주장을 하고 있었으며, 우즈후이는 과학적 우주론을 통해 기존의 가치를 비판·해체하는 데 주력했다. 이들에게 사회 자체는 그다지 큰 관심의 대상이 아니다. 그러나 천두슈는 시종 '사회'에 초점을 맞추고 있다. 유물사관을 신봉하는 천두슈의 입장에서 과학은 기본적으로 사회과학을 의미하는 것이라고 할 수 있다. 그가 생각하는 사회과학은 왕싱공처럼 자연과학의 방법을 그대로 사회에 적용하는 것이었다.

과학적 설명은 이렇게 죽은 것처럼 보이는(死板板的)[69] 실제(實

---

[68] 陳獨秀, 「答適之」, 『科學與人生觀』, 35쪽.

[69] 張君勱가 인생과 물질에 대해 논할 때, 물질에 대해 '죽은'(死)이라는 표현을

際)와 하나 하나 부합해야 최종적인 성공을 거두게 된다. 우리들이 과학(자연과학뿐 아니라 사회과학)을 믿는 이유도 바로 "과학자의 최대 목적은 사람의 의지 작용을 배제하고, 모든 현상이 객관적인 것이며, 따라서 계산할 수 있고, 그 원인과 결과의 상생(相生)을 끝까지 탐구할 수 있다고 여기는 것"(張君勱가 말한 내용)이기 때문이다. 반드시 이렇게 한 후에나 실제를 근거로 실제를 탐구할 수 있고, 또 그렇게 한 후에나 자연계 및 인류사회의 죽은 것처럼 보이는(死板板的) 실제를 설명할 수 있는 것이므로 형이상학가의 사리에 맞지 않는 생각이나 설명(胡想亂說)과는 다르다.[70]

천두슈(陳獨秀)에 의하면 사회과학은 자연과학과 그 탐구 방법이 같으므로 사회과학으로 발견한 원인과 결과, 또는 법칙도 객관적이며 타당한 것이 된다. 사회적 현상에 대해 그 객관적인 인과관계를 발견하고 사회의 일정한 법칙을 세우는 것이 사회과학이라고 할 수 있다. 앞서 본 것처럼 천두슈의 주장은 이러한 사회과학(유물사관)이 발견한 사회변화의 최종적이고 객관적인 물질 원인은 경제라는 것이다. 경제는 필요한 물질 재화를 생산하고 분배하는 것을 의미한다. 천두슈는 이것을 생산방법라고 표현하고 있으며 이러한 생산방법이 인생관(가치)의 근본적인 원인이라고 말하고 있다. 이 설명은 이러한 생산방식이 바뀌면 인생관(가치)도 바뀌게 된다는 의미이기도 했다. 장쥔마이(張君勱)가 주장한 '아(我) 대 비아(非我)'의 9개 항[71] 가운데 '재

한 것과 관련된 표현이다. 사전적 의미는 '활기 없는' 또는 '융통성 없는'이라는 뜻이지만, 張君勱의 언급을 고려하여 '죽은 것처럼 보이는'으로 번역했다.

70 陳獨秀, 「科學與人生觀序」, 『科學與人生觀』, 3쪽.

71 張君勱, 「人生觀」, 『科學與人生觀』, 2~4쪽. 이곳에서 張君勱는 아(我)의

산의 사유와 공유' 부분에 대해 천두슈가 비판하는 곳에서 이러한 내용을 찾아볼 수 있다.

원시 공산사회에서 인간은 짐승보다 약하여 모여 살고 힘을 합할 수밖에 없었으므로, 원래 재산 사유의 필요가 없었으며 가능하지도 않았다. (인격의 단일성이 있다고 가정하는 장쥔마이(張君勱) 선생이 이러한 사회에서 태어났다면, 그의 주관, 그의 직각, 그의 자유의지가 홀연히 재산사유 개념을 만들어냈더라도, 그가 얻은 과일이나 고기를 저장할 곳이 없고, 썩는 것을 막을 방법도 없으며 또한 돈으로 바꿀 은행도 없으므로 아마도 그의 사유재산의 인생관을 포기할 수밖에 없었을 것이다.) 하지만 농업사회에 이르러 일정한 주거와 창고가 있게 되었고, 곡물 또한 보존하기가 쉽게 되었다. 독립생산적인 소농은 단지 토지점유의 필요만을 가지게 되었고, 여러 사람의 힘을 모을 필요는 없게 되었다. 사유재산 관념은 이와 같이 발생한 것이다. 공업사회에 이르러 가정의 수공업적 독립생산제가 이미 존립할 수 없게 되었고, 수천, 수만의 사람들이 하나의 공장으로 조직되었다. 대다수의 사람들

비아(非我)대한 태도 9개 항을 다음과 같이 나누고 있다. "(1) 나(我)와 나의 친족의 관계로 보면 대가족주의와 소가족주의. (2) 나와 나의 이성(理性)과의 관계로 보면 남존여비와 남녀평등, 자유결혼과 전제결혼. (3) 나와 나의 재산의 관계로 보면 사유재산제와 공유재산제. (4) 나와 사회제도 변화와의 관계로 보면 수구주의와 유신(維新)주의. (5) 나의 안에 있는 심령과 밖에 있는 물질의 관계로 보면 물질문명과 정신문명. (6) 나와 내가 소속된 전체와의 관계로 보면 개인주의와 사회주의(일명 호조주의). (7) 나와, 다른 나(他我) 전체와의 관계로 보면 위아주의(爲我主義)와 이타주의. (8) 나의 세계에 대한 희망으로 보면 비관주의와 낙관주의. (9) 세계 배후에 조물주가 있는지에 대한 나의 신앙으로 보면 유신론과 무신론, 일신론과 다신론, 개신론(個神論)과 범신론." 아울러 이러한 관점의 다양성은 인과관계로 설명할 수 없다고 주장하고 있다. 張君勱, 같은 글, 4쪽 참고.

이 직업이 없으면, 생활이 불가능하게 되었다. 생산도구라는 것은 대부분 소수 자본가의 수중에 놓이게 되었다. 생산도구가 공유로 되지 않는다면, 대부분의 사람들은 자본가에게 그들의 노동을 팔 수밖에 없게 되었으므로 공유재산제라는 관념은 이와 같은 과정에서 발생한 것이다.[72]

사유재산과 공유재산 관념의 발생 원인을 설명하면서 천두슈(陳獨秀)는 역사가 원시공산사회, 농업사회, 공업사회로 진행되었음을 밝히고 있다. 각각의 구분은 생산방법에 따른 구분이라고 할 수 있으며 원시사회는 농업사회로, 농업사회는 공업사회로 진화한다는 것을 전제로 하고 있다. 다시 말하면 생산방법을 기반으로 한 역사발전 단계론이라는 유물사관의 핵심 개념을 설명하고 있는 것이다. 유물사관은 보통 원시공산사회, 고대노예사회, 봉건사회, 자본사회, 공산사회로 역사가 진화한다고 본다.[73] 여기에서 천두슈는 고대노예사회와 봉건사회를 농업사회로, 자본사회와 공산사회를 공업사회로 설명하고 있는 것이며 이것은 유물사관의 일반적인 역사발전단계론 개념과 다를 것이 없었다.

위의 인용문에서 장쥔마이(張君勱)에 대한 비판을 보면 원시사회는 그 생산방식의 한계로 인해 농경사회의 가치관을 가질 수 없음을 강조하고 있다. 이것은 농업사회에서도 농업사회라는 생산방법의 한계로 인해 공업사회에서 가능한 가치관을 생각할 수 없다는 논리로 이어진다. 즉 생산방식은 사회적으로 보면 객관적인 상황이며 이러한

72 陳獨秀, 같은 글, 5~6쪽.

73 이에 대해서 陳獨秀도 그렇게 보고 있다. 陳獨秀, 「馬克思學說」, 『新青年』 9-6, 5~6쪽 참고.

객관적인 상황은 그 사회에 속한 사람들의 인생관, 또는 가치관을 형성한다는 생각이었다.[74] 또 생산방법의 핵심사항은 주요 생산수단의 변화라고 할 수 있다. 농업사회에서는 토지가 생산수단이며, 공업사회에서는 공장과 기계 등 자본이 생산수단인 것이다. 이러한 생산수단의 소유 여부, 혹은 각각 소유한 생산수단의 종류에 따라서 계급이 발생한다는 것이 유물사관의 기본적인 생각이다. 이렇게 본다면 앞에서 언급한 사회 구성원들에게 영향을 미치는 객관적인 상황이란 좀 더 구체적으로 계급적 상황이라고 볼 수 있게 된다. 따라서 천두슈(陳獨秀)의 입장에서 인생관 또는 가치는 계급적 인생관 또는 계급적 가치일 수밖에 없었다.

> 현 사회가 경제적 변화를 겪고 있는데도 이러한 변화에 대해 적응하지 못하는 구사회의 제도가 여전히 존재하여, 이러한 발전을 속박하고 있다. 이에 경제상의 이해관계가 서로 다른 계급은 자연스레 변화의 성질이나 속도에 관하여 서로 충돌하고 있기 때문에 수구(守舊)와 유신(維新)의 다툼과 대립이 생긴 것이다.[75]

장쥔마이(張君勱)는 '아(我) 대 비아(非我)'의 9개 항 가운데 '나와 사회제도 변화와의 관계'에서 '수구'(守舊)나 '유신'(維新)의 입장이 있을 수 있고, 이는 인과관계로 설명할 수 없다고 주장한 바 있다. 이에 대해 천두슈(陳獨秀)가 충분히 인과관계로 설명할 수 있다고 주장하는 부분이다. 여기에서 그는 유물사관의 중요한 두 가지 개념을 동원한다. 첫째는 토대-상부구조론이라고 할 수 있고, 둘째는 계급 투쟁론

[74] 陳獨秀, 「科學與人生觀序」, 『科學與人生觀』, 7쪽 참고.

[75] 위의 글, 6쪽.

이라고 할 수 있다. 이 두 가지 개념을 통해 수구와 유신의 입장에 대해 인과 관계로 충분히 설명할 수 있다는 내용이다. 즉 유신과 수구의 대립은 경제적 토대가 변화되었음에도 불구하고 기존의 상부구조(제도)가 유지되고 있는 상황에서 이해관계가 다른 계급이 각각의 계급적 가치를 제도에 반영하기 위해 싸우면서 발생하는 자연스러운 현상이라는 것이다. 천두슈의 논의에서 계급적 가치는 경제적 이해관계에서 나오는 것임을 알 수 있다. 결국 유물사관에서 계급투쟁은 계급적 가치 간의 투쟁이며, 각각의 계급적 가치는 경제적(물질적) 이해관계라는 객관적 원인으로 성립된다.

이런 방식으로 천두슈(陳獨秀)는 장쥔마이(張君勱)가 객관적 인과 관계를 따질 수 없다고 생각한 9개 항에 대해 하나 하나 객관적 원인이 있음을 설명해 나간다. 나머지 7개 항에 대해서도 구체적으로 살펴보기로 하자. 먼저 대가족주의와 소가족주의에 대한 설명이다.

> 대가족주의와 소가족주의는 순수하게 농업경제의 종법사회가 공업경제의 군국사회로 진화하면서 발생하는 자연적 현상이다.[76]

장쥔마이(張君勱)가 인과관계를 따질 수 없다고 믿었던 대가족주의와 소가족주의는 사회의 변화(경제적 토대의 변화)에 따른 객관적 현상일 뿐이라는 것이다. 또 그는 남녀존비(男女尊卑)와 혼인제도의 변화에 대해서도 다음과 같이 경제적 원인을 밝히고 있다.

> 남녀존비와 혼인제도도 농업종법사회에서 부모와 남편(親與夫)이 모두 자녀와 처에 대해 생산도구로 여기고 재산으로 여긴 것

76 위의 글 5쪽.

이다. 공업사회에 이르게 되면서 가내 수공업은 이미 적합하지 않게 되었으며, 임금노동제도는 이전처럼 가족을 생산도구로 여길 수 없게 만들었다. 이에 여권운동이 자연스럽게 성장하게 된 것이다.[77]

이곳에서도 천두슈(陳獨秀)는 농업사회와 공업사회의 구분, 경제적 생산 방법의 차이에 따라 가치관이 달라지고 있음을 설명하고 있다. 이렇게 그는 유물사관을 통해 가치가 경제적 원인에 있음을 계속해서 지적하고 있다. 이어서 물질문명과 정신문명에 대해서도 일반 노동자들은 먹고 입는 것도 걱정하고 있는데, 장쥔마이(張君勱)나 량치차오(梁啓超) 같은 사람들은 한가롭게 정신문명이나 동방문화를 말하고 있다고 비판한다.[78] 또 사회주의의 발생은 앞에서 설명한 공유재산제와 같은 원인에서 발생한 것이며[79] 위아주의(爲我主義)와 이타주의도 모두 처한 환경과 역사적 · 사회적 암시를 받은 것이 다르기 때문이라고 설명한다.[80] 또 비관주의와 낙관주의의 견해가 다른 것도 위와 같은 원인으로 발생한 것이므로 각국의 자살률 통계를 분석하면 객관적인 환경과 연령, 직업, 계절 등과 관계가 깊다고 말하고 있다.[81] 마지막으로 천두슈는 유물사관을 통해 종교를 설명하고 있다.

종교사상의 변천도 시대와 사회세력의 지배를 받는 것이다. 각 민족의 원시종교는 전해 내려오는 신화에 의거하여, 모두 태양이

---

[77] 위의 글, 5쪽.
[78] 위의 글, 6쪽.
[79] 위의 글, 6쪽.
[80] 위의 글, 6쪽.
[81] 위의 글, 6~7쪽.

나, 불, 높은 산, 큰 돌, 독사나 맹수 등을 숭배하는 자연교였다. 후에 농업 경제의 종법사회에 도달해서는 부족신이나 조상, 농사신 등 다신교가 유행했다. 후에 상업발달 시기에는 국가의 통일운동에 따라 일신교가 세력을 얻었다. 후에 공업발달 시기에는 과학이 발흥하여, 무신론과 비종교설이 일어나게 되었다. 동일한 시대이더라도, 각 민족 각 사회의 산업진화가 빠르고 느림에 따라 종교사상의 역사가 서로 다르다. 아프리카나 아메리카의 야만족들은 여전히 자연종교 시대이며, 중국이나 인도는 여전히 다신교적이고, 상공업이 발달한 구미는 기독교를 신봉하고 있다.[82]

유물사관의 사회발전 단계론은 직선적이며 보편적이다. 모든 사회가 이 보편적 발전 단계들 안에서 일정한 단계에 위치하고 있다. 위의 인용문을 보면 일정한 종교형태는 일정한 경제발전 단계에 상응한다. 서양의 중세시대를 보더라도 실제로 이것이 정확하게 적용된다고 볼 수는 없을 것이다. 그럼에도 모든 가치가 경제적 원인에서 발생한다고 믿었던 유물사관파 천두슈(陳獨秀)에게는 종교사상도 예외일 수는 없었다.

장쥔마이(張君勱)가 인과관계를 따질 수 없다고 제시한 9개 항에 대해 천두슈(陳獨秀)는 빠짐없이 그것의 객관적 원인에 대해 설명했다. 그리고 이 설명은 스스로가 사회과학이라고 칭한 유물사관의 주요 개념을 통해서 가능했다. 유물사관을 통해 장쥔마를 비판하면서 천두슈는 '객관적 사실에서 가치를 도출할 수 있는가'라는 과학파에게 주어진 질문에 대해서도 자연스럽게 답할 수 있었다. 즉 가치는 경제적(물질적, 계급적) 이해관계라는 객관적 사실로부터 도출될 수 있다

82 위의 글, 7쪽

는 것이 천두슈와 유물사관의 대답이었다. 또 '그렇게 도출한 가치는 구체적으로 무엇인가' 또는 '지금 여기에서 무엇을 해야 하는가'라는 질문에 대해서도 답할 수 있었다. 사실에서 도출한 가치는 계급적 가치이며, '지금 여기에서 해야 할 일'은 역사 진화의 방향에 맞게 일정한 계급적 가치를 관철시키기 위해 투쟁하는 일이라는 것이 천두슈의 대답이었다. 그리고 역사진행의 최종 단계는 공산사회이며, 공산사회는 노동계급의 가치가 제도로 만들어진 것이므로 이 가치가 제도로 반영될 수 있도록 혁명의 길에 나서야 한다는 것이었다.

4. 소결론

과학파가 형이상학파에게 대답해야 할 것은 명확했다. 첫째 객관적 사실로부터 가치를 도출할 수 있는지와, 둘째 그렇게 도출된 가치는 구체적으로 어떤 것인지에 대한 대답이었다. 이에 대해 과학파 왕싱공(王星拱)은 첫 번째 질문에 대한 대답에 주력하고 있는 것으로 보인다. 그는 과학적 방법 또는 원리(인과와 제일)가 물질뿐만 아니라 모든 정신현상에 적용된다는 점을 증명하려 했다. 그러나 두 번째 질문에는 대답하지 못했다. 그는 실제로 과학방법이 사회에 적용될 수 있음을 나름대로 밝혔지만 실제로 사회에 적용하여 어떤 가치가 형성될 수 있는지는 밝히지 못했다.

이어서 우즈후이(吳稚暉)는 좀 더 근본적인 존재로부터 가치를 도출하려고 시도한다. 그러나 그의 시도는 오히려 기존의 가치를 해체하는 쪽으로 흘러갔으며 새로운 가치를 형성하는 데는 실패한다. 기본적으로 그의 논의는 '환원주의의 오류'에 빠져있었기 때문이다. 인간과 사회의 차원에서 논의해야 할 것을 물질 차원으로 환원하여 객관적이지만 몰가치한 것으로 치부했던 것이다. 이러한 환원을 통해 나올 수 있는 가치는 '차별'을 배제한 완전한 평등 이외에 다른 것이 없었다. 가치 자체의 뜻이 '다른 것보다 중요하고 의미있다고 생각하는 것'을 말한다고 했을 때, 모든 존재를 '재질'(質)과 '힘'(力)으로 환원하는 우즈후이에게 있어서 일정한 것이 다른 것보다 '가치 있다'고 말할 수 없었던 것은 오히려 당연하다. 결국 그는 철저하게 '물질 일원론'에 입각해서 가치를 논의했지만 과학파가 형이상학파에게 대답해야 했던 질문 두 가지 중 어느 것에도 만족스럽게 대답할 수 없었다.

위의 두 가지 질문 모두에 대답할 수 있었던 인물은 사회과학(유물사관)을 주장한 천두슈(陳獨秀)뿐이었다. 천두슈의 유물사관은 과학을 사회에 응용할 수 있다는 왕싱공(王星拱)의 생각에도 부합하며, 철저하게 객관적 물질 원인을 따지려 했던 우즈후이(吳稚暉)의 생각에도 부합하는 이론이라고 할 수 있었다. 그는 사회과학이 자연과학의 방법을 그대로 사회에 적용하는 것이라고 말하고 있다. 그것은 객관적인 인과관계를 통해 사회 현상의 근본적 원인을 발견할 수 있다는 논의로 이어진다. 또 그는 철저하게 객관적인 물질 원인을 강조한다. 그의 유물사관이 우즈후이나 왕싱공과 다른 점은 논의의 차원이 철저하게 사회적 차원이었다는 점이다. 따라서 그가 말하는 물질은 사회적 차원의 물질인 경제였으며, 그 경제 변화에 의해 사회가 변동하고 역사가 진행된다고 생각했다. 이러한 '사회에 적용된 과학'(유물사관)을 통해 그는 앞의 두 가지 질문에 대답하게 된다. 경제적(물질적) 이해관계라는 '사실'에서 계급적 가치를 형성할 수 있다고 생각했으며, 객관적인 역사발전법칙에 따라 역사의 최종적인 진화단계에 부합하는 노동자의 계급가치를 주장할 수 있게 되었다. 이에 따라

지금 여기에서 무엇을 해야 하는지에 대한 대답은 노동자의 계급가치가 반영된 사회를 만들기 위해 실천하는 일이었다. 이는 앞에서 말한 두 가지 질문에 대해 모두 대답할 수 있는 내용이라고 평가할 수 있겠다.

물론 천두슈(陳獨秀)의 이론은 이후에 중국의 마르크스주의자들에게 비판받게 될 한계를 명확하게 가지고 있었다. 그의 유물사관에는 '사회발전 단계론'과 '경제 결정론'이 매우 도식적 형태로 자리 잡고 있었다는 점이다. 경제 구조의 일정한 발전 단계 범위 안에서만 일정한 계급가치가 발생할 수 있다는 것이 천두슈의 일관된 태도였다. 따라서 무산계급 혁명(사회주의 혁명)은 자산계급 혁명(자본주의 혁명)을 거친 이후에나 가능한 것이었다.[83] 그리고 그는 농민을 결코 혁명의 주축으로 생각할 수 없었다. 그의 철저한 반봉건적 태도로 본다면 봉건적 농업사회의 구성원인 농민은 결코 자본주의 이후에 도래할 새로운 사회의 주역이 될 수 없었다. 이러한 점은 1927년 장제스(蔣介石)의 쿠데타로 국공합작이 실패한 이후에 그를 '우경 기회주의자' 또는 '트로츠키주의자'로 낙인찍는 기준이 되었다.[84] 그럼에도 과학과 형이상학 논쟁 당시에 천두슈의 '도식적' 유물사관이 경쟁하던 형이상학파나 과학파를 압도할 수 있는 무기였다는 점은 확실하다.

---

83 자본주의의 필요성에 대해 陳獨秀는 다음과 같이 말했다. "자본주의는 중국의 경제가 발전하는 과정에서 반드시 거쳐야 할 것으로 자본주의를 위해 필요한 것은 양보해야 하며, 자본주의를 박해해서는 안된다" 陳獨秀, 「我們不要害怕資本主義」, 『陳獨秀著作選』 第3卷, (上海: 上海人民出版社, 1993), 519쪽.

84 王育民, 呂希晨, 이승민 역, 『중국현대철학사 I』, (서울: 청년사, 1989), 64~65쪽 참고.

V
과학과 형이상학 논쟁 안의 세 가지 논쟁

과학과 형이상학 논쟁에는 '1차 대전과 과학의 책임문제', '물질문명 · 정신문명과 동양문명 · 서양문명 문제', '과학과 철학의 범위 문제', '전통과 현대 문제' 등 매우 다양한 주제가 담겨 있다.[1] 이 저작은 이러한 여러 주제 가운데 핵심이 가치와 사실의 문제라고 생각하고 이에 주목하고 있다. 이러한 맥락에서 앞의 III장과 IV장에서 다룬 것이 가치와 사실 논쟁에서 발생하는 기본적인 문제와 당시의 시대적 과제에 대한 각 학파 인물들의 대답을 살펴보고 이를 통해 유물사관의 일반적인 우위를 밝혔다면 V장에서는 과학과 형이상학 논쟁에서 특수하게 전개되는 각 학파 간의 논쟁지점을 통해 유물사관의 논쟁 지배력을 논의하려고 한다. 이 논의로 과학파와 형이상학파의 논쟁이

---

1 李澤厚, 김형종 역, 『중국현대사상사의 굴절』, (서울: 지식산업사, 1992), 70쪽 참고.

어떻게 진행되었으며 형이상학파 내부의 의견대립, 과학파와 유물사관파의 의견대립에서 핵심적인 문제가 무엇이었는지 유물사관 이론이 과학파를 극복하게 된 방법론이 어떤 것이었는지를 밝힌다.

먼저 과학과 형이상학 논쟁의 출발점이라고 할 수 있는 딩원장(丁文江)과 장쥔마이(張君勱) 사이의 인식론 논쟁에 대해 논의하게 된다. 인식론의 차이는 기본적으로 모든 철학과 사상, 세계관의 차이를 결정하는 근본이라고 할 수 있다. 딩원장은 장쥔마이를 비판하기 위해 피어슨(K. Pearson, 1857~1936)의 '과학적 인식론'을 제시한다. 장쥔마이는 이러한 딩원장의 '과학적 인식론'의 한계를 지적하기 위해 칸트(I. Kant)의 '범주론'을 도입하고 있다. 그러나 딩원장의 인식론은 '과학방법의 만능'이라는 자신의 주장을 뒷받침하기에는 충분하지 못했으며, 장쥔마이의 인식론 또한 '가치의 주관성 · 개별성'이라는 자신의 주장에 완전한 근거를 제시하지는 못했다는 점을 밝히게 될 것이다.

다음으로 가치의 주관성/객관성 논쟁에 대해 살펴본다. 구체적으로 이 논쟁은 사랑과 아름다움의 주관성/객관성에 대해 논쟁한 량치차오(梁啓超)와 탕위에(唐鉞) 사이의 논쟁이 한 축이고, 객관적 인과율과 주관적 자유의지에 대한 판쇼우캉(范壽康)과 탕위에(唐鉞) 사이의 논쟁이 다른 한 축이다. 이 논쟁의 내용을 살펴봄으로써 형이상학파가 어떤 과정으로 '가치의 개별성'을 포기했으며 '가치의 주관성'의 범위를 축소시켜갔는지에 대해 논의하게 된다. 또 모든 현상과 가치가 객관적 인과율의 지배를 받는다고 생각한 과학파가 '의지의 자유'를 인정할 수밖에 없었던 점에 대해서도 논의하게 될 것이다.

이어서 과학파 후스(胡適)와 유물사관파 천두슈(陳獨秀)의 의견 대립을 다루게 될 것이다. 이곳에서는 과학과 형이상학 논쟁의 진정한 주제에 대해 '과학적 인생관이 착오인가?'로 보고 있는 후스와 '과학은 모든 인생관(가치)을 지배할 수 있는가?'로 보고 있는 천두슈의 논쟁 내용과 그러한 차이가 발생하게 된 원인에 대해 논의한다. 유물사관의 지위에 대한 양자의 대립에 대해 살펴보고 이를 통해 사회적 가치가 근본적으로 어디에서 기인하는지에 대한 과학파와 유물사관의 입장 차이를 명확하게 밝히게 될 것이다.

1. 인식론 논쟁

과학과 형이상학 논쟁은 사실의 학문인 과학과 가치의 영역인 인생관의 상호관계에 대한 논쟁으로 시작되었다. 구체적으로 과학의 범위가 가치의 영역까지 확대될 수 있는지에 대한 논쟁이라고 할 수 있겠다. 형이상학파(玄學派)는 과학의 범위가 가치의 영역까지 미치지 못한다는 주장을 진행해야 했고, 과학파는 사실을 담보할 수 있는 과학이 결국 가치를 담보하게 될 것이라고 주장할 수밖에 없었다. 그들 각각의 다른 입장에 대해 보다 명확하게 이해하려면 그들이 각각 세계를 어떻게 인식할 수 있다고 생각했는지, 즉 그들 인식론의 주된 차이점을 알아야 할 것이다.

앞에서도 살펴본 것처럼 장쥔마이(張君勱)가 「인생관(人生觀)」에서 각종 시시각각 변화하는 심리현상과 연결되어 있는 인생관은 과학의 지배를 받지 않는다고 주장한 이후 딩원장(丁文江)은 이에 대해 비판하는 글을 발표했다.[2] 이곳에서 딩원장은 과학의 대상은 지각에서 생

2 丁文江은 「玄學與科學」이라는 제목의 글을 『努力週報』 48호(4월 15일)와 49호(4월22일)에 연속글로 게재한다.

기는 추론과 연상, 그리고 개념이므로 순수한 심리현상도 과학적 방법에 지배를 받는다고 반박한다. 이것이 딩원장의 과학적 인식론(知識論)이었다. 이에 대해 장쥔마이는 딩원장의 인식론이 그 근원을 감각에 두고 있지만 감각을 구별하는 능력은 경험 이전에 존재하는 것이므로 그의 순수감각주의는 성립되지 않는다고 반박한다.[3]

이러한 의견대립은 실제로 인식론 상에서 감각경험을 유일한 앎의 근원으로 보고 있는 경험주의와 이에 대한 비판을 함축하고 있다. 경험주의와 이에 대한 비판은 철학사에서 진정한 앎을 가능하게 하는 것에 대한 논쟁, 즉 인식론 논쟁이었다. 인식론 논쟁은 인간이 세계를 인식하는 방식에 대한 논쟁이라고 할 수 있다. 이는 직접적으로 흄(David Hume)의 경험주의와 이에 대한 칸트(Immanuel Kant)의 비판과 연결되며[4] 아직도 철학 특히 과학철학에서 주요한 논쟁 가운데 하나로 남아 있다.[5] 이러한 철학적 특징 때문에 딩원장(丁文江)의 과학적 인식

3 張君勱는 「再論人生觀與科學幷答丁在君」이라는 제목의 글을 『晨報副刊』 5월 6일~10일까지, 그리고 연속해서 5월 13, 14일에 게재한다.

4 흄 등 경험주의의 회의주의적 인식론과 그에 대한 칸트의 비판에 관해서는 황설중, 「회의주의 대 선험철학」, 『철학연구』 30, (서울: 고려대학교 철학연구소, 2005), 105~106쪽, 그리고 백현종, 「의식의 동일성과 선험성」, 『철학연구』 46, (대구: 대한철학회, 1999), 100~122쪽 참고.

5 이러한 인식론 논쟁은 과학철학에서 여전히 진행되고 있다. 즉 이론과 실재의 관계, 과학이론의 진리여부 등에 대한 논쟁 형태는 아직도 진행되고 있는 것이다. 주요 입장에 대해 실증주의, 실재론, 상대주의, 실용주의 등의 구분이 가능한 것으로 보인다. 여기에서 실증주의는 루돌프 카르납(Rudolph Carnap), 라이헨바흐(Reichenbach), 파이글(Feigl) 등의 주장이며, 실재론은 칼 포퍼(Karl Popper), 셀라스(Sellars), 퍼트남(Putnam) 등의 주장이다. 또 상대주의는 콰인(Quine), 로티(Rorty), 파이어아벤트(Feyerabend) 등에 영향을 받아 진행되었으며, 실용주의는 듀이(Dewey), 퍼스(Peirce), 라우든(Laudan) 등의 주장으로 진행되었다. 네 가지 입장의 대립점들에 대해서는 Larry Laudan, 이범 역, 『포스트모던 과학논쟁』, (서울: 새물결, 1997) 참고.

론에 대해 장동순(張東蓀)은 과학이라기보다는 철학이라고 지적하고 있다.[6]

물론 철학의 기본 문제라고 할 수 있는 인식론에 대한 딩원장(丁文江)과 장쥔마이(張君勱)의 설명은 자신들의 주장을 뒷받침하기 위한 근거로 제시된 것이었다. 먼저 딩원장의 인식론은 객관적 과학 지식만이 참된 지식이며, 인생관(가치)이 참된 지식이려면 과학적 방법에 의지해야 한다는 점을 증명하기 위한 것이었다. 이를 통해 자신이 주장한 '과학 방법의 만능'을 입증해야 했다. 그리고 장쥔마이(張君勱)의 인식론은 인생의 문제(가치)가 객관적인 과학 지식의 대상이 될 수 없다는 점을 뒷받침하기 위한 것이었다. 이를 통해 궁극적으로 가치는 주관적일 뿐만 아니라 개별적인 것임을 입증해야 했다. 그들 각각이 기반하고 있는 인식론이 구체적으로 무엇이었으며 이것이 그들 각각의 주장을 제대로 뒷받침하고 있는지, 또 이러한 논쟁이 어떤 의미가 있는지에 대해 논의하는 것은 과학과 형이상학 논쟁의 철학사적인 의의를 다루는 데 반드시 필요한 조건이라고 할 수 있겠다.

가. 딩원장(丁文江)의 과학적 인식론: 경험주의적 인식론

딩원장(丁文江)은 장쥔마이(張君勱)의 주장에 대해 비판하면서 '인생관과 과학의 경계가 구분되지 않을 뿐만 아니라 물질과학과 정신과학의 분별도 성립될 수 없다'고 주장한다.[7] 이러한 자신의 주장이 옳음을 증명하기 위해 부득이하게 자신의 과학적 인식론을 설명할 수

6 張東蓀, 「勞而無功」, 『科學與人生觀』, 3쪽 참고.

7 丁文江, 「玄學與科學」, 위의 책, 7쪽 참고.

밖에 없다고 말하고 있다.[8] 그의 생각은 과학이 하나의 인식론에 기반하고 있으며, 세계를 제대로 인식하려면 그 '하나의 인식론'에 의해서만 가능하다는 입장을 보여주고 있다. 기본적으로 인간의 감각기관이 같기 때문에 그 동일한 감각기관에 의한 감각경험만이 세계를 인식할 수 있는 유일한 수단이라는 것이 그의 생각이었다. 그가 말하는 과학적 인식론에 대해 보다 구체적으로 살펴보자.

> 우리들은 소위 물질을 어떻게 알게 되는 것일까? 나는 여기에서 나의 눈앞에 있는 책장을 본다. 나는 그것이 직사각형이며, 공간 안에 있으며, 노랗고 어두운 색이며, 나무로 만들었고, 단단하고 무겁다는 것을 알게 된다. 내 시각이 느낀 것은 책장의 색깔과 모양이지만 나는 목재와 어둡다는 성질을 연상하고 그것의 중량과 단단한 정도를 추론하여 책장이라는 개념을 얻는데 성공하게 된다. 그러므로 개념은 감각기관이 감촉한 것에 연상과 추론을 더한 것이며, 연상과 추론 또한 이전의 감각기관이 감촉한 경험에서 얻은 것이므로 감각기관이 감촉한 것이 바로 우리들이 물질을 아는 근본이다. 우리들이 기타 감각기관으로 느낄 수 있는 물질을 추론할 수 있는 이유는 우리들이 이전의 경험을 기억하기 때문이다. 우리들이 말하는 물질 대부분은 감각기관의 감촉내용에 대한 많은 기억에 감각기관의 직접 감촉한 내용 하나를 더한 것이다.[9]

딩원장(丁文江)의 주장에 의하면 우리가 세계를 인식하는 것은 감각

---

8 위의 글, 7쪽.

9 위의 글, 7쪽.

기관이 감각(感觸)한 내용을 통해 가능하다. 그리고 감각 경험에 대한 사고 작용이라고 할 수 있는 연상이나 추론도 이전의 감각 경험에 대한 기억과 비교를 통해 진행된다는 것이다. 그의 인식론에서 인간의 사고는 감각 경험의 조합일 뿐 다른 것이 아니었다. 인간이 외계 사물을 인식할 수 있는 확실한 근거는 감각 경험이 유일하다는 말이 된다. 그렇다면 여기에서 두 가지 의문이 제기될 수 있을 것이다. 첫째, 그러한 감각 경험의 내용이 과연 모든 사람에게 공통적인 것이라고 할 수 있는가? 둘째, 모든 사람이 감각 경험에 대해 같은 방식으로 추론하고 연상한다는 보장은 무엇인가? 이에 대해 딩원장이 어떻게 대답하고 있는지는 매우 중요하다. 이 두 가지의 의문에 대해 설명할 수 있어야 과학적 인식론이 '객관적'이라고 할 수 있게 되기 때문이다. 첫 번째 의문에 대한 딩원장의 설명을 보자.

> 만약 우리의 감각기관의 조직이 다르다면 우리가 말하는 물질도 반드시 그에 따라 변하게 되는 것으로 색맹인 사람의 눈에는 장미꽃이 푸른색인 것과 같다. 이 때문에 모건(Morgan)은 그의 『동물생활과 총명(Animal life and Intelligence)』라는 책에서 외부의 물체를 '사구'(思構, Construct)이라고 부르는 것이다.[10]

위의 첫째 질문에 대한 그의 대답은 '감각기관의 조직'이 같기 때문에 감각의 내용도 같다는 것이었다. 그에 의하면 색맹처럼 일반적인 감각기관에 이상이 있는 사람들을 제외할 경우 모든 사람들은 같은 구조의 감각기관을 가지고 있다. 같은 구조의 감각기관을 가지고

10 위의 글, 7~8쪽.

있기 때문에 같은 감각 내용을 인식한다는 내용이다. 이에 대해 딩원장(丁文江)은 모건(C. Lloyd. Morgan, 1852~1936)의 '사구'(Construct)라는 개념을 언급하고 있다.[11]

모건은 기본적으로 인간의 인식과 동물의 인식 사이의 차이점에 대해 회의하고, 그 근본적인 차이점이 '개념'(conception)에 있다고 결론 내렸다.[12] 우리 인간이 인식하는 세계는 이미 구성(construct)의 결과물이며, 인간의 감각기관 구조가 다른 동물의 감각기관 구조와 다르기 때문에 이 결과물은 서로 다르게 발생한다고 말하고 있다.[13] 이러한 모건의 주장에서 딩원장(丁文江)이 취하고 있는 것은 '감각기관의 차이에 따른 인식의 차이'와 '감각의 개념화'였다. 전자는 공통적인 감각기관을 가지고 있는 인간이 공통된 세계를 인식한다는 근거로 말할 수 있는 내용이었다. 이러한 생각은 인생관이 사람마다 관점의 차이로 다르게 생성될 수 있다는 장쥔마이(張君勱)의 생각에 대한 반론이 될 수 있었다. 또한 앞에서 언급한 첫 번째 질문(감각 경험의 내용이 모든 사람에게 공통적인 것인가?)에 대한 대답이 될 수 있었다. 후자는 자신의 사상이 '물질을 근본으로 하는 사상'(唯物論)이 아니라 '정신을 근본으로 하고 있는 사상'(唯心論)임을 강조하는 것이었

---

[11] 여기에서 丁文江이 모건에 대해 인용하는 것은 피어슨(Karl Pearson)이 모건 말하는 부분과 일치하는 내용이다. 丁文江이 '과학적 인식론'이라고 설명한 것은 기본적으로 피어슨의 논의를 그대로 차용한 것이기도 하다. 그래도 모건에 대해 丁文江이 구체적으로 어떤 의도에서 어떤 점을 인용하였는지는 살펴봐야 할 것이다. 피어슨의 모건에 대한 언급은 Karl Pearson, *THE GRAMMAR OF SCIENCE*, (Bristol: Thoemmes Press, 1991 reprinted, the 1892 Edition), 50쪽 참고.

[12] C. Lloyd Morgan, *Animal Life and Intelligence*, (Whitefish: Kessinger Publishing, LLC, 2008 reprinted, the 1895 Edition), 311쪽 참고.

[13] 위의 책, 310쪽 참고.

다. 이는 기본적으로 장쥔마이가 「인생관(人生觀)」에서 정신과 물질 가운데 과학이 다루는 대상은 물질이라고 주장한 것에 대한 반론의 성격을 지니고 있다.

앞에서 제기한 두 번째 질문(감각 경험에 대한 추론과 연상이 공통적이라는 보증)에 대한 그의 대답은 후자('감각의 개념화')와 관련이 있었다. 위에서 말한 후자, 즉 '감각의 개념화'는 딩원장(丁文江)에 의하면 감각 내용에 연상과 추론을 더한 결과라고 할 수 있다. 또 그는 일단 지각을 통해 개념이 형성되면, 그 개념들로부터 또 다른 추론이 발생한다고 생각했다.[14] 그에 의하면 이러한 개념과 추론의 과정은 당연히 심리 현상이라고 말할 수 있는 것이었으며, 모두 객관적인 것으로 과학의 대상이 된다.[15] 그렇다면 여기에서 모든 사람이 감각 경험에 대해 같은 방식으로 추론한다는 보장은 무엇인지, 그 근거가 필요하게 된다. 즉 앞에서 제기한 두 번째 질문에 대한 대답이 필요한 것이다. 그는 이에 대해 다음과 같이 말하고 있다.

> 우리들은 다음과 같이 개념과 추론을 심사하게 된다. 첫째, 개념, 추론이 스스로 모순된다면 과학은 그것을 참(眞的)이라고 승인하지 않는다. 둘째, 개념이 일반적인 사람의 지각, 추론과 상반되어 도출되었다면, 과학은 그것을 참이라고 승인하지 않는다. 셋째, 추론이 논리훈련을 받은 사람에 의해 그 근거로 하는 개념을 가지고 똑같은 추론이 불가능하다면, 과학은 그것을 참이라고 승인하지 않는다.[16]

14 丁文江, 같은 글, 9쪽 참고.
15 위의 글, 9~10쪽 참고.
16 위의 글, 11쪽.

개념과 추론은 서로 모순될 수 없고 일반인의 지각에 맞아야 하며 각 관찰자의 추론 결과가 일치해야 한다는 점을 지적하고 있다. 그래야 참된 개념과 추론이라고 할 수 있다는 것이다. 딩원장(丁文江)에 의하면, 이러한 참된 추론이 될 수 있도록 정밀하게 심사했다면 그 개념과 추론은 객관적인 것이 될 수 있다. 그는 특히 추론의 경우 오류를 범할 가능성이 매우 높기 때문에 세 번째 심사기준에 '논리 훈련을 받은 사람'이라고 강조했다고 말하고 있다.[17] 논리학에 근거해서 심사할 수 있는 사람이어야 한다는 말이 된다. 그가 말하고 있는 첫째 심사기준과 셋째 심사기준은 모두 논리적으로 타당해야 한다는 의미이다. 그리고 두 번째 심사기준은 객관성이라고 할 수 있다.[18] 위의 세 가지 조건을 통해 그는 객관성과 논리에 부합해야 과학적 추론과 개념이 된다고 말하고 있는 것이다.[19]

앞에서 제기한 두 번째 질문에 대하여 딩원장(丁文江)은 모든 사람이 저절로 같은 방식으로 추론하는 것이라고 대답하지 않고, 옳은 추론과 잘못된 추론을 구분하여 옳은 추론만을 인정해야 한다는 대답을 하고 있다. 즉 옳은 추론 기준에 맞게 모든 사람이 추론해야 한다는 말이다.[20] 이 옳은 추론을 통해 모든 사람은 같은 추론을 하고

---

17 위의 글, 12쪽.

18 이 논문에서 객관이라는 말은 "모든 사람에게 동일한 것일 때, 우리는 그것을 객관적이라고 한다"는 아들러(M. J. Adler)의 정의에 입각해서 쓰고 있다.

19 丁文江이 말하고 있는 이 세 가지 조건도 피어슨이 주장한 내용이다. Karl Pearson, 앞의 책, 64~69쪽 참고.

20 물론 여기에 대한 반론은 충분히 가능할 것이다. '논리학이라는 것이 과현 옳은 것인가', 또 '그 옳음을 어떻게 보증할 수 있는가'라는 보다 근본적인 물음을 제기할 수 있기 때문이다. 이에 대해서는 張君勱가 지적하고 다음 항에서 논의하기로 한다.

같은 개념을 갖게 되는 것이다. 이러한 생각을 통해 모든 사람이 같은 감각 경험과 같은 추론, 같은 개념을 갖게 될 수 있다는 것이 피어슨(Karl Pearson)의 주장에 입각한 딩원장 인식론의 기본 골격이었다.

이러한 논의까지만 보면 딩원장(丁文江)은 자신이 애초에 주장한 '객관적 과학 지식만이 참된 지식이며, 인생관(가치)이 참된 지식이려면 과학적 방법에 의지해야 한다'는 점에 대해 나름대로 근거를 제시하고 있는 것처럼 보인다. 즉 과학 방법이 만능임을 그의 인식론을 통해 뒷받침하고 있는 것처럼 보인다. 그러나 그가 자신의 인식론에 대해 유물론이 아니라 유심론이라고 강조하며, 구체적으로 유심론 가운데 '존의적 유심론'이라고 밝히는 부분을 보면 과학 방법은 결코 만능이 아니라는 점을 스스로 고백하고 있다.

> 이상에서 말한 것은 평이한 과학지식론이다. 철학적 명사(名詞)를 이용하여 말하면, 이것을 존의적 유심론(存疑的唯心論, Skeptical idealism)이라고 말할 수 있다. … 감각기관의 감촉이 우리가 물질을 알 수 있는 유일한 방법이고, 물질의 개념은 심리상의 현상이므로 이것을 유심(唯心)이라 말하는 것이다. 감각기관의 감촉의 바깥에, 자각의 배후에 사물이 있는지 없는지, 또는 물체의 본질이 어떤 것인지에 관해서는 알 수 없다고 생각하여, 존재하더라도 거론하지 않는 것이 마땅하다고 생각하였기 때문에 이것을 존의(存疑)라고 말하는 것이다. 그들(존의적 유심론자들: 인용자)은 형이상학자(玄學家)의 최대의 적이다. 이 때문에 형이상학자가 밥 빌어먹는 도구는 존의적 유심론자들이 알 수 없다고 생각한 것, 존재하더라도 논의하지 않는다(存而不論)고 생각한 것이며, 심리를 떠나 독립적으로 존재하는 본체인 것이다. … 그들(형이상학자들: 인용자)은 언제나 모든 사람들이 공인하는 정의 방법이 없고, 각자 서로 다른 신비를 가지고 알지 못하는 것을 아는 것이라고 똑같

이 억지를 부리고 있다. 다른 사람들은 애매모호(模糊)하다고 말하는 것을 그들 스스로는 오히려 현묘(玄妙)하다고 여긴다.[21]

딩원장(丁文江)이 말하고 있는 존의적 유심론, 즉 과학적 인식론은 인간의 감각기관이 감각할 수 없는 대상에 대해서는 알 수 없는 영역이라고 단정하고 있다. 과학적 인식론이 파악할 수 없는 영역이 있음을 스스로 고백하는 내용이라고 할 수 있다.

그가 지금까지 설명하려고 한 것은 과학적 인식론이 옳은 인식론이라는 점이었다. 그러나 이 설명으로는 과학적 인식론만이 옳은 인식론이고 다른 인식론은 잘못된 인식론이라는 설명은 되지 못한다. 과학적 인식론과 경쟁하는 다른 인식론이 있어서 과학적 인식론이 인식할 수 없는 영역에 대해 설명한다면, 과학적 인식론은 그것에 대해 옳다고 말할 수 없을 뿐만 아니라 그르다고 단정할 수도 없다. 왜냐하면 과학적 인식론으로는 파악할 수 없는 영역이기 때문이다. 물론 그는 '증거책임의 문제'를 거론한다.[22] 즉 과학적 인식론이 알 수 없는 영역이라고 생각하는 대상에 대해 다른 인식론이 일정한 주장을 하려면 주장하는 측에서 그에 대해 증거를 제시해야 한다는 것이다. 이러한 주장에도 무리가 있는 것으로 보인다. 왜냐하면 지금까지 그가 주장한 것은 과학적 인식론이 옳다는 증거의 제시였지, 형이상학적 인식론이 그르다는 증거의 제시는 될 수 없기 때문이다. 지금까지 딩원장(丁文江)은 형이상학적 인식론이 그르다는 주장을 계속해서 하고 있었다. 그러나 그에 대한 증거 제시는 없었다. 딩원장이 먼

---

21 丁文江, 앞의 글, 12~13쪽.

22 위의 글, 12쪽.

저 형이상학적 인식론이 잘못되었다고 주장한 이상, 형이상학적 인식론 측에서도 딩원장에게 '증거책임의 문제'를 제기할 수 있었던 것이다. 이러한 이유로 유물사관파 천두슈(陳獨秀)는 딩원장의 존의적 유심론이 형이상학파에게 오히려 활력을 불어넣어 주는 결과를 초래했다고 비판하게 된다.[23]

이러한 사실은 딩원장(丁文江)의 인식론에서 보다 근본적인 문제를 야기한다. 만약 가치에 속하는 지식(인생관)이 과학적 인식론 또는 과학적 방법이 미칠 수 없는 불가지의 영역이라면 과학은 영원히 가치 문제(인생관 문제)에 개입할 수 없게 된다. 그럼에도 그는 이에 대한 고려는 전혀 하고 있지 않은 것으로 보인다. 다만 과학적 인식론과 그 결과인 과학적 지식은 '옳은 것', '객관적인 것'이라는 설명만 되풀이하고 있을 뿐이었다.

피어슨이나 그를 소개한 딩원장(丁文江)[24]이나 그 인식론은 로크(John Locke)나 흄(David Hume) 같은 경험론자들이 주장하는 내용과 기본적으로 궤를 같이 한다. 이들은 인간의 마음을 단순한 '감각 능력'으로 환원시키고 있다. 즉 마음은 "감각 지각을 통해서 지각되거나 감각 지각의 한 결과로서 상상될 수 있는 어떤 것만을 인지할 수 있다"[25]고 생각했다. 기본적으로 이들은 인간의 마음 안에 감각 능력뿐만 아니라 '지성'(intelligence)이 있다는 점을 부정했다. 경험론자들은

---

23 陳獨秀, 「科學與人生觀序」, 『科學與人生觀』, 10쪽 참고.

24 앞에서 지적한 내용 이외에도 丁文江이 뇌를 전화교환수로 비유하는 내용(丁文江, 앞의 글, 13~14쪽 참고)도 피어슨이 제시하는 사례(Karl Pearson, 같은 책, 53~55쪽 참고)를 그대로 차용하고 있다. 실제로 丁文江이 주장하고 있는 과학적 인식론은 피어슨의 이론을 그대로 소개한 것이라고 해도 과언이 아닐 것이다.

25 M. J. Adler, 같은 책, 54쪽.

마음 안에 감각적 인상들과 대비되는 추상적 개념이 존재함을 부정하고 개념이 과거 감각 인상들과 현재 감각 인상의 '왕복운동'을 통해 형성된 것일 뿐이라고 주장했다. 이는 딩원장이 차용하고 있는 피어슨도 마찬가지였다.[26] 비록 딩원장은 피어슨의 이러한 점에 대해 명확하게 설명하고 있지 않지만, 딩원장의 인식론이 피어슨의 인식론임을 간파했던 장쥔마이(張君勱)는 이점에 대해 정확하게 지적하고 있다.

나. 과학적 인식론에 대한 장쥔마이(張君勱)의 비판: 선험주의적 인식론

장쥔마이(張君勱)는 딩원장(丁文江)의 과학적 인식론을 비판하면서, '과학적'이라는 용어 자체에 대한 문제 제기부터 시작한다.

> 내가 가장 이해하지 못하는 것은 '과학적 인식론'이라는 명사다. … 고금(古今)에 유심주의(惟心主義), 유실주의(惟實主義), 경험주의(經驗主義), 이성주의(理性主義)가 구별되는 것은 인식론이 범람하여 정설(定說)이 없기 때문에 그렇게 된 것이다. 이미 정설이 없는데, '과학적'이라는 세 글자를 덧붙이려 하니, 이것이 이해가 되지 않는 것이다.[27]

장쥔마이(張君勱)에 의하면 인식론이 여러 학설로 나뉘어 경쟁하고 있지만 그 가운데 '과학적 인식론'이라는 명칭의 학설은 존재하지 않

26 Karl Pearson, 같은 책, 50쪽 참고.

27 張君勱, 「再論人生觀與科學并答丁在君」, 『科學與人生觀』, 42쪽.

는다는 것이다. 장쥔마이는 이어서 딩원장(丁文江)이 말하는 과학적 인식론이 혹 과학자들이 가지고 있는 인식론이라고 할 경우라도 과학자 가운데 딩원장의 주장에 동의하는 사람도 있고 동의하지 않는 사람도 있다고 반박하고 있다.[28] 따라서 그는 딩원장에 대해 "한 두 사람의 말을 붙잡고 그것을 과학적 인식론이라고 이름 붙이고 있다"고 공격한다.[29] 장쥔마이가 보기에 딩원장의 인식론은 피어슨의 인식론을 옮긴 것에 지나지 않았던 것이다.

> 딩원장(在君)은 피어슨의 책을 제대로 읽었지만 과거 경험과 현재 경험(經力)의 끊임없는 왕복에 대해서 열거하는 것을 망각하고 있는데, 왜 그렇게 했는지 알지 못하겠다. 영국 학파는 경험이나 감각을 출발점으로 삼기를 좋아한다. 그러나 감각 가운데 무형(無形)의 인과개념이 있지 않다는 점을 반문한다면 그들은 반드시 다음과 같이 답할 것이다. 그 일이 여러 겹으로 출현하기 때문에 끊임없는 왕복의 상태가 되며, 이것이 인과 개념의 유래가 된다. 그렇다면 원인이 있으면 반드시 결과가 있다는 것은 필연(Necessity)의 진리가 아니며, 또한 심리상의 신앙이나 습관이 그렇게 만든 것이다. 이 설은 흄(Hume)에서 나와 지금은 이미 전통적 학설이 되었다.[30]

장쥔마이(張君勱)가 이해하고 있는 피어슨 주장의 핵심은 세 가지라고 할 수 있다. 첫째, "생각의 내용은 감각 기관의 감촉에서 조성된

---

28 위의 글, 42~43쪽 참고.

29 위의 글, 43쪽.

30 위의 글, 43~44쪽.

다.” 둘째, “지각 또는 과거 경험과 현재 경험이 끊임없이 왕복하여 과학상의 인과개념이 있게 된다.” 셋째, “과학이 하는 일은 이 감각기관의 감촉에 대해 분류하고 배열하여 그 선후(先後)의 순서를 구하는 것이다.”[31] 위의 인용문에서 장쥔마이는 이 세 가지 가운데 둘째에 대해서 언급하고 있다. 이는 딩원장(丁文江)이 장쥔마이를 비판하면서, 모든 참된 현상에는 인과율의 지배를 받으므로 과학의 범위에 벗어나지 않는다고 했던 부분[32]에 대한 장쥔마이의 재반박이었다.

딩원장(丁文江)이 과학적 인식론이라고 한 것은 피어슨의 주장과 완전히 일치하는 것이었다. 실제로 그가 말하고 있는 대부분의 내용은 피어슨의 저서인 『The Grammar of Science』의 재탕이었다. 장쥔마이(張君勱)가 보기에 피어슨의 주장에 따르더라도 과학상의 인과 개념이 현상 자체에 존재하는 것이 아니라 기존 감각 경험과 현재 감각 경험에 대한 끊임없는 비교와 대조(往復不已) 등을 통해 형성되는 개념, 즉 심리상의 믿음이나 습관에 의해 형성되는 개념이었다. 인과 개념은 필연적 진리가 아니라는 주장이다. 실제로 피어슨은 ‘인과 개념은 경험의 과정에서 얻어지는 것’이라고 했으며[33], ‘필연성(necessity)은 지각(perception)의 세계가 아니라 개념(conception)의 세계에 존재하는 것’이라고 말하고 있다.[34] 이에 대해 장쥔마이는 정확하게 알고 있었으며, 이를 통해 모든 현상이 인과율의 지배를 받는다고 한 딩원장의 주장을 반박할 수 있었던 것이다.

이어서 장쥔마이(張君勱)는 피어슨의 주장 자체에 대해 비판을 시도

---

31 위의 글, 43쪽.

32 丁文江, 같은 글, 14쪽 참고.

33 Karl Pearson, 같은 책, 153~156쪽 참고

34 위의 책, 160~162쪽 참고.

한다. 이 또한 피어슨을 차용하고 있는 딩원장(丁文江)을 비판하기 위한 시도였다. 장쥔마이는 먼저 사물을 분석할 때 최종적인 원소가 감각의 인상이라고 말한 피어슨의 주장(=딩원장의 주장)에 대해 반박하고 있다.

> 내가 보기에 인류가 생긴 이래로 바깥세상(外界)에서 얻는 것이 다만 감각뿐이라면 감각 또한 불가능하다. 왜냐하면 이것을 갑(甲) 감각이라고 부르고, 저것을 을(乙) 감각이라고 부를 때, 이 갑과 을의 구분은 이미 일종의 논리적 의미(意義)를 갖고 있는 것이기 때문이다. 이 논리적 의미도 갑 감각과 을 감각을 구성하는 분자(分子)인 것이다. … 예를 들면 붉은 색이라는 것은 지극히 간단한 감각이다. 그러나 붉음과 더불어 오는 것이 두 가지가 있다. 첫째 붉은 색은 이것과 같다. 둘째 이것이 붉은 색이라는 것은 참(眞)이다. 이 두 가지가 내가 말하는 논리적 의미이다. … 이 두 가지가 있어야 이것과 저것의 구분이 있게 되고, 그 구분이 있어야 참(眞)과 거짓(僞)의 분별이 있게 된다. 이것이 추리(推理)하는 근본이 된다. 모든 감각이 의미를 벗어날 수 없다면 피어슨의 순감각주의(純官覺主義)가 어떻게 성립될 수 있겠는가?[35]

감각만이 세계를 인식할 수 있는 유일한 수단이라는 피어슨의 주장을 반박하는 부분이다. 인간이 각각 다른 감각을 다르다고 인식하려면 그 다른 것을 구분할 능력이 있어야 한다는 내용이다. 장쥔마이(張君勱)가 보기에 감각적 인상에는 다름을 구분할 수 있는 요소(논리적 의미)가 들어있지 않다. 즉 인간의 의식 안에 그것을 구분할 수

---

[35] 張君勱, 같은 글, 45쪽.

있는 능력이 있음을 전제로 하지 않는다면, 기존에 있었던 감각 경험(감각의 인상)과 새로운 감각 경험(감각의 인상)이 같은지 다른지 알 수 없다는 것이다. 이 때문에 인간의 의식 안에서의 각각의 감각 경험을 구분하게 해주는 '의미'를 전제로 하지 않으면 감각을 통한 세계 인식도 불가능하다는 내용이다. 장쥔마이는 이러한 주장을 위해 칸트(I. Kant)와 흄(D. Hume)의 태도를 구분하고 있다.

장쥔마이(張君勱)가 생각하기에 흄이 '평상시 경험이 쌓여서 인과관계를 인식하게 되고 일정한 판단을 할 수 있게 된다'라고 말한다면, 칸트는 '감각 경험 후 반드시 감각 이외의 의식 작용이 있어야 하며 인과관계도 이러한 의식 작용에 포함된 개념이다'라고 반박할 것이었다.[36] 순수한 감각주의는 인식론 상에서 불가능하다는 주장이다. 이어서 장쥔마이는 칸트의 입장을 빌어 최종적 비판 대상인 딩원장(丁文江)의 주장(피어슨의 인식론)으로 돌아가서 자신의 논의를 이어간다. 다음은 딩원장이 주장한 추리의 3가지 표준－피어슨의 이론을

36 위의 글, 46쪽. 이곳에서 張君勱는 다음과 같이 말하고 있다. "진위(眞僞)의 의미가 이미 감각 가운데 포함되어 있다면, 추리(推理)에는 일정한 표준이 없는가? 있다. 이것이 칸트(Kant)가 말한 선천종합판단설(先天綜合判斷設)이다. 예를 들면 '금속은 열을 가하면 팽창한다'에서 '금속'은 주어(主辭)이고, '열을 가하면 팽창한다'는 술어(謂詞)이다. 이것을 판단이라고 한다. 이 판단 가운데 인과상생(因果相生)의 관념은 반드시 선천적으로 갖추고 있어야 한다, 그래야만 '열을 가하면 팽창한다'는 명제가 성립될 수 있다. 흄(Hume)은 이에 대해 다음과 같이 물음을 던질 것이다. 평상시의 경험이 쌓여 그것이 끊임없는 왕복을 겪은 이후에나 이러한 판단이 있는 것이 아닌가? 이에 대해 칸트(Kant)는 다음과 같이 대답할 것이다. 그렇지 않다. 평상시의 경험이 얻은 것은 감각이 접촉한 것이지만 감각의 접촉 이후에 이성의 작용이 반드시 있어야 하며 인과상생(因果相生)이라는 것도 이성 상의 개념이다. 이러한 개념으로 인해 '금속은 열을 가하면 팽창한다'는 판단이 성립되며 여기에서 말한 이성의 개념은 앞에서 말한 논리적 의미와 이름은 다르지만 정신은 같은 말이다. 이처럼 감각의 끊임없는 왕복은 추리의 유일한 표준이 아니다."

그대로 빌려온 내용－에 대한 장쥔마이의 비판이다.

> (1) 개념은 서로 모순될 수 없으며, (2) 일반인의 지각에 반하지 않는 것으로 표준을 삼아야 하며, (3) 각 관찰자의 추론 결과는 일치해야 한다. 여기에서 (1)과 (3)은 다른 학자들도 공인하는 것으로, 피어슨이 만든 원리가 아니다. 그러나 감각주의자(惟覺主義者)인 피어슨은 이것을 논거로 삼을 수 없다. 왜냐하면 모순과 추론의 일치는 이성 안에서 있을 수 있는 것이며 감각 안에서 표현할 수 있는 것이 아니기 때문이다. 피어슨이 위의 3개 표준을 승인한다면 감각일원론을 포기하고 유심파의 선험적 범주설로 들어가는 것이다.[37]

장쥔마이(張君勱)가 보기에 추리의 표준 가운데 첫 번째 '개념의 무모순성'(모순률)이나 세 번째 '추론의 일치'(동일률)는 감각 경험 자체에서 찾아볼 수 없다. 이것은 어떤 식으로든 인간의 의식 안에서 그것을 구분할 수 있는 능력을 가지고 있어야 가능한 것이다. 따라서 딩원장(丁文江)이 내세운 피어슨의 추리표준을 인정한다면, 인식론 상에서 순감각주의는 성립될 수 없다는 말이 된다. 그렇다면 순수한 감각주의를 표방하는 피어슨이 주장할 수 있는 내용은 두 번째 표준 (2)라고 할 수 있다. 왜냐하면 인간은 감각기관의 조직이 동일하기 때문에 추론 결과도 동일할 수 있다고 설명할 수 있기 때문이다. 실제로 이것은 딩원장이 강조했던 내용이었다. 그러나 장쥔마이는 이것도 잘못된 표준이라고 반박한다. 인간은 똑같은 현상을 보고 다른 추리를 할 수 있다는 것이다.[38]

---

[37] 위의 글, 49쪽.

장쥔마이(張君勱)는 이러한 점을 칸트의 범주설과 연결시키고 있다. 인간이 세계를 인식하려면 근본적인 구분 능력(범주)을 경험이전에 가지고 있어야 한다는 생각이 칸트의 범주설이라고 할 수 있다. 범주를 선천적으로 가지고 있어야 세계에 대한 보편적 인식이 가능하다는 것이다. 장쥔마이는 이러한 칸트의 범주설을 통해 딩원장의 인식론(피어슨의 인식론)을 비판했다. 그런데 장쥔마이는 칸트의 논의를 거기에서 그치지 않고 더욱 확장시킨다. 그러면서 그는 자신이 애초에 주장했던 내용에서 벗어나는 것까지 칸트를 차용하게 된다.

> 예부터 지금까지 철학자는 스스로 하나의 계통을 세워 일체의 현상을 포괄하려 하였는데, 족히 사람들의 마음을 만족시킬 만한 설은 칸트(Kant)이다. … 인류는 모든 현상에서 그 인과의 상생을 구하고 싶어 했고, 이 때문에 지식이 있게 되었고, 과학이 있게 되었다. 그러나 인과율로 모든 것을 개괄한다면 인생현상 가운데 뉘우침(懺悔)이나 사랑, 책임감, 희생정신 같이 도덕 방면에 속한 것들은 해석할 수 있는 방법이 없다. 이 때문에 칸트(Kant)는 그것을 나누어 2가지로 보았다. 윤리와 관련된 것은 자유의지의 범위라고 했고, 지식과 관련된 것은 인과율의 범위라고 했다. 자유와 인과의 두 의미는 이에 서로 충돌하지 않으며 그래야 인간의 일(人事)과 지식 방면에 각각 정당한 설명이 있게 된다.[39]

---

[38] 위의 글, 49쪽. 이곳에서 그는 다음처럼 말하고 있다. "기관(器官)의 미세한 차이에 대해 다윈(Darwin)은 환경에 의해 그렇게 되었다고 말하고 라마르크(Lamarck)는 용불용(用不用)에 의해 그렇게 되었다고 말한다. 다윈과 라마르크의 감각조직이 다른가? 그렇다면 在君이 말하는 소위 미친 사람은 누구인가?"

[39] 위의 글, 52쪽.

얼핏 보기에 장쥔마이(張君勱)의 주장과 그가 소개하는 칸트는 서로 어긋나지 않는 것으로 보인다. 그러나 장쥔마이가 원래 주장했던 가치(인생관)의 문제로 돌아가 보면, 장쥔마이는 칸트의 윤리설을 차용하지 말아야 했다. 왜냐하면 그는 가치의 문제가 개인마다 다른 개별적인 것이며 따라서 어느 것이 옳고 어느 것이 그른지 판단할 수 없다고 했기 때문이다. 이것이 과학과 형이상학 논쟁의 시작이었다. 그러나 칸트의 도덕률은 보편적인 것을 지향했다. "나의 준칙이 보편적 법칙이 되는 것을 의욕할 수 있도록만 행위하라"[40]라는 말로 대표되는 칸트의 윤리설의 '보편적 합법칙성'에 대한 강조는 분명히 장쥔마이의 가치에 대한 주장과 대립되는 내용이었다. 그럼에도 장쥔마이는 칸트의 '자유의지'라는 말만 언급하며 자신의 주장과 일치되는 것처럼 설명하고 있었다. 그러나 칸트가 말하는 자유의지란 '보편적 법칙'에 맞는 '나의 준칙'을 스스로 세우고, 그것을 '의욕'하는 것이므로 장쥔마이가 말하는 '개별적' 가치에 대한 개인의 자유로운 의지와는 관계가 없는 것이었다.[41]

결론적으로 앞에서 살펴본 딩원장(丁文江)은 피어슨의 이론을 차용하여 과학적 인식론을 강조했지만 결국 자신의 주장 – 과학적 방법의 만능 – 을 뒷받침하지는 못했고, 이러한 점은 장쥔마이(張君勱)도 마

---

40 I. Kant, 최재희 역, 『실천이성비판』, (서울: 박영사, 2003), 197쪽. 참고로 이 책은 『실천이성비판』이라는 제목으로 출판되었지만, 내용은 『실천이성비판(*Kritik der praktischen Vernunft*)』, 『도덕철학 서론(*Grundlegung zur Metaphysik der Sitten*)』, 『철학서론(*Pro egomena zu einer jeden zukünftigen, die als Wissenschaft word auftreten können*)』과 역자의 논문인 「칸트의 순수이성비판 연구」 등으로 구성되어 있다. 칸트의 인용한 말이 나오는 곳은 「도덕철학 서론」 부분이다.

41 김수배, 「칸트의 도덕철학과 역사철학의 긴장 관계 – 자율성을 중심으로」, 『칸트 연구』 21, (서울: 한국칸트학회, 2008), 7~10쪽 참고.

찬가지였다. 장쥔마이도 딩원장이 차용하고 있는 피어슨의 경험론적 인식론을 비판하기 위하여 칸트를 인용하고 있지만, 결국 자신의 주장-가치의 개별성-을 뒷받침하지는 못하고 있다. 이러한 불완전함으로 인해 딩원장은 유물사관파의 비판을 받게 되며, 장쥔마이는 과학파나 유물사관파뿐만 아니라 형이상학파 내의 인물들에게도 비판을 받게 된다. 형이상학파 가운데 장쥔마이의 이러한 취약성을 비판하고 극복하려고한 대표적인 인물은 량치차오(梁啓超)와 판쇼우캉(范壽康)이라고 할 수 있다. 량치차오는 '가치의 개별성'을 대치하여 '감정의 신비'를 주장했고, 판쇼우캉의 경우 가치의 보편성과 객관성을 인정하면서 가치와 관련하여 주관적인 것은 '의무 의식'뿐이라고 설명했다. 따라서 다음 절은 형이상학파 량치차오와 판쇼우캉의 논의와 그에 대해 비판했던 탕위에(唐鉞) 사이의 논쟁에 대해 살펴보고, 그 의미를 고찰하기로 한다.

2. 가치의 주관성/객관성 논쟁

감정(感情, emotion)과 관련된 문제는 일반적으로 가치의 문제를 다루는 도덕철학에서 매우 중요한 의미를 가지고 있다. 후설(Edmund Husserl)이 칸트(I. Kant)의 도덕철학을 비판한 핵심이 '감정'을 배제한 순수 형식적 도덕률에 대한 것이었고[42], 20세기에 들어와 영국 철학자 에이어(A. J. Ayer)는 '도덕적 표현은 순수한 감정의 표현이므로 진위(眞僞)

42 맹주만, 「도덕적 감정-후설의 칸트 비판」, 『칸트연구』 17, (서울: 한국칸트학회, 2001) 참고.

범위밖에 있다'고 주장한 바 있다.[43] 이러한 맥락에서 감정에 대한 량치차오(梁啓超)의 주장과 탕위에(唐鉞)의 비판은, 가치의 문제를 통해 과학과 형이상학 논쟁을 다루는 데 중요한 의미가 있다고 하겠다. 최고의 가치라고 할 수 있는 사랑(愛)과 아름다움(美)이 감정에서 나오며, 이것은 순수하게 주관적이고 비과학적인 것이라는 량치차오의 주장은 객관적 사실을 통해 가치를 정립해야 한다고 주장한 과학파의 입장으로는 받아들이기 힘든 주장이었다. 이에 대해 과학파 탕위에가 어떻게 대응했고, 그 의미와 한계는 어떤 것이었는지를 살펴보는 것이 가항의 내용이다.

칸트로부터 유래한 도덕률의 선험적(선천적) 형식에 대한 논의도 과학과 형이상학 논쟁의 가치와 사실 관계 문제에서 매우 중요한 주제이다. '선험적' 이라는 말 자체가 경험으로 파악할 수 없다는 점을 함축하므로 결국 이것에 대해서는 과학방법을 적용할 수 없다는 말이 된다. 과학파는 참된 지식, 즉 과학적 지식이 철저하게 경험을 통해서 얻어진다고 주장해 왔기 때문이다. 또 그 선험적 형식이 '선(善)이라고 생각하는 것을 행하라'는 명령(의무의식)이라면 그 명령에 따를지 따르지 않을지는 자유 의지와 관련될 수 있으며, 이 자유 의지는 속성상 주관적이라는 특징을 가지게 된다. 가치(인생관)에서 주관성을 철저히 배제하겠다는 과학파의 기획은 여기에서 심각한 도전을 받게 되는 것이다. 따라서 판쇼우캉(范壽康)의 이러한 주장에 대한 즉각적인 비판이 탕위에(唐鉞)에 의해서 이루어진다. 이에 대해 논의하고 각각의 한계를 지적하는 것이 이번 논의의 주된 내용이다.

---

43 A. J. Adler, 같은 책, 128~129쪽 참고. 에이어의 정의주의(emotivism)의 특징에 대해서는 길병휘, 같은 책, 115~122쪽 참고.

가. 사랑과 아름다움의 주관성/객관성 논쟁

량치차오(梁啓超)는 과학의 한계를 지적하는 측에서 장쥔마이(張君勱) 이후 최초로 논쟁에 참여한 사람이라고 할 수 있다. 그럼에도 그는 장쥔마이의 주장에 대해 상당히 비판적인 태도를 취하고 있다. 량치차오는 장쥔마이를 비판하면서 먼저 과학과 형이상학 논쟁의 주요 개념에 대한 정의를 명확하게 해야 할 필요성에 대해 말하고, 인생, 인생관, 과학을 정의내리고 있다.[44] 특히 그가 과학에 대해 정의하는 부분은 다음과 같다.

> 경험적 사실을 근거로 분석하고 종합하여 진리에 가까운 규칙을 찾아내고, 같은 종류(同類)의 사물을 추론하는 학문을 '과학'(科學)이라고 한다.[45]

장쥔마이(張君勱)의 주장과 다르게 량치차오(梁啓超)는 과학에 대해서, 물질을 다루는 것으로 혹은 외(外)를 다루는 학문으로 좁혀서 정의내리지 않고 있다. 오히려 과학에 대해 내와 외의 경계와 상관없이 경험적 사실을 다루는 학문이라는 딩원장(丁文江) 정도의 정의를 하고 있다. 이러한 정의를 기반으로 그는 장쥔마이가 주장한 '개별적 가치'에 대해 비판한다.

장쥔마이(張君勱)는 「인생관(人生觀)」에서 과학과 인생관의 차이를 말하면서 "과학은 논리적 방법의 지배를 받지만 인생관은 직각(直覺)을 통해 생긴다."고 주장한 바 있다.[46] 량치차오(梁啓超)가 보기에 장쥔

[44] 梁啓超, 「人生觀與科學」, 『科學與人生觀』, 3쪽 참고.
[45] 위의 글, 3~4쪽.

마이의 주장은 분명히 모순적인 것이었다. 즉 인생관(가치)이 '관찰점에 따라 선(善)에 대한 의견이 다를 수 있다'[47]고 주장하면서도 인생관(가치)은 직각을 통해서 생긴다고 주장하는 것은 모순이라는 것이다.[48] 왜냐하면 경험적 사실인 '관찰' 내용에 따라 선악(善惡)의 판단이 다른 것이 인생관이라고 한다면, 경험을 초월한 직각에 의해서만 인생관이 생긴다고 주장할 수 없기 때문이다. 앞에서 본 것처럼 량치차오는 과학이 경험적 사실을 바탕으로 한다고 생각했다. '관찰'의 결과는 경험적 사실이라고 할 수 있다. 따라서 인생관이 '관찰' 결과라면 경험적 사실을 바탕으로 하는 것이며, 이미 과학의 범위 안에 존재하고 있는 것이 되고 만다. 량치차오가 보기에 장쥔마이의 이러한 모순적 주장은 가치의 객관성을 부정한 것에서 비롯되었다. 이 때문에 량치차오가 강조하는 자유의지[49]도 장쥔마이의 자유의지와는 다른 개념이 될 수밖에 없었다.

> 자유의지가 귀하다고 할 수 있는 까닭은 선(善)과 불선(不善)의 사이에서 선택하여 따를지 따르지 않을지를 스스로 결정하고 책임지는 것이기 때문이다. 이 때문에 자유의지는 이지(理智)와 상호 보완적인 것이어야 한다. 만약 장쥔마이(張君勱)처럼 객관(客觀)을 완전히 말살하고 자유의지를 말한다면, 이것은 맹목적 자유이며, 아무런 가치가 없을 것이다.[50]

---

46 張君勱, 「人生觀」, 『科學與人生觀』, 5쪽.

47 위의 글, 1쪽.

48 위의 글, 6~7쪽.

49 이 논문 II장 참고.

50 梁啓超, 같은 글, 7쪽.

량치차오(梁啓超)는 자유의지도 이지(理智)와 상호 보완적이라고 주장한다. 문맥상 이지는 객관성과 통하는 말이며, 또한 과학의 범위라고 할 수 있다. 량치차오의 이러한 태도로 볼 때 그를 형이상학파로 분류하는 것이 적절하지 않은 것처럼 보이기도 한다. 그러나 량치차오는 인생관을 통일하려는 딩원장(丁文江)의 시도에 명백히 반대하고 있으며[51], 더욱이 그가 실제로 주장하고자 했던 것은 과학의 범위를 벗어난 진정한 가치에 대한 것이었다. 그가 보기에 과학은 이지(理智, 객관) 방면의 학문이고, 이것이 삶의 가치를 실현하는 데 중요한 위치를 차지하고 있기는 하지만 그보다 훨씬 중요하고 근본적인 가치는 과학의 범위에서 벗어나 있었다.

량치차오(梁啓超)는 이지(理智)의 범위, 즉 객관성의 범위를 벗어나 있으면서도 인생 가운데 중요한 가치를 만들어 내는 것이 감정(情感)이라고 주장한다. 그리고 그 감정 가운데 과학적으로 분석할 수 없는 '신비성'(神秘性)을 띠고 있는 대표적 감정이 사랑(愛)과 아름다움(美)이라고 생각했다.[52] 이 때문에 량치차오의 감정의 주관성에 대한 과학파 탕위에(唐鉞)의 비판은 사랑과 아름다움의 신비성 비판에 초점이 맞춰지게 된다. 먼저 량치차오가 주장한 아름다움(美)의 신비성이 무엇을 의미하는지 살펴보자.

> 여러분 과학자들이 '아름다움'(美)에 대해 무슨 선(線), 무슨 빛(光), 무슨 운(韻), 무슨 조(調) 등으로 분석 연구하여, 비록 여러분의 설명이 아무리 문맥에 맞고 정밀하게 관찰한 것이라고 하더라도, 한 곳이라도 가려운 곳을 긁어줄 수 있겠는가?[53]

---

[51] 위의 글, 7~8쪽 참고.

[52] 위의 글, 8쪽.

아름다움(美)을 분석해서 설명할 수 없다는 것이 량치차오(梁啓超) 주장의 핵심이다. 즉 아름다움은 객관적인 것이 아니라 순수 주관적인 것이라는 의미가 된다. 아름다움이라는 것이 과학적 지식의 범위를 넘어선 것이라는 주장은 장쥔마이(張君勱)도 이미 딩원장(丁文江)의 과학적 인식론을 비판하면서 말했던 내용이다.[54] 이 때문에 과학파 탕위에(唐鉞)는 아름다움도 분석이 가능하며, 따라서 객관적인 과학의 범위를 벗어나지 못한다는 점을 지적해야만 했다.

> 량치차오(任公)는 선, 빛, 운, 조 등이 미감 자체와는 다르다고 생각했을 수도 있다. 이 말은 당연히 맞는 말이다. 그러나 두 개의 수소와 한 개의 산소도 물이 아니지만 일정한 조건 하에서 합쳐져 물로 변하는 것이다. 선, 빛, 운, 조 등도 미(美)는 아니지만 어떻게 조직하느냐에 따라 미(美)를 만들어 낼 수 있다. 이것은 당연히 같은 이치(道理)이다. 과학 분석의 결과가 물과, 두개의 수소 원자, 하나의 산소 원자가 같은 것이라고 말하지 않는 것처럼 당연히 미감(美感)과, 선, 빛, 운, 조 등이 같은 것이라고 말하지는 않는다.[55]

탕위에(唐鉞)에게 미감(美感)은 선, 빛, 운, 조 등으로 분석해서 설명할 수 있는 것이었다. 그는 예술 작품에서 아름다움의 구성 요소를 분석하여 아름다움에 대해 설명하는 것이 가능하다고 생각했다. 선, 빛, 운, 조 등을 구성 요소로 하는 아름다움은 마치 수소원자 둘(H_2)

---

53 梁啓超, 같은 글, 8쪽.

54 張君勱, 「再論人生觀與科學並答丁在君」, 『科學與人生觀』, 55쪽 참고.

55 唐鉞, 「一個癡人的說夢」, 『科學與人生觀』, 3쪽.

과 산소원자 하나(O)를 구성 요소로 하는 물과 같은 것이므로 과학적 분석 방법은 아름다움을 그 구성요소로 분석할 수 있다는 것이 탕위에(唐鉞)의 생각이었다. 그렇지만 수소 둘과 산소 하나를 곧바로 물이라고 할 수는 없었다. 이것은 특수한 조건에서 일종의 화학반응을 했을 때만 물이 될 수 있는 것이었다. 그렇다면 그러한 '화학반응' 자체에 신비성이 있다고 주장할 수 있는 여지가 생긴다. 이에 대해 탕위에는 다음과 같이 일축한다.

> 이러한 신비성은 무슨 특출한 것(稀罕) 것이 없으며 모두 경험으로 공유하는 것이다. 비유컨대 홍색(紅色)과 황색(黃色)을 혼합하면 등색(橙色)이 만들어 지는데, 등색은 홍색도 아니고 황색도 아니며, 홍색과 황색이 동시에 보이는 것도 아니다. 이렇게 말한다면, 등색은 '진정으로(的的確確) 신비성을 띠는 것'이 아니겠는가?[56]

탕위에(唐鉞)가 보기에 량치차오(梁啓超)가 사용한 '신비성'라는 용어는 '이해할 수 없는 성질' 또는 '분석할 수 없는 성질' 정도의 의미였다.[57] 아름다움(美)이 일면 이해할 수 없는 것처럼 또는 분석할 수 없는 것처럼 보일 수도 있다는 점을 탕위에도 인정하고 있다. 그러나 그것은 분명히 객관적인 구성 요소들의 조합이라는 원인에 의해 만

---

56 위의 글, 3~4쪽.

57 위의 글, 2쪽. 唐鉞은 신비성에 대하여 다음과 같이 규정하고 있다. "신비(神秘)에 대한 의미는 명확한 설명이 없다. 그(梁啓超: 인용자)가 다음에 설명하고 있는 것을 근거해 보면, 대체로 (甲) 분석할 수 없는 것과 (乙) 이해할 수 없는 것을 뜻하는 듯하다. 이해할 수 없는 것은 분석할 수 없기 때문이다. 만약 분석할 수 있다면, 이해할 수 있게 된다."

들어진 결과물이며, 그 결과물로서의 아름다움(美)은 그 구성요소라는 원인으로 분석할 수 있다는 것이 탕위에의 주장이다. 이러한 사례는 물(H_2O)의 사례뿐만 아니라 미술작품에 쓰이는 색의 혼합에서도 얼마든지 일상적으로 경험할 수 있는 것이었다. 탕위에가 사례로 제시한 물 또는 혼합된 색의 특징은 구성요소들이 결합하여 완전히 다른 성질의 모습이 관찰되는 것이라고 할 수 있다. 그렇다면 구성요소와 완전히 다른 성질의 모습 그 자체, 즉 아름다움(美) 자체가 그 구성요소와 완전히 다른 성질로 경험되는 것을 신비성이라고 볼 수 있는 여지가 생긴다. 이에 대해 탕위에는 더 이상 분석할 수 없는 '소여성'(所與性, Givenness)이라는 개념을 동원해 반박하고 있다.

> 그 분석할 수 없는 부분은 다만 아름다움(美)의 직접 경험적 성질일 뿐이다. 이것은 과학의 출발점(起點)이며, 또한 이지(理智) 사항은 모두 이렇게 분석할 수 없는 출발점을 가지고 있다. 이러한 출발점은 소위 '소여성'(所與性, Givenness)이다. '소여성' 자체는 분석할 수 없을 뿐만 아니라, 분석할 필요도 없다. 우리들이 분석해야 할 것은 하나의 '소여'(所與, Datum)와 다른 '소여'의 관계이며, 어떤 다른 '소여'가 있어야 일정한 '소여'가 발생하게 되는지에 관한 것뿐이다. '소여' 자체를 분석하려 하는 것은, 무의미한 문제이다.[58]

탕위에(唐鉞)가 말하고 있는 '소여성'은 직접 경험을 통해 인식하는 대상의 성질이라고 할 수 있다. 그가 보기에 아름다움이라는 성질은 그 자체로는 '소여'(所與)라고 할 수 있다. 그 직접 경험한 성질(美) 자

---

58 위의 글, 5~6쪽.

체를 분석한다는 것은 의미가 없다. 또 그 구성 요소라고 할 수 있는 선, 빛, 운, 조 등도 자체로 소여라고 할 수 있다. 그러한 아름다움이라는 소여와 선, 빛, 운, 조 등의 소여들이 어떤 인과 관계를 가지고 있는가가 분석의 대상이지, 아름다움 자체의 성질이나 선, 빛, 운, 조 등의 자체 성질은 분석의 대상이 아니라는 말이다.

그가 말하는 과학의 소여성은 감각적 인식이라고 할 수 있다. 즉 감각할 수 있는 객관적 사물에 대한 학문이 과학이라고 할 수 있다. 그러한 과학의 기본은 감각 경험이었다. 이는 딩원장(丁文江)의 인식론과 궤를 같이 하는 내용이다. 위에서 탕위에(唐鉞)가 말하고 있는 아름다움을 느끼는 것 자체는 그러한 감각 경험이라고 할 수 있다. 탕위에는 객관적인 사물을 인식할 때 나타나는 감각이나, 아름다운 대상을 보고 느낄 때 나타나는 감정이나 다를 것이 없다고 생각한 것이다. 탕위에가 보기에 하얀색을 보고 하얀색이라고 인식하는 것과, 아름다운 것을 보고 아름답다고 느끼는 것은 다를 것이 없었다. 그 '느낌' 자체는 감각적 경험이며 자체로 소여(所與)라고 할 수 있고 이것의 원인이 되는 선, 빛, 운, 조라는 소여와의 관계는 분명 분석할 수 있는 것이었다. 이 때문에 그는 앞에서 아름다움을 분석할 수 있다고 했으면서도, 이곳에서 아름다움을 느끼는 것(직접 경험) 자체는 분석할 수 없다고 말한 것이다. 탕위에에 의하면 과학은 이 소여성을 기반으로 성립된 학문이다. 따라서 아름다움(美)라는 감정도 당연히 과학의 대상 안에 속하게 된다.

이러한 탕위에(唐鉞)의 태도는 량치차오(梁啓超)가 주장한 사랑(愛)이라는 감정에 대해서도 일관되게 유지된다. 량치차오는 사랑을 말하면서 남녀 간의 사랑, 남녀를 넘어선 사랑, 종교적 성인의 사랑 등을 언급한다.[59] 특히 최고의 사랑이라고 할 수 있는 종교적 성인(聖人)의 사랑에 대해서 다음과 같이 말하고 있다.

> 그들(공자, 묵자, 석가, 예수: 인용자)의 중생(衆生)에 대한 사랑은 연인의 애인에 대한 사랑과 같은 성질의 것으로, 우리들이 무슨 경험이나 무슨 모범(軌範)으로 그가 그렇게 한 이유에 대해 추산(測算)하는 것은 진정 미친 사람이 꿈 얘기를 하는 것이다(癡人說夢). 신앙하는 종교에 대해서건, 숭배하는 사람이나 주의(主義)에 대해서건 개인의 열광적인 정서(狂熱情緒)는 방관자가 보기에 많은 부분이 이해할 수도 없을 뿐만 아니라 설명할 수도 없는 것이다. 그러나 인류의 살아 움직이는 역사(活歷史)는 열 중 아홉이 이러한 신비 가운데 창조된 것이다.[60]

량치차오(梁啓超)는 종교적 성인들의 자기희생에 대해 결코 객관적 기준(경험, 이유)의 잣대를 들이댈 수 없다고 생각했다. 만약 그렇게 한다면 '미친 사람이 꿈 얘기를 하는 것'(癡人說夢)과 같다. 탕위에(唐鉞)가 량치차오를 반박하는 글 제목을 「한 미친 사람의 꿈 이야기'(一個癡人的說夢)」로 정한 이유도 여기에 있었다. 량치차오의 이러한 주장에 대한 탕위에의 비판은 두 가지로 이루어진다. 위대한 인물의 신비화는 후대사람들의 이상화(理想化)에 의한 것일 뿐이라는 점[61]과, 역사적으로 열정이 반드시 옳은 방향으로 전개된 것은 아니라는 점이다.[62]

59 梁啓超, 같은 글, 8~9쪽

60 위의 글, 9쪽.

61 唐鉞, 같은 글, 8쪽.

62 위의 글, 9쪽.

근본적으로 사랑이라는 느낌 자체는 아름다움이라는 느낌 자체처럼 '소여'이며 분석할 필요가 없다는 것이 탕위에(唐鉞)의 생각이었다.[63] 따라서 탕위에가 보기에 사랑 자체는 일정한 가치라고 할 수 없었으며 오히려 사실이라고 할 수 있었다. 사랑이라는 감정 자체가 아름다움처럼 이미 일반적인 감각적 인식과 다를 것이 없는 소여이므로 그 자체로는 좋은 것도 나쁜 것도 아니라고 탕위에는 말한다.

> 실제로 사랑(愛)은 불(火)과 별로 차이가 없다. 그 본바탕(本體)은 좋고 나쁨이 없으나, 그 결과는 좋은 것일 수도 있고, 나쁜 것일 수도 있다. 그것이 이지(理知)의 지배를 받는 정도가 크면 클수록, 그 결과도 더욱 좋게 된다. 반대라면, 그 결과도 그만큼 나쁘게 될 뿐이다.[64]

탕위에(唐鉞)는 감정 자체가 객관적인 것이라고 생각하고 있다. 탕위에가 량치차오(梁啓超)의 주장에 대한 종합적인 의견을 표출하는 부분인 다음을 보면 이는 더욱 명확해진다.

> 감정(情感)과 관련된 사항도 우리의 지식이 미치는 것이므로 최대한 과학방법을 사용하여 해결하는 것이다. 감정적 사항의 '초과학'(超科學)적 측면은 단지 '소여성'(所與性)이며, 이것은 이지 사항일 뿐만 아니라 기타 모든 것에도 공통적으로 경험할 수 있는 것이며, 이것은 과학의 출발점이기도 하다. 우리가 그것을 '신비(神秘)'라고 부른다고 안 될 것은 없지만, 그러한 '신비'는

63 위의 글, 10쪽.

64 위의 글, 9쪽.

'평상'(平常)의 의미와 다를 것이 없다.[65]

앞서도 살펴본 것처럼 탕위에(唐鉞)는 아름다움(美)과 사랑(愛)이라는 경험적 느낌 그 자체가 소여라고 봤다. 이는 마치 흰색을 흰색으로 인식하는 감각 경험과 다를 것이 없다는 논리였다. 그의 이러한 말로 보면, 감정 자체는 감각적 인식과 다를 것이 없다. 즉 감정이 객관적이라는 주장이다. 이러한 주장에는 위에서 볼 수 있는 것처럼 모든 사람이 공통적으로 경험할 수 있는 똑같은 느낌이 감정이라는 전제가 깔려 있다.

여기에서 주의할 것은 일반적으로 철학에서 감정은 주관적인 것으로 생각해 왔다는 점이다. 탕위에(唐鉞)의 말처럼 감정이 객관적인 것일 수 있는지는 의문이 될 수 있겠다. 동일한 대상에 대해 개개인이 느끼는 감정은 다를 수 있기 때문이다. 탕위에의 주장은 자신이 이미 한 말에 의해서도 반박되는 듯하다. 즉 그는 '개인의 기질이나 과거 경험과 현실에 따라' 사랑하는 대상이 다를 수 있다는 점을 지적한 바 있다.[66] 그도 개인마다 일정한 대상에 대한 사랑의 감정이 다르다는 점을 인식하고 있다. 그러나 탕위에의 주장을 간단하게 부정할 수 있는 것은 아닌 듯하다. 왜냐하면 탕위에가 객관적이라고 주장하는 것은 일정한 대상에 대한 감정이 아니라 감정 경험, 그 자체였기 때문이다. 즉 사랑한다고 느끼는 감정, 아름답다고 느끼는 감정에 있어서 사람마다 그 대상은 다를 수 있지만 그 특정한 감정 자체가 사람마다 다르다고 할 수는 없기 때문이다.[67]

---

65 위의 글, 10쪽.

66 위의 글, 6쪽 참고.

이러한 특징으로 볼 때, 영미철학의 사실-가치 논의에서 감정에 대한 태도와 과학과 형이상학 논쟁에서 감정에 대한 태도는 다른 것이었다. 과학과 감정에 관하여 논의한 대표적인 학자는 에이어(A. J. Ayer)라고 할 수 있다.[68] 에이어는 도덕적 가치에 대한 진술이 과학적인 것이 될 수 없다고 하면서 "가치에 관한 진술들이 과학적인 것이 되지 못하는 한 그것들은 문자적으로 의미를 지니지 않으며 참도 거짓도 될 수 없는 감정의 표현에 불과하다"고 주장한 바 있다.[69] 에이어는 기본적으로 윤리학이 감정을 표현하는 가치어로 되어 있기 때문에 비인지적인 것이라고 생각했다.[70] 이는 "순수한 감정의 표현은 참과 거짓의 범주에 들지 않기 때문"이며 따라서 과학의 대상이 될 수 없다는 생각이었다.[71] 똑같이 과학을 중시하는 입장에서 과학과 감정의 관계를 다루는 에이어와 탕위에는 정반대의 입장에서 말하고 있는 것이다.

에이어는 명확하게 감정을 주관적인 것이라고 생각했다. 이 때문에 감정은 과학의 대상이 될 수 없다는 것이다. 이와 다르게 탕위에는 감정에 대한 느낌이 사실에 대한 인식과 다를 것이 없다고 생각했다. 이 때문에 감정 자체가 과학의 대상이 될 수 있다고 주장한 것이다.

---

67 이러한 논의는 호르몬과 감정의 작용을 연상하면 더욱 뚜렷해진다. 일정한 감정이 일정한 호르몬의 영향을 받는 것이라면, 특정한 감정에 대한 느낌은 사람마다 다른 것이 아닐 수 있다. 물론 唐鉞은 호르몬에 대해 인지하고 있지 못했겠지만, 현재의 입장에서도 唐鉞의 논의가 완전히 부정될 수 있는 것은 아니다.

68 길병휘, 같은 책, 115쪽 참고. 또 M. J. Adler, 같은 책, 128쪽 참고.

69 A. J. Ayer, *Language, Truth and Logic*, (Middlesex: Penguin Books, 1936), 136쪽. 길병휘, 같은 책, 115쪽.

70 M. J. Adler, 같은 책, 128~129쪽 참고.

71 A. J. Ayer, 같은 책, 144쪽.

감정이 객관적인 것인지, 혹은 과학의 대상이 될 수 있는지에 대한 논의는 아직도 진행되고 있다.[72] 그러므로 누가 옳은지를 말하는 것은 별다른 의미가 없을 것이다. 다만 에이어나 탕위에가 모두 감각적 경험이 지식의 근원이라고 생각한 경험론자였음에도 불구하고 감정에 대한 태도가 완전히 달랐다는 점은 지적하고 넘어가야 할 것이다.

과학과 형이상학 논쟁에서 과학파는 과학의 한계를 지적하는 형이상학파의 공격에 대응하는 것이 우선적인 목표였다. 따라서 탕위에(唐鉞)의 논의는 과학이 적용될 수 없는 분야에 감정이 있다고 주장하는 량치차오(梁啓超)를 반박하기 위해 감정에 대한 과학의 적용 가능성을 주장해야 했다. 이 때문에 감정을 객관적인 사실이라고 주장하고 있다. 이러한 입장은 서양과 다른 맥락에서 과학을 볼 수밖에 없었던 중국의 시대적 특수성에서 비롯된 것이다. 애초에 장쥔마이(張君勱)와 딩원장(丁文江)의 논쟁이 이미 서양의 가치-사실 논의와 다른 맥락에서 시작된 논쟁이었기 때문에 발생한 차이였던 것이다.[73]

과학과 형이상학 논쟁에서 량치차오(梁啓超)는 앞서 살펴본 것처럼 장쥔마이(張君勱)에 비해 상당히 후퇴한 주장을 하고 있다. 그럼에도 과학파 탕위에(唐鉞)에 의해 비판이 이루어졌다는 점은 중요하다. 또 탕위에의 비판에 대해 과학파가 아닌 형이상학파 판쇼우캉(范壽康)이

---

72 천현득, 「감정은 자연종인가? – 감정의 자연종 지위 논쟁과 감정 제거주의」, 『철학사상』 21, (서울: 서울대학교 철학사상연구소, 2008), 318쪽 참고.

73 이 논문 II장 참고. 한편 에이어의 주장과 梁啓超의 주장은 모두 감정이 과학(사실)의 범위에 속하지 않는다고 주장한다. 그러나 양자 사이에도 확연한 구분점이 있다. 에이어는 '사실'로부터 '가치'를 제거하기 위한 시도를 하고 있다면, 梁啓超는 '가치'로부터 '사실'을 제거하기 위한 시도를 하고 있었다. 이 또한 과학과 형이상학 논쟁의 출발점이 특수하게 전개되었기 때문이라고 할 수 있겠다.

동의하고 있다는 점도 매우 중요하다. 왜냐하면 이 두 가지 점으로 미루어 볼 때 형이상학파는 '가치의 개별성'에 대한 장쥔마이(張君勱)의 주장을 초기부터 상당 정도 후퇴시키고, 결국은 그 후퇴한 주장마저 부정하게 되었다는 점을 알 수 있기 때문이다. 특히 형이상학파 판쇼우캉은 감정과 관련하여 초과학적('신비한' 혹은 주관적)이라고 했던 량치차오의 주장에 대해 '현대 심리학에 의해 감정이 분석되고 있고 심리학은 분명 과학'이라고 지적하면서 '탕위에의 비판에 량치차오가 대답할 수 있는 말이 한마디도 없었다'고 평가한다.[74] 형이상학파 내에서 이러한 주장이 나온 것으로 볼 때, 결과적으로 과학과 형이상학 논쟁 가운데 사랑과 아름다움의 주관성/객관성 논쟁은 감정이 객관적이라는 결론으로 정리되었다고 평가할 수 있겠다.

나. 윤리규범의 주관성/객관성 논쟁

이 책의 III장에서 판쇼우캉(范壽康)의 기본적인 주장에 대해서는 이미 논의한 바 있다. 따라서 이번 항에서는 탕위에(唐鉞) 등 과학파에 대한 판쇼우캉의 비판과 이에 대한 탕위에의 반박에 대해서만 다루고자 한다.

앞에서도 잠깐 살펴본 것처럼 판쇼우캉(范壽康)은 형이상학파이면서도 량치차오(梁啓超)에 대해 비판하고 있다. 주요 비판 지점은 량치차오가 가치를 만들어 내는 가장 중요한 것이 감정이고, 이 감정 부분이 주관적인 것임을 강조하고 있지만 판쇼우캉이 보기에 현대 심

74 范壽康, 「評所謂科學與玄學之爭」.『科學與人生觀』, 19쪽. 형이상학파인 范壽康은 같은 곳에서 감정이 아니라 자유의지와 의무의식이 초과학적이라고 지적한다.

리학에서 이미 감정을 대상으로 여러 분석이 이루어지고 있다는 내용이었다. 그럼에도 판쇼우캉도 가치를 만들어 내는 가장 중요한 부분을 과학으로는 설명, 또는 분석할 수 없다고 생각했다. 즉 판쇼우캉은 기본적으로 윤리학에서 과학의 범위에 속하지 않는 순수 주관적인 것이 있고 이것이 가장 중요하다고 역설하고 있다. 윤리규범의 '선천적 형식', 즉 의무의식이 바로 그것이었다.

판쇼우캉(范壽康)에 의하면 모든 윤리규범은 인생관이다.[75] 또 윤리규범은 선천적 형식과 후천적 내용으로 나눌 수 있다.[76] 윤리규범의 선천적 형식은 '스스로 선(善)이라고 생각하는 것을 행해야 한다'라는 의무의식을 말하는 것이었고, 후천적 내용은 '무엇이 선인가'에 대한 대답으로 규범의 구체적인 내용을 의미하는 것이었다.[77] 전자는 순수하게 주관적이며, 후자는 객관적인 성질을 띠고 있다. 따라서 전자는 과학의 대상이 아니라 직각을 통해서 알 수 있는 것이고 후자는 과학의 대상이 된다.[78] 이러한 자신의 주장을 전제로 판쇼우캉은 과학파인 딩원장(丁文江), 왕싱공(王星拱), 탕위에(唐鉞) 등에 대해 다음과 같이 비판한다.

> 딩원장(丁文江), 왕싱공(王星拱), 탕위에(唐鉞) 등 협의의 과학을 연구하는 사람들은 과학(협의)과 인생관이 완전한 상관관계가 있다고 주장하는 경향이 있는 것 같다. 바꿔 말하면, 그들은 인생관의 해결은 전부 협의의 과학에 의한 것이며, 협의의 과학은 인생

75 范壽康, 「評所謂'科學與玄學之爭'」, 『科學與人生觀』, 14쪽 참고.

76 위의 글, 17쪽 참고.

77 위의 글, 15~16쪽 참고.

78 위의 글, 16쪽~17쪽 참고.

관의 전부를 충분히 해결할 수 있다고 생각한다. 결국, 그들은 인류의 의지가 전부 인과율(협의)의 지배를 받는다고 인정하고, 그들은 인류를 기계와 똑같이 보며, 그들은 자유와 도덕을 부인한다.[79]

의무의식은 개인이 선을 행하려는 '의지'를 수반하는 것이며 이 의지는 자유로워야 한다는 것이 판쇼우캉(范壽康)의 주장이다. 그래야 도덕적 행위에 대한 개인의 책임 문제를 논의할 수 있게 된다는 것이다.

왕싱공(王星拱)는 이미 (사회현상에) 참여의 원동력 – 의지(意志) – 이 전부 인과율의 지배를 받는다고 생각하고 있다. 그렇다면 이른바 참여는 기껏해야 필연적 참여일 뿐인데, 우리들은 이러한 필연적 참여에 대해 무슨 책임을 말할 수 있겠는가?[80]

그런데 과학파의 기본적인 입장은 의지도 인과율의 지배를 받는다는 것이었다. 당연히 판쇼우캉(范壽康)에게 과학파의 주장은 의지의 자유를 부정하고 있는 것처럼 보였다. 이는 결국 도덕 자체를 부정하는 것이나 마찬가지였다.

이에 대한 탕위에(唐鉞)의 비판은 먼저 윤리규범의 선천적 형식, 즉 의무의식이 순수하게 주관적인 것이 아니라는 점부터 시작한다. 탕위에에 의하면 의무의식도 직접경험의 일종일 뿐이었다.[81] 직각이라는 것도 이미 과학에서 '소여성'으로 인정하고 있으며, 의무의식을

79 위의 글, 14쪽.

80 위의 글, 8쪽.

81 唐鉞, 「讀了'評所謂科學與玄學之爭'以後」, 『科學與人生觀』, 4쪽 참고.

느끼는 것도 백색을 백색으로 느끼는 것과 다를 바가 없기 때문이었다.[82] 의무의식을 느끼는 것 자체가 객관적인 현상일 뿐이라는 것이 탕위에의 주장이었다. 게다가 그가 생각하기에 윤리규범의 문제에서 핵심은 '무엇이 선인가'의 문제이지 의무의식의 문제는 아니었다.

> 판쇼우캉(范壽康) 선생의 이른바 '의무의식'은 단지 '당신이 스스로 선한 행위라고 인정하는 것을 행하라'는 것이다. (…) '선'(善)의 의미는 '당연히 해야 할 일'(應當做的)이다. 그러므로 의무의식은 '당신이 스스로 당연히 해야 할 행위라고 인정하는 것을 행하라'는 의미이다. 이 말은 실제로는 아무런 효력을 발생시킬 수 없다. 왜냐하면 우리가 해결해야 할 것은 당신이 스스로 당연히 해야 할 일이라고 인정하는 것이, 당신이 당연히 해야 할 일인지 아닌지를 가려내는 것이기 때문이다. 이 문제는 오직 과학이 해결할 수 있으며, 직각으로는 해결이 불가능한 문제이다.[83]

인생관, 즉 윤리규범의 문제에서 의무의식이 선한 행위를 행해야 한다는 의식이라면, 무엇이 선한 행위인지가 결정적인 문제라는 것이다. 왜냐하면 '선'이라는 말 자체에 이미 행해야 할 일이라는 의미가 담겨있기 때문이다. 행해야할 일을 행해야 한다는 의무의식은 결국 '행해야할 일'이 무엇인지를 밝히는 것이 핵심이지 '행해야 한다'는 의무가 핵심은 아니라는 의미이다. 그런데 '행해야할 일'이 무엇인지를 밝히는 문제, 즉 윤리규범의 내용에 대해서는 판쇼우캉(范壽康)도 직관이 아니라 과학의 연구방법을 동원해야 한다고 명확히 밝

82 위의 글, 5쪽 참고.

83 위의 글, 5~6쪽.

히고 있었다.[84] 따라서 탕위에(唐鉞)는 윤리규범의 문제도 당연히 '행해야 할 일'이 무엇인지를 객관적으로 밝힐 수 있는 과학의 연구방법을 통해 탐구해야 할 대상이라고 주장하고 있다.

윤리규범이 객관적인 것이라고 주장할 경우, 탕위에(唐鉞)는 해결해야 할 문제가 있었다. 과학파는 기본적으로 객관적인 문제에 대해 인과율이 지배하고 있다고 생각했다. 윤리규범 문제에 인과율이 적용된다면 일정한 행위를 한 사람은 일정한 원인-결과의 원리에 의해 그러한 행위를 한 것이므로 그 행위에 대한 책임은 그 사람에게 있지 않게 된다. 이것이 적용된다면 윤리적으로 비난받을 만한 행위를 한 사람도 그 책임이 그 사람에게 있는 것이 아니라는 말이 되고 만다. 앞에서 살펴본 판쇼우캉(范壽康)의 과학파 비판의 근거도 여기에 있었던 것이다. 결국 개인이 인과율의 지배를 받지 않고 결정할 수 있는 '자유로운 의지'를 상정하지 않는다면 행위에 대한 윤리적 책임 문제는 애초에 발생할 수 없는 것이 되고 만다. 이에 대한 탕위에의 대응을 보자.

> 우리가 개인이 책임져야 한다고 일컬을 경우, 우리가 그의 행위의 나쁜 결과(惡果)로 인하여 그에 상당한 형벌을 가할 수 있다는 것을 말할 뿐이다. 이러한 형벌의 목적은 바로 그 원인들을 치료(對治)하려는 것이다. 의지의 이런 원인이 그 사람의 신상(身上)에 있기 때문에, 형벌도 그 사람의 신상에 부과하여, 이런 원인을 감소시키거나 그 사람이 나쁜 짓을 하지 못하도록 방지할 수

---

84 范壽康, 같은 글, 17쪽. 이곳에서 范壽康은 다음과 같이 "(윤리규범의: 인용자) 내용의 법칙을 연구하려면 과학의 연구방법을 채용할 수밖에 없다."고 명확하게 밝히고 있다.

있다고 기대하는 것이다.[85]

탕위에(唐鉞)의 말을 보더라도 이 문제는 해결되지 않는다. 위의 언급을 보면 나쁜 일을 저지른 사람이 있을 때 '의지의 원인이 그 사람의 신상'에 있을 경우 그 사람에게 책임을 지게 한다고 말하고 있다. 또 그렇게 함으로써 예방이 가능하다고도 말하고 있다. 어떤 나쁜 행위를 한 사람의 의지가 그 행위를 할 수도 안할 수도 있는 상태에 있었다는 점을 가정하고 있는 것이다. 즉 이 말은 '의지의 자유'를 가정하고 있지 않으면 안 된다. 이 때문에 탕위에도 결국 의지의 자유를 인정한다고 말 할 수밖에 없었다.

탕위에(唐鉞)는 의지의 자유가 심리적인 것과 형이상학적인 것이 있으며, 그 가운데 자신이 인정하는 것은 심리적인 것이라고 말하고 있다.[86] 여기에서 심리적인 의지의 자유는 '자기의 의지로 결심하고 행동하는 능력(선택의 자유)'이며, 형이상학적 의지의 자유는 '의지 자체에는 아무런 원인이 없다'는 의미라고 한다.[87] 이러한 탕위에의 설명에도 불구하고 판쇼우캉(范壽康)의 논의를 무력화시키지는 못하고 있는 것으로 보인다. 왜냐하면, 판쇼우캉이 말하는 의지의 자유도 의무의식을 따를지, 따르지 않을지 스스로 결심하고 행동하는 능력을 전제로 하고 있기 때문이다.

결과적으로 탕위에(唐鉞)는 윤리규범의 문제가 객관적인 문제임을 주장했지만 의지의 자유를 부정하는 것에까지는 이르지 못했다. 판

---

85 唐鉞, 같은 글, 8쪽.

86 위의 글, 7~8쪽 참고.

87 위의 글, 같은 곳 참고.

쇼우캉(范壽康)도 윤리규범의 문제가 의무의식(형식)을 제외하고 나머지(내용)는 모두 객관적인 문제임을 인정하고 있었다. 여기에서 주관적 의무의식은 도덕적 책임 문제와 의지의 자유 문제를 수반하는 핵심 개념이었다. 그럼에도 탕위에는 의지의 자유 문제와 도덕적 책임 문제에 대해 판쇼우캉의 주장을 부정하지 못했다. 앞서 살펴본 사랑과 아름다움의 주관성/객관성 문제가 감정의 객관성으로 정리되었다면, 윤리규범의 주관성/객관성 문제는 도덕적 책임 문제와 의지의 자유 문제를 남겨두게 되었다. 이 때문에 탕위에와 판쇼우캉의 논쟁은 과학과 형이상학 논쟁 이후 '인과율과 자유 논쟁'으로 한 차례 더 진행되었다.[88]

탕위에(唐鉞)의 문제 제기 가운데 주목해야 할 것은 윤리규범의 문제 가운데 내용의 문제가 핵심이지, 형식의 문제가 핵심이 아니라는 점이다. 이 점은 유물사관파 천두슈(陳獨秀)에 의해 좀 더 강화된 형태로 나타난다. 천두슈는 다음처럼 윤리 문제에서 자유의지와 책임의 문제가 부차적인 문제에 불과함을 이끌어 낼 수 있었다.

> 무슨 선천적 형식, 무슨 양심, 무슨 직각, 무슨 자유의지 등은 모두 생활상황이 다른 각 시대, 각 민족의 사회적 암시(暗示)에 의해 주조(鑄造)되어 성립된 것이다. 즉 어떤 사람이 인도 브라만(Brahman) 집안에 태어났다면 자연히 살인(殺人)을 원하지 않을 것이며, 그가 만약 아프리카 추장 집안에 태어났다면, 자연히 많이 죽인 것을 최고의 영예로 생각할 것이다. … 유럽과 미국의 부녀

88 唐鉞은 1924년 9월 5일자 『太平洋』에 「機械與人生」를 싣고 자신의 주장을 이어가며, 范壽康은 1925년 1월 13일자 『學藝雜誌』에 「意志自由與道德」을 게재하고 자신의 주장을 이어간다. 이후 두 사람은 『現代評論』이라는 잡지에서 '인과율과 자유'에 관해 논쟁을 진행한다.

자(婦女)는 항상 사람이 많은 장소에서 친한 사람과 입 맞추지만 다른 사람의 첩(妾)이 되는 것을 매우 치욕스럽게 생각한다. 중국의 부녀자는 귀인(貴人)의 첩(妾)이 되는 것을 영예로 생각하지만 여러 사람 앞에서 입 맞추는 것은 비록 창기(娼妓)라도 수치스럽게 여긴다. 이렇게 볼 때, 세계에 진정 무슨 양심이 있으며, 무슨 직각, 무슨 자유의지가 있겠는가![89]

천두슈(陳獨秀)가 말하고 있는 핵심은 각 시대 각 민족마다 객관적인 사회 조건이 다르며, 이 객관적인 사회 조건에 따라 선과 악의 기준이 다르다는 것이다. 이렇게 선과 악이 객관적인 조건에 의해 규정된다고 할 때, 그 안에서 의무의식이라는 것은 무력할 수밖에 없다. 왜냐하면 객관적으로 선과 악이 결정되면 객관적인 선을 따르려는 의무의식이나 그에 수반되는 의지의 자유 문제는 후차적인 문제가 되어버리기 때문이다. 천두슈가 말하는 사회적 선과 악을 결정하는 객관적 사회 조건의 핵심은 경제관계였다. 이 점은 유물사관파와 과학파를 명확하게 나눌 수 있는 경계였다. 이 때문에 과학과 형이상학 논쟁을 정리해서 출판한 『과학과 인생관(科學與人生觀)』의 서문에서 과학파 후스(胡適)와 유물사관파 천두슈가 서로 다른 견해를 피력하며 논쟁하게 된다. 다음 절에서는 과학파 후스와 유물사관파 천두슈의 논쟁을 통해 과학파와 유물사관파의 근본적인 차이점에 대해 논의하려고 한다. 아울러 과학과 형이상학 논쟁을 바라보는 유물사관파와 과학파의 입장 차이에 대해서도 살펴보게 될 것이다.

---

89 陳獨秀, 「科學與人生觀序」, 『科學與人生觀』, 9~10쪽.

3. 과학파와 유물사관파 사이의 논쟁

1923년 말 당시에 이 논쟁을 정리해서 엮은 『과학과 인생관(科學與人生觀)』 자료집의 전체 서문을 맡게 된 인물이 후스(胡適)와 천두슈(陳獨秀)였다. 이들은 과학과 형이상학 논쟁 전체를 관통하는 문제가 무엇인지를 각자 다르게 말하고 있으며, 유물사관에 대해서도 논쟁하고 있다. 과학파를 대표하는 후스는 과학파의 입장을 대변해서, 유물사관파를 대표하는 천두슈는 유물사관파의 입장을 대변해서 서문을 썼고, 이에 따른 입장 차이로 인해 논쟁을 진행하고 있다. 과학과 형이상학 논쟁에서 똑같이 과학을 중시했던 과학파와 유물사관파가 구체적으로 어떤 면에서 차이를 보이고 있는지를 알 수 있는 중요한 논쟁이라고 할 수 있다.

구체적으로 보면, 천두슈(陳獨秀)는 야동투슈관(亞東圖書館)의 요청에 의해 1923년 11월 13일에 「과학과 인생관 서문(科學與人生觀序)」를 썼다. 이곳에서 유물사관으로 논쟁을 정리하면서 딩원장(丁文江)이나 후스(胡適) 등 과학파에게 유물사관을 받아들일 것을 제안한다. 11월 29일에 후스도 「과학과 인생관 서문(科學與人生觀序)」를 썼다. 이곳에서 그는 과학파의 입장으로 이 논쟁을 정리하고 있다. 아울러 이글의 부주(附註)인 「천두슈 선생에게 하는 답변(答陳獨秀先生)」을 통해 천두슈의 유물사관에 대해 비판하고 있다. 이에 천두슈도 후스의 비판에 대해 재비판하는 글 「후스에게 하는 답변(答適之)」을 같은 해 12월 9일에 작성했다. 두 사람 사이의 논쟁은 과학과 형이상학 논쟁을 정리하는 기능을 하였으며, 이 논쟁에서 과학파와 유물사관파의 차이점을 명확하게 드러내는 역할을 수행했다.

가. 사회의 변동과 사회적 가치를 결정하는 객관적 원인

과학파나 유물사관파나 모두 인생관(가치)에 객관적 원인이 있다고 생각했다. 그러나 그 원인이 무엇인가에 대해서는 의견이 달랐다. 과학파는 '객관적' 원인이 있다는 것을 강조했고, 유물사관파는 '객관적 물질' 원인이 있다는 점을 강조했다. 이러한 차이점은 후스(胡適)와 천두슈(陳獨秀)의 논쟁 내용을 보면 명확하게 드러난다.

천두슈(陳獨秀)는 서문에서 형이상학파와 과학파를 함께 비판한다. 그는 형이상학파 장쥔마이(張君勱)와 량치차오(梁啓超), 판쇼우캉(范壽康)을 비판하는 것에 끝나지 않고, 이들과 논쟁한 딩원장(丁文江)과 탕위에(唐鉞)에 대해서도 함께 비판한다.[90] 그러면서 과학파의 대표 주자라고 할 수 있는 딩원장과 후스에 대해 다음과 같이 제안하고 있다.

> 우리는 객관적 물질 원인만이 사회를 변동시킬 수 있고, 역사를 해석할 수 있으며, 인생관을 지배할 수 있다고 믿는다. 이것이 '유물사관'(唯物的歷史觀)이다. 우리는 현재 딩원장(丁在君) 선생과 후스(胡適) 선생에게 다음과 같이 묻고자 한다. '유물사관'이 완전한 진리임을 믿을 것인가? 아니면 유물(唯物) 이외에 장쥔마이(張君勱) 같은 사람들이 주장하는 유심관(唯心觀)도 과학을 초월하여 존재할 수 있다고 믿을 것인가?[91]

후스(胡適)는 이에 대해 유물사관이 여러 가지 역사관 가운데 하나에 불과하다고 반박한다. 이러한 역사관으로는 인생관의 전부를 설명

---

90 陳獨秀, 「科學與人生觀序」, 『科學與人生觀』, 5~11쪽 참고.

91 위의 글, 11쪽.

할 수 없다는 것이다.[92] 그는 과학파와 유물사관파의 핵심적인 차이점이 '객관적인 물질 원인'이라는 말의 해석에 달려있다고 생각했다.

> 우리가 유물사관을 믿고 안 믿고는 전적으로 '객관적 물질원인'이라는 명사를 어떻게 설명하느냐에 달려있다. 이러한 점에 관해, 나는 천두슈(獨秀) 스스로도 완전히 명백하게 설명하지 못하고 있다고 생각한다. 천두슈(獨秀)는 서(序)에서 '심리는 물질의 표현이다'라고 말하고 있다.(서문 10쪽) 그렇다면 '객관적 물질원인'은 당연히 모든 '심리적'(心的) 원인(즉 지식, 사상, 언론, 교육 등의 일)을 포괄할 것이다.[93]

후스(胡適)는 유물사관에서 말하는 '객관적 물질 원인'에 대해 심리적 원인(心的原因)을 포함한 객관적 원인 전체라고 해석하고 있다. '물질의 표현이 심리'라면 물질과 심리는 다른 것이 아니다. 그렇다면 물질적 원인이라는 말은 결국 심리적 원인이라는 말과도 통하게 된다는 것이 후스의 생각이었다. 따라서 이 원인에 대해 '물질' 또는 '경제'라고 한정해서 설명하는 유물사관은 앞뒤가 맞지 않는 주장을 하고 있다고 그는 생각했다. 이러한 생각으로 후스는 유물사관 또는 '경제사관'만으로는 "기껏해야 대부분의 문제를 해석할 수 있을 뿐"이지 "사회를 변동시키고, 역사를 해석하고, 인생관을 지배"할 수 있는 것이 아니라고 말하고 있다.[94] 후스가 보기에 이러한 유물사관의 '취약점'으로 인해 유물사관의 이론과 그것을 믿는 사람들의 행동은

---

92 胡適, 「答陳獨秀先生」, 『科學與人生觀』, 30쪽.

93 위의 글, 30~31쪽.

94 위의 글, 32쪽.

모순적일 수밖에 없었다.

> 실제로 천두슈(獨秀)도 '경제사관이 기껏해야 대부분의 문제를 해석할 수 있을 뿐임'을 인정하고 있다. 그가 만약 사상, 지식, 언론, 교육도 '사회를 변동시키고, 역사를 해석하며, 인생관을 지배'할 수 있다는 점을 믿지 않는다면, 그는 경제구조의 변경이 완성되는 것을 완전히 손 놓고 앉아서 기다리기만 하면 되는데, 왜 꼭 고통스럽게 선전 사업을 하기 위해 노력하고, 사상의 혁신을 도모하려고 하는가?[95]

당시 유물사관을 신봉하던 리다자오(李大釗), 천두슈(陳獨秀), 덩중샤(鄧中夏), 취추바이(瞿秋白) 등은 잡지 『신칭니엔(新青年)』을 통해 유물사관을 적극적으로 전파하고 선전하려고 하였다. 그들은 이러한 선전 활동을 통해 '중국의 역사를 해석하고, 중국의 사회를 변동시키고, 중국인들의 인생관을 바꾸려' 했다. 후스(胡適)가 보기에 이러한 시도들은 모두 유물사관의 이론에 비춰보면 모순적인 행동이었다. 유물사관에 의하면 소위 '객관적 물질 원인'이라고 하는 '경제구조'(토대)가 바뀐다면 모든 사람의 가치(상부구조)도 바뀌게 되고, 유물사관에서 말하는 역사의 진행도 저절로 이루어지는데 그것을 위해서 애써 선전이나 교육 활동에 몰두할 필요가 없다. 그럼에도 불구하고 유물사관파 사람들은 그러한 교육 선전활동에 전념하고 있었다. 후스에게 이론과 실제 활동 간의 이러한 괴리는 유물사관 자체의 불완전함을 드러내는 실제 증거일 뿐이었다. 이 때문에 후스는 유물사관 신봉자들도 이미 자신을 포함한 과학파의 생각과 다를 것이 없다고

95 위의 글, 32~33쪽.

주장하고 있다.[96] 즉 유물사관 신봉자들도 '역사를 해석하고, 사회를 변동시키고, 인생관을 지배하는' 객관적 원인에 '물질'이나 '경제'뿐만 아니라 '사상, 지식, 교육, 언론'과 같은 심리적 원인도 이미 포함시키고 있다는 주장이었다. 당연히 과학파 후스의 입장에서는 유물사관으로 전향할 것을 권한 천두슈의 제안을 받아들일 수 없었다.[97]

이에 대해 천두슈(陳獨秀)는 사상, 교육 등과 경제가 상호작용을 하고, 심리적 원인이 물질적 원인과 상호작용을 하기는 하지만 근본적인 변동 원인은 경제 또는 물질이라고 대응하고 있다.

> 사회적 물질조건의 가능범위 내에서 유물사관론자는 기본적으로 사람의 노력과 천재(天才)의 활동을 부인하지 않는다. … 사람의 노력과 천재의 활동은 본래 사회진보를 위해 필요한 것이지만, 그 결과는 단지 사회적 물질 조건의 가능범위 내에 있게 된다. 사상, 지식, 언론, 교육은 당연히 사회진보의 중요한 수단이지만, 그것들이 경제와 동등한 지위에서 사회를 변동시킬 수 있고, 역사를 해석할 수 있으며, 인생관을 지배할 수 있다고 말할 수는 없다. 우리는 아울러 지식, 사상, 언론, 교육을 말살(抹殺)하지 않지만, 그것들이 마땅히 경제의 자식들이어야지, 후스(適之)처럼 경제의 형제들이라고 여기지 않는다. 우리는 심리적(心的) 현상을 부인하지 않지만, 그것이 물질의 표현임을 승인하는 것이지, 이 표현이 물질과 똑같은 작용을 한다는 점을 승인하지는 않는다.[98]

이러한 언급을 보면, 후스(胡適)와 천두슈(陳獨秀)의 차이는 명확하

---

96 위의 글, 33쪽 참고.

97 위의 글, 33쪽 참고.

98 陳獨秀, 「答適之」, 『科學與人生觀』, 40~41쪽.

다. 물질이나 경제 이외에 심리적 현상을, 사회의 변동과 사회적 가치를 결정하는(사회를 변동시키고, 역사를 해석하고, 인생관을 지배하는) 근본 원인이라고 인정할 것인지 아닌지가 양자 사이의 핵심적 대립이었다. 여기에서 유물사관파 천두슈는 사회의 변동과 사회적 가치는 사회적 물질 조건, 즉 사회의 경제 관계의 발전 단계 범위 안에서만 가능한 것이라고 생각했다.

천두슈(陳獨秀)에 의하면 후스(胡適)가 유물사관의 '심리가 물질의 표현'이라는 말을 잘못 이해하고 있다고 볼 수 있다. 앞에서도 살펴본 것처럼 후스는 심리가 물질의 표현이라는 말을 '심리=물질'이라는 말과 같은 것으로 생각했다. 후스가 보기에 유물사관의 기본 생각이 '심리=물질'이므로, 물질 원인은 심리적 원인도 당연히 포함된다고 오해했던 것이다. 그러나 유물사관에서 심리가 물질의 표현이라고 한 것은 궁극적으로 물질이 심리를 규정한다는 의미였다. 이 때문에 천두슈는 "후스의 유물사관 이론에 대한 이해가 그다지 명확하지 않아서 많은 오해가 생긴 것 같다"고 지적하고 있다.[99] 아울러 그는 후스처럼 '심리적 원인'을 강조하게 되면 심물이원론(心物二元論)으로 빠지게 되고, 과학 만능을 주장한 과학파는 결국 형이상학파와 다를 것이 없게 되어버린다고 강하게 비판하고 있다.[100]

---

99 위의 글, 36쪽.

100 위의 글, 41~42쪽. 이곳에서 陳獨秀는 다음과 같이 말하고 있다. "'심리적'(心的) 원인이라는 말이 어떻게 適之의 입에서 나올 수 있는가! 물질 일원론(一元論)에서 벗어나게 되면, 과학은 파산에 직면하게 되는데, 適之는 과학을 매우 존숭(尊崇)하면서, 어떻게 심(心)과 물(物)에 대해 평등하게 대하는가!! 適之는 결과적으로 물질적(物的) 원인 외에 심적(心的) 원인 - 즉 지식, 사상, 언론, 교육도 사회를 변동시킬 수 있고, 역사를 해석할 수 있으며, 인생관을 지배할 수 있다는 생각 - 을 견지하고 있다. 이렇게 심물이원론(心物二元論)을 명백하게 주장하는 것처럼 보이면, 張君勱는 반드시 어깨를 으쓱이며 適

분명 후스(胡適)는 유물사관의 '심리는 물질의 표현'이라는 말의 의미를 제대로 이해하지 못하고 있었다. 그럼에도 그가 유물사관을 제대로 이해했건 그렇지 못했건 간에, 심리적 원인을 강조하고 있었던 점은 분명한 사실이었다. 그리고 이 점이 유물사관파와 과학파를 구분하는 결정적인 차이점이었다. 과학파 후스의 심리적 원인 강조에 대해 린위성(林毓生)은 "의지주동주의적(意志主動主義的) 관념을 내포하고 있다"고 평가하고 있다.[101] 후스가 말한 심리적 원인은 의지와 연결될 수 있으므로 린위성의 평가는 정당하다고 할 수 있다. 이러한 의지의 강조는 앞의 절에서 살펴본 것처럼 과학파 탕위에(唐鉞)가 판쇼우캉(范壽康)의 '자유 의지'와 '책임' 강조에 대해 궁극적으로 부정하지 못했던 사실과 같은 맥락으로 이해할 수 있을 것이다.[102] 또한 스스로의 이론이 유물론이 아니라 (존의적) '유심론'이라고 강조했던 딩원장(丁文江)의 주장과도 연결되어 있다. 한쪽으로는 도덕적 가치를 포함한 모든 현상이 인과율의 지배를 받는다고 주장하면서도 다른 한쪽으로는 의지의 자유와 도덕적 행위에 대한 책임 문제를 부정하지 못하고 있었던 과학파의 공통된 한계라고 할 수 있을 것이다.

之에게 와서 두 손을 모아 감사하다고 말할 것이다!!!"

101 林毓生, 『政治秩序與多元社會』, (臺北: 聯經出版事業公司, 2001), 86쪽 참고.

102 실제로 과학파 胡適이 유물사관파 陳獨秀의 경제결정론에 대해 문제 제기한 내용은 형이상학파 范壽康이 과학파 王星拱에게 문제 제기한 내용과 거의 같았다. 范壽康은 인간의 모든 행위가 인과율의 지배를 받는다면 사람들의 사회적 참여도 인과율에 의해 그렇게 된 것이므로 아무런 의미나 책임질 만한 것이 없다고 과학파를 비판했다. (范壽康, 같은 글, 8쪽 참고) 이와 비슷하게 胡適도 모든 사회 변동이나 사회적 가치가 경제(물질)에 의해 지배를 받는다면, 사회의 변경이나 새로운 사회적 가치 확립을 위해 교육이나 선전을 할 이유가 없다고 유물사관파를 비판했다.(胡適, 같은 글, 32~33쪽 참고)

이와는 달리 천두슈(陳獨秀)는 '자유 의지'와 '책임'이 모두 경제 관계에 종속적인 것으로 생각했다. 앞의 절에서 논의한 것처럼 일정한 윤리규범을 따를지 따르지 않을 지에 대한 선택과 그에 따른 책임은 도덕규범의 '내용'에 의해 결정되며, 도덕규범의 내용은 사회의 물질적 기반 즉 경제 관계에 의해 결정된다는 것이 유물사관의 생각이었다. 유물사관은 이러한 생각을 통해 철저하게 물질 일원론에 설 수 있었으며 과학이 만능임을 시종일관 주장할 수 있었다.

천두슈(陳獨秀)와 후스(胡適)의 이러한 생각 차이는 과학과 형이상학 논쟁에 대한 그들의 총체적 평가도 다르게 만들었다. 후스는 이 논쟁의 진정한 주제를 '과학적 인생관이 오류인가?'였다고 봤다. 반면에 천두슈는 '과학이 모든 인생관을 지배할 수 있는가?'를 이 논쟁의 핵심 문제라고 생각했다. 후스는 '과학적 인생관이 오류가 아님'을 증명하고 이를 '심리적 원인'이라고 할 수 있는 '사상, 지식, 교육, 언론' 등을 통해 선전하는 것이 형이상학을 반대하는 측의 임무라고 생각했다. 반면 천두슈는 과학(유물사관)을 통해 물질 원인이 모든 인생관을 지배할 수 있다는 점을 증명하고 과학(유물사관)이 완전한 진리임을 드러내는 것이 형이상학을 반대하는 측의 임무라고 생각했다. 이에 대해 다음 항에서 구체적으로 논의하기로 한다.

나. 과학과 형이상학 논쟁의 핵심 문제

후스(胡適)는 『과학과 인생관(科學與人生觀)』의 서문을 쓰면서 량치차오(梁啓超)의 「유럽여행 감상록(歐遊心影錄)」에 나와 있는 '과학파산론'이 과학과 형이상학 논쟁의 궁극적 출발점이라고 밝히고 있다.[103] 이 점은 후스가 과학과 형이상학 논쟁을 보라보는 관점을 결정하는 핵심이었다고 할 수 있다. 과학이 파산했다는 형이상학파의 공격에 의해 이 논쟁이 벌어진 것이라면, 당연히 이 공격에 대한 대응은 '과학이 파산하지 않았다'는 것을 밝히는 데 있다. 파산하지 않았다는 매우 소극적 대응이 어찌 보면 과학파의 임무가 되는 것이다. 이에 따라 후스는 과학적 인생관이 잘못인지 아닌지를 따지는 것이 과학 파산론에 대한 과학파의 대응이라고 생각했다. 그러기 위해서 가장 먼저 "'과학적 인생관'이 무엇인지를 밝히고 그것이 맞는지, 인생관 문제를 해결할 수 있는지, 또 유럽에 재앙이 되고, 인류에 해를 끼치고 있는지를 토론해야 하는 것"이었다.[104] 그러나 이 논쟁에서 이에 대해 말하고 있는 학자는 거의 없었다. 후스가 보기에 이러한 현상은 논쟁 참여자들 '공동의 착오'였다.[105] 그는 이 '착오'의 원인 가운데 하나를 다음과 같이 지적하고 있다.

> 과학을 옹호하는 사람들은 비록 추상적으로 과학이 인생 문제를 해결할 수 있다고 인정했지만, 구체적으로 '순물질, 순기계적 인생관'이 과학적 인생관이라고 공공연하게 인정하기를 원치 않았다.[106]

후스(胡適)가 말하는 과학적 인생관은 '순물질, 순기계적 인생관'을

[103] 胡適, 「科學與人生觀序」, 『科學與人生觀』, 5~6쪽 참고. 참고로 梁啓超는 자신이 '과학 파산론'을 주장하는 것이 아니라 '과학만능론의 파산'을 주장하는 것이라고 밝히고 있다. 胡適은 이점에 대해서도 언급하고 있기는 하지만, 梁啓超 주장의 핵심과 형이상학파 주장의 화두가 '과학 파산론'이라고 규정하고 있다.

[104] 위의 글, 9쪽.

[105] 위의 글, 10쪽 참고.

[106] 위의 글, 13쪽.

의미하는 것이었다. 논쟁에서 이러한 인생관을 제시한 사람은 우즈후이(吳稚暉)뿐이었다. 이 때문에 후스는 '향후 논쟁이 우즈후이의 인생관을 기준으로 진행되어야 한다'고 강변하고 있다.[107] 그리고 이 '과학적 인생관'을 통해서 인류 인생관의 '최저한도의 일치'(最低限度的一致)를 봐야한다고 생각했으며, 이를 위해서 지속적으로 교육하고 선전해야 한다고 주장했다.

> 종교의 효과로 이미 유신론(有神論)과 영혼불멸론이 유럽(실제로 유럽뿐이겠는가?)의 인생관을 통일한지 천년이 넘었다. 우리가 신앙하는 '과학적 인생관'도 교육과 선전의 효과를 잘 이용하여 중세 유럽에서 유신론과 영혼불멸론처럼 보편적으로 유행할 수 있다면, 내가 일컫는 '대동소이의 일치'라고 할 수 있다.[108]

'최저한도의 일치'라는 말은 '과학방법의 만능'과 '인생관의 통일'을 자신했던 딩원장(丁文江)의 주장에서 한걸음 물러선 내용이라고 할 수 있을 것이다. 또 '교육'과 '선전'은 앞 항에서 살펴본 것처럼 '심리적 원인'이라고 할 수 있다. 후스는 '심리적 원인'(의지)을 통해 사람들의 인생관을 바꿀 수 있다고 확신하고 있다. 그의 '심리적 원인'에 대한 강조는 결국 '과학적 인생관'을 일종의 신앙으로 격상시킨다. 그러나 그의 생각에 대해 '과학을 종교로 변환시키려는 후스의 활동 자체가 과학적이지 않다'는 비판[109]은 적절하지 않을 것이다. 위의 인

---

107 위의 글, 20쪽.

108 위의 글, 23~24쪽.

109 陳少明 · 單世聯 · 張永義, 김영진 역, 『근대중국사상사약론』, (서울: 그린비, 2008), 424쪽.

용문에서도 볼 수 있듯이, 후스가 과학적 인생관을 '신앙'으로 표현한 것은 종교적 효과(교육과 선전)를 통해 보편성을 획득할 수 있다는 생각에서였지 과학을 종교로 변화시키려고 한 것은 아니었다.

'순물질, 순기계적 인생관'을 강조했던 후스(胡適)가 '심리적 원인'에 대해 이처럼 중요시하는 것은 분명 모순적이다. 그 원인에 대해 린위성(林毓生)처럼 중국의 전통적 일원론의 영향으로 볼 수도 있을 것이다.[110] 그러나 보다 직접적인 원인은 딩원장(丁文江)과 탕위에(唐鉞)를 통해서 볼 수 있었던 과학파의 한계에서 비롯된 것이었다. 즉 '과학 방법의 만능'을 주장하면서도 '알 수 없는 영역'을 인정했던 딩원장과, '모든 현상에 대한 인과율의 지배'를 강조하면서도 '자유의지'를 부정하지 못했던 탕위에의 한계가 후스에게도 그대로 드러나고 있다. 이 때문에 후스는 '과학이 모든 인생관을 지배할 수 있다'는 적극적 주장 대신 '과학적 인생관도 잘못된 인생관이 아님'을 밝히려 하였고, 과학적 인생관이 진리라는 적극적 주장 대신 교육과 선전을 통해 사람들에게 널리 유행시키려고 했던 것이다. 이러한 소극적 태도는 그가 『과학과 인생관(科學與人生觀)』 서문을 정리하면서 한 말에 총괄적으로 담겨 있다.

> 요컨대, 자연주의적 인생관(과학적 인생관: 인용자) 안에도 아름다움(美)이 있고, 시(詩)적인 감성이 있으며, 도덕적 책임의식도 있고, '창조적 지혜'를 사용할 기회도 충분히 있다.[111]

---

110 林毓生, 『中國傳統的創造性轉化』, (臺北: 三聯書店, 1994), 252쪽 참고.

111 胡適, 같은 글, 29쪽.

후스(胡適)의 소극적 태도에 비해 천두슈(陳獨秀)는 매우 적극적으로 '과학 만능'을 주장한다. 천두슈는 『유럽여행 감상록(歐遊心影錄)』 안에 있는 과학 비판이 '과학의 파산'이 아니라 '과학 만능의 파산'을 의미하고 있다고 정확하게 지적한다.

> 량치차오(梁啓超)는 좀 더 총명하게, 과학이 정말로 죄과가 매우 심하여 끊임없이 인류에 화를 미치고 있다고 꾸짖고 있으면서도, 동시에 그는 "나는 절대로 과학파산을 인정하는 것이 아니고, 단지 과학 만능을 인정하지 않는 것이다"라고도 말했다. (34쪽) 이 때문에 우리가 현재 논쟁하는 것은 바로 과학이 만능인지의 문제이며 이 문제가 해결되면, 과학은 이미 파산했는지는 문제가 되지 않는다.[112]

'과학 파산론'과 '과학 만능의 파산'은 매우 다른 의미라고 할 수 있다. '과학 파산론'에 대한 반박은 소극적으로 과학이 파산하지 않았다는 점을 증명하면 되지만 '과학 만능의 파산'에 대한 반박은 적극적으로 과학이 모든 것을 지배한다는 점을 증명해야 한다. 이 논쟁의 주제가 과학과 인생관의 관계라고 할 때, '과학 만능의 파산'에 대한 반박은 과학이 모든 인생관을 지배한다는 적극적 주장을 통해서만 가능한 것이었다. 그리고 '과학 만능의 파산'에 대한 반박을 제대로 할 수 있다면, 이는 '과학 파산'에 대한 반박도 저절로 이루어지게 된다.

이러한 맥락에서 천두슈(陳獨秀)는 과학과 형이상학 논쟁의 진정한 주제를 '과학이 모든 인생관을 지배할 수 있는가'라고 주장할 수 있

---

112 陳獨秀, 「答適之」, 『科學與人生觀』, 33~34쪽 참고.

었다. 천두슈가 보기에 이 논쟁 참여자들의 '착오'라는 후스(胡適)의 지적은 실제로 후스가 이 논쟁의 핵심 주제를 제대로 이해하지 못했기 때문에 나온 잘못된 지적이었다.[113] 천두슈는 이 논쟁에서 후스처럼 소극적인 태도를 보인다면 형이상학은 결코 사라지지 않을 것임을 경고하고 있다.

> 후스(適之)의 의견에 비춰보면, 과학적 인생관을 구체적으로 설명하는 데에만 노력해야 하며, 과학이 인생관을 해결할 수 있는지의 문제에는 힘써 다툴 필요가 없다. … 후스는 우리 스스로의 주관적 설명만 중시하고, 사회 일반의 객관적 설명은 소홀했다. 과학적 인생관 자체가 아름답고 원만하다는 점만 설명하고, 모든 인생관에 대한 과학의 권위는 설명하지 못했으며, 과학이 만능임을 증명하지 못했다. … 객관(客觀) 상에서 모든 초과학적 인생관에 대해 과학적 해석을 가해야 하며, 결국 과학의 권위가 만능이라는 것을 증명해야 비로소 형이상학 귀신(玄學鬼)이 도망칠 곳이 없게 되며, 파고들 수 있는 틈이 없게 된다.[114]

이러한 생각으로 천두슈(陳獨秀)는 과학이 모든 인생관을 지배할 수 있다는 설명을 진행시켰다. 유물사관파 천두슈는 이론적 측면에서 분명하게 과학파의 한계를 극복하고 있었다. 그가 딩원장(丁文江)의 존의적 유심론에 대해서 "실제로 우리가 아직 발견하지 못한 물질에 대해서는 비록 의심스러운 것으로 남겨둘 수는 있지만 물질을 초월한 독립 존재, 그리고 물질을 지배할 수 있는 무슨 마음(마음은 물질

---

[113] 위의 글, 33쪽.

[114] 위의 글, 35~36쪽.

의 표현이다), 무슨 신령이나 상제에 대해서 우리는 남겨둘만한 의심스러운 것이 없다"고 단언했을 때[115] 그는 철저한 물질 일원론으로 딩원장의 불가지론을 제거할 수 있었다. 즉 딩원장이 존의적 유심론이라는 불가지론으로 인해 스스로 포기했던 '과학방법의 만능'을 천두슈는 이론상으로 복원할 수 있었다. 또 자유의지나 책임 문제가 윤리규범의 내용에 따라 규정되고, 윤리규범의 내용이 사회의 경제적 조건에 따라 한정된다고 설명하면서[116] 천두슈는 자유의지에 대한 탕위에(唐鉞)의 모호한 태도를 극복할 수 있었으며, '인과율에 의해 모든 인생관(가치)이 지배 된다'는 과학파의 주장을 되살릴 수 있었다. 요컨대 이론적 측면에서만 볼 때 량치차오(梁啓超), 장쥔마이(張君勱), 판쇼우캉(范壽康) 등 형이상학파의 문제제기를 반박하고, 딩원장(丁文江), 탕위에(唐鉞) 등 과학파가 추구했던 '과학방법의 만능'을 만족시킬 수 있었던 당시의 이론은 '유물사관'이었음이 분명했다.

4. 소결론

형이상학파 장쥔마이(張君勱)와 과학파 딩원장(丁文江)의 인식론 논쟁에서 드러난 각각의 한계는 이후 논쟁 참여자들에 의해 보충되고 극복되는 경향이 있었다. 장쥔마이의 칸트적 인식론과 가치의 주관성 · 개별성 사이의 불일치는 이후 형이상학파 량치차오(梁啓超)와 판쇼우캉(范壽康)을 거치면서 가치의 개별성을 포기하고 그 보편성을 인

115 陳獨秀, 「科學與人生觀序」, 『科學與人生觀』, 10쪽.
116 위의 글, 9~10쪽.

정하는 쪽으로 나아갔다. 딩원장의 존의적 유심론과 과학 방법의 만능 사이의 불일치는 탕위에(唐鉞)와 후스(胡適)에 의해 계승되었으며, 유물사관파 천두슈(陳獨秀)에 의해 극복되는 쪽으로 나아갔다.

먼저 장쥔마이(張君勱)가 강조한 칸트의 인식론과 그가 주장한 가치의 주관성 · 개별성(개인성) 사이의 부조화는 량치차오(梁啓超)에 의해 비판받는다. 량치차오는 기본적으로 가치(인생관)는 객관적 사항을 포함하고 있다고 전제하고 있다. 그는 순수하게 주관적인 것이 감정(情感) 정도라고 규정하고 있다. 감정의 주관성(신비성)에 대한 량치차오의 강조는 심리학 전공자였던 탕위에(唐鉞)에 의해 비판받았으며, 감정이 객관적인 심리 현상임을 형이상학파 판쇼유캉(范壽康)도 인정하기에 이른다. 장쥔마이의 이론적 한계는 판쇼우캉에 의해 극복되었다고 볼 수 있다. 그러나 애초에 장쥔마이가 강조한 가치의 개별성은 완전히 부정되었으며, 가치의 주관성도 '의무 의식'이라는 윤리규범의 형식으로만 보존될 수 있었다. 사회 안에서 인간이 따라야할 윤리규범의 구체적인 내용은 '객관적'(규범과학)이어야 한다는 판쇼우캉의 주장은 이미 장쥔마이의 주장과는 거리가 먼 것이었다.

아울러 판쇼우캉(范壽康)은 장쥔마이(張君勱)의 불완전한 자유의지 개념에 대해 보충하고 있으며, 책임 문제를 들고 나왔다. 이는 장쥔마이에게서 잘못 표현된 칸트의 인식론과 도덕률에 대한 복원이었고, 과학과 형이상학 논쟁의 출발점이라고 할 수 있는 『유럽여행 감상록(歐遊心影錄)』에서 량치차오(梁啓超)의 지적과 일치하는 것이었다. 또한 과학 방법이 만능이라고 주장한 과학파로서는 처리하기 매우 힘든 지적이라고 할 수 있었다. 왜냐하면 과학파는 모든 현상이 객관적인 것이며 따라서 인과율의 지배를 받는 것이라고 주장했기 때문이다. 과학파의 입장으로 보면 일정한 행동을 유발하는 인간의 의지도 당연히 객관적 심리현상이었으므로 당연히 인과율의 지배를 받을 수밖에 없었다. 과학파는 분명하게 인간의 의지도 '유전'이나 '환경'이라는 원인에 의해 결정된다고 설명해 왔다. 일정한 행동을 야기하는 어떤 사람의 의지가 '유전'이나 '환경'이라는 원인에 의해 결정된다면, 그 행동도 결국 '유전'이나 '환경'에 의해 결정되는 것이 되고 만다. 이럴 경우 일정한 사람의 일정한 행동에 대해 법률적으로 처벌하거나 윤리적으로 비난하는 것은 불가능해진다. '유전'이나 '환경'은 그 사람의 책임져야 할 문제가 아니기 때문이다. 당시 과학파도 이런 극단적인 주장을 할 수는 없었던 것으로 보인다. 이 때문에 탕위에(唐鉞)도 개인의 '선택의 자유'라는 말로 의지의 자유를 인정할 수밖에 없었다. 그러나 그것은 과학파가 이전에 주장했던 과학방법의 만능, 그리고 모든 현상에 인과율이 존재한다는 내용과 모순되는 주장이었다고 할 수 있다.

한편 존의적 유심론을 통해 인간의 심리현상이 모두 과학의 재료임(객관적 현상임)을 강조했던 딩원장(丁文江)의 생각은 탕위에(唐鉞)에 의해 계승된다. 또 존의적 유심론에서 '의심스러운 것으로 남겨두고 더 이상 논의하지 않는다'(存疑不論)는 내용은 탕위에(唐鉞)의 '소여' 개념으로 이어졌다. 소여 개념은 직접적인 감각 경험 자체였으며, 그 소여를 유발하는 '어떤 것'에 대해서는 더 이상 논의하지 않는다는 의미를 함축하고 있었다. 이러한 소여 개념을 통해 탕위에는 감정도 객관적인 심리현상임을 강조했고, 당시로서는 그것이 받아들여진 것으로 보인다. 그러나 위에서도 지적한 것처럼 판쇼우캉(范壽康)이 제기한 책임 문제에 이르러 '자유 의지'를 인정할 수밖에 없었다. 심리현상이 객관적 현상임을 강조했던 점과 '자유 의지'에 대한 탕위에의 인정은 후스(胡適)에 이르러 '심리적 원인'의 강조를 야기하게 되었다.

후스의 '심리적 원인'에 대한 강조와 과학과 형이상학 논쟁에 대한 평가는 분명하게 이전의 과학파의 한계를 그대로 드러내는 것이었다.

딩원장(丁文江)의 존의적 유심론과 탕위에(唐鉞)의 '자유의지' 인정을 극복한 것은 유물사관파 천두슈(陳獨秀)였다. 천두슈는 유물사관을 통해 딩원장이 애초에 제시했던 가치의 객관성 강조와 과학 방법의 만능을 끝까지 밀고 나갈 수 있었다. 우선 그는 물질 일원론으로 존의적 유심론을 극복한다. 딩원장이 과학의 대상을 물질적 대상 자체가 아니라 물질적 대상에 대한 감각적 인상(경험), 즉 심리현상이라고 주장한 것에 반해 천두슈는 모든 심리현상이 물질의 표현임을 강조한다. 근본적인 것이 물질현상이며 심리현상은 부차적인 것이라는 천두슈의 주장 안에는 더 이상 '의심스러운 것으로 남겨 둘'만한 것이 없었다. 아울러 '자유 의지'에 비해 윤리규범의 내용이 선차적이며, 윤리규범의 내용은 사회적 물질 조건에 의해 규정된다는 그의 논의는 기존의 과학파에서 드러나는 모순적 태도를 극복할 수 있었다. 요컨대 이 논쟁 안에서 수세적인 태도의 형이상학파뿐만 아니라 승승장구하고 있는 것처럼 보였던 과학파의 이론에도 치명적인 결함이 있었으며, 이를 극복하고 과학파의 애초 주장(과학방법의 만능, 모든 현상에 대한 인과율적 해석)을 이어나갈 수 있었던 이론은 유물사관이었다.

VI

과학과 형이상학 논쟁과 유교사상

보통 형이상학파의 주장과 전통사상, 특히 송학(宋學)을 연결시키게 된 원인은 장쥔마이(張君勱)에게서 기인한다. 과학과 형이상학 논쟁에서 장쥔마이는 송학을 제창하고자 한다고 명확하게 밝히고 있기 때문이다.[1] 이러한 장쥔마이의 태도는 리쩌허우(李澤厚)가 과학과 형이상학 논쟁을 평가하는 데 상당한 영향을 준 것으로 보인다. 과학과 형이상학 논쟁은 결과적으로 과학파의 승리로 끝을 맺었다. 리쩌허우의 표현에 의하면 "이 논쟁은 분명하게 '현학귀'가 사람들에게 매도당하고, 광범위한 지식청년들이 과학파를 지지하거나 동정함으로써 끝이 났다."[2]

---

1 張君勱, 「再論人生觀與科學並答丁在君」, 『科學與人生觀』, 95쪽, 97쪽.

2 李澤厚, 김형종 역, 『중국현대사상사의 굴절』, (서울: 지식산업사, 1992), 77쪽.

과학파의 승리 원인에 대해 리쩌허우(李澤厚)는 과학파의 주장이 중국의 전통적 '실용이성(實用理性)'이라는 개념에 보다 가까웠기 때문이라고 설명한다. "이것은 어떤 의미에서는 중국의 전통적 철학정신의 현대적 전개, 인간(인생)을 중심으로 하여 '하늘[天]과 인간의 관계를 구명(究明)하고 고금(古今)의 변화를 관통하며' '천도(天道)'와 '인도(人道)'를 결합시키는 전통적 사유－행위양식의 현대판, 전통적인 '실용이성'의 현대에서의 연속이었다."[3]라고 리쩌허우는 지적한다.[4] 또 이러한 과학파의 승리는 최종적으로 마르크스주의 즉 '유물사관파'의 승리로 이어졌다. 그에 의하면 이러한 유물사관파 승리의 원인도 역시 유물사관이 "실용이성이라는 전통적 심태(心態)와 전통정신에 아주 잘 들어맞는 것"이었기 때문이다.[5]

한편 리쩌허우(李澤厚)는 형이상학파를 송학(宋學)과 연결시켜서 생각하고 있다. 형이상학파는 '당시 서구의 베르그송이나 오이켄의 형이상학'뿐만 아니라 '송학(宋學)'을 통해 '신앙을 추구함으로써 인생

---

3 위의 책, 77쪽.

4 정귀화도 이러한 주장을 받아들이고 있다. 그는 과학파를 반전통주의자들로 규정하면서 "과학파는 그들이 정식으로 서양문화(특히 과학)를 접촉하기 이전에 이미 전통유가의 일원론적이고 주지주의적인 사고방식(a monistic and intellectualistic mode of thinking)에 젖어 있었다."고 언급하고 있다. 정귀화, 「1923년 중국의 문화 논쟁: 과학과 현학의 논쟁」, 『중국문제연구』 5, (부산: 경성대학교, 1992), 116쪽. 여기에서 일원론적이고 주지주의적인 사고방식에 대한 언급은 林毓生(Lin Yu Sheng)의 입장을 받아들인 것이다. Lin Yu Sheng, *The Crisis of Chinese Consciousness*, (Madison: Wisconsin Univ. Press, 1979), 54~55쪽 참고. 그러나 이 책에서 林毓生이 언급하고 있는 인물은 陳獨秀와 胡適, 그리고 魯迅 뿐이었다. 뒤에서 살펴보겠지만, 과학파 丁文江의 경우 청대 고증학자들을 '과학경사'라고 하여 형이상학에 반대한 학자들로 표현하고 있다. 따라서 정귀화의 '과학파＝반전통주의자' 규정은 다소 무리가 있다.

5 李澤厚, 같은 책, 84쪽.

을 지도하려고 하였다'는 그의 주장에서도 그렇고,[6] 중국의 젊은이들이 "수심양성(修心養性)의 '송학'(宋學)에 돌아가기를 원하지 않았기" 때문에 형이상학파가 논쟁에서 패배했다는 그의 주장을 봐도 분명하게 드러난다.[7]

이러한 리쩌허우(李澤厚)의 주장은 앞의 주장과 상충된다. 즉 그는 이미 '실용이성', 즉 '전통적 심태' 혹은 '전통정신'에 잘 부합하는 것이 형이상학파가 아니라 과학파와 유물사관파라고 주장하고 있기 때문이다. 두 주장이 상충되지 않으려면 '송학'은 '전통적 심태' 혹은 '전통정신'과는 완전히 다른 사상이어야 한다. 과연 그렇게 볼 수 있는지 의문이 아닐 수 없지만 그의 주장 가운데 이에 대한 설명은 전혀 찾아볼 수 없다. 따라서 과학과 형이상학 논쟁과 전통 정신의 관계에 대한 리쩌허우의 설명은 매우 중요한 지적이기는 했으나 단지 추상적인 선언에 그치고 있다고 평가할 수 있겠다.

리쩌허우(李澤厚)의 이러한 한계를 극복하고 과학과 형이상학 논쟁에서 제기된 이론들의 객관적 위치를 규정하기 위해서 본 장에서는 이 논쟁과 전통 사상의 관계를 좀 더 구체적으로 분석해 보고자 한다. 먼저 송명심성학(宋明心性學)을 제창하고자 한 장쥔마이(張君勱)의 주장은 주자학(朱子學)과 양명학(陽明學)을 모두 포괄할 수 있는지부터 검토하게 될 것이다. 왜냐하면 주자학과 양명학은 학문 방법론상에서 상호 대립적인 측면이 있기 때문이다. 이 검토를 통해 장쥔마이의 주장이 주자학에는 맞지 않으며 오히려 대립적이라는 점을 밝히게 될 것이다. 이어서 장쥔마이의 주장과 대립적인 주자학과 과학파, 마

---

6 위의 책, 76쪽.

7 위의 책, 77쪽.

지막으로 주자학과 유물사관파의 주장을 비교하려고 한다. 여기에서 비교의 기준은 각 사상에서 '가치와 사실의 관계가 어떻게 설정되어 있는지'라고 할 수 있다. 이 비교를 통해 이 논쟁에서 유물사관이 최종적으로 승리할 수 있었던 이유는 전통사상에 적합했기 때문이 아니라 전통사상(주자학)과 유물사관이 공통적으로 가지고 있었던 가치의 보편성 확보 전략에 있음을 밝히게 될 것이다. 앞으로 서술하게 될 전통사상과 각 사상의 공통점과 차이점은 가치와 사실의 관계 측면에서 본 것이지, 그 내용의 측면에서 본 것이 아니라는 점도 미리 밝혀 둔다.

1. 장쥔마이(張君勱)가 언급한 '송학'(宋學)의 성격: 양명학(陽明學)

장쥔마이(張君勱)가 말하고 있는 송학은 주자학(朱子學)과 양명학(陽明學)[8]을 모두 포괄하고 있는 것처럼 보인다. 우선 장쥔마이는 송학과 같은 말로 '송명이학'(宋明理學)이나 '심성지학'(心性之學)이라는 말을 쓰고 있다.[9] 일반적으로 주자학을 '성즉리'(性卽理)의 학문이라고 하고, 양명학을 '심즉리'(心卽理)의 학문이라고 한다. 줄여서 성리학(性理學), 심학(心學)이라고 하며, '송명이학'이나 '심성지학'은 결국 양명학

---

8 張君勱는 양명학을 육왕학(陸王學)이라는 용어로 쓰고 있다. 위의 글, 86쪽. 陸象山과 그를 계승한 王陽明의 학문이라는 의미로 쓰이는 용어이다. 주자학도 程明道・程伊川 형제와 그(특히 程伊川)를 계승한 朱熹의 학문이라는 의미로 정주학(程朱學)이라고 쓰기도 한다. 우리나라에서 정주학보다 주자학이라는 용어가, 육왕학보다 양명학이라는 용어가 보다 일반적으로 쓰이고 있어서 이 논문에서는 주자학과 양명학으로 쓰고자 한다.

9 위의 글, 84쪽.

과 주자학을 아울러서 쓰는 말이다. 또 장쥔마이는 송명이학이 주자학과 양명학으로 구분된다고 분명히 지적하면서도 양자를 나누어서 말하지 않고 송학, 송명이학, 송명심성학, 심성지학 등 두 학문을 아우르는 용어만을 사용하고 있다.[10] 그러므로 장쥔마이가 말하는 송학은 주자학과 양명학을 포괄하는 개념이라고 생각하는 데 무리가 없게 된다. 이러한 점 때문에 앞에서 살펴본 리쩌허우(李澤厚)와 같은 학자도 과학과 형이상학 논쟁에서 형이상학의 특징 가운데 하나를 '주자학 옹호'나 '양명학 옹호'가 아닌 '송학 옹호'로 보고 있는 것이다.

그러나 장쥔마이(張君勱)가 주장한 송학은 근본적으로 주자학과 양명학을 모두 포괄할 수 없었다. 주자학과 양명학은 가치와 사실의 관계에서 대립적인 측면이 있었으며, 과학과 형이상학 논쟁에서 인생관의 특징에 대한 장쥔마이의 주장은 그 대립적인 측면 가운데 한쪽에 치우쳐 있었기 때문이다. 장쥔마이의 송학에 대한 설명과 주장을 이해하기 위해서 송학과 관련된 장쥔마이와 딩원장(丁文江) 사이의 논쟁 내용부터 살펴보기로 하자.

가. 송학에 대한 장쥔마이(張君勱)와 딩원장(丁文江)의 논쟁 내용

애초에 장쥔마이(張君勱)는 과학과 형이상학 논쟁의 출발점이라고 할 수 있는 「인생관(人生觀)」에서 다음과 같은 주장을 한 적이 있었다.

> 양주(楊朱)의 위아(爲我) 사상과 묵자(墨子)의 겸애(兼愛) 사상을 절충한 사람이 바로 공자와 맹자였다. 공자와 맹자로부터 송

10 위의 글, 85~97쪽.

(宋)·원(元)·명(明) 시대의 이학가(理學家)들은 내심생활(內心生活)의 수양에 치중하였으며, 그 결과로 정신문명을 이루었다.[11]

여기에서 장쥔마이(張君勱)가 언급한 송학은 중국이 정신문명을 이루게 된 계기였다. 그 특징은 '내심생활의 수양'이라는 특징이었다. 서양이 물질문명인 것에 반해 중국은 정신문명이고, 외(外)가 물질인데 반해 내(內)는 정신에 속한다고 생각하고 있는 장쥔마이에게 송명이학은 중국의 정신문명을 이루는 핵심이었던 것이다. 이 때문에 그의 송학에 대한 언급은 '서양=물질문명', '중국=정신문명'이라는 것에 강한 거부감을 느끼고 있었던 딩원장(丁文江)에 의해 비판받게 된다.

딩원장(丁文江)은 장쥔마이(張君勱)가 주장한 송명이학에 대해 역사적으로 보면 외적의 침입에 속수무책으로 당할 수밖에 없도록 만들었던 학문이라고 주장한다. 육상산(陸象山) 일파의 송(宋)나라는 사대부를 무능력하게 하여 몽고의 침입을 받아 멸망했고, 육왕(陸王)학파가 유행하던 명(明)나라 말기에는 송나라 때보다 더 퇴화해서 독서까지도 부정하기에 이르렀으며, 결국 만주족에게 나라를 빼앗기에 되었다는 것이다.[12] 여기에서 딩원장이 송명이학이라고 부르고 비판한 대상은 '육상산의 무리'와 '육왕학파'에 한정된다는 점에 주의해야 한다. 송학 가운에 주자학은 비판의 대상에 들어가 있지 않다. 성리학(性理學)과 심학(心學) 가운데 심학만을 비판하고 있는 것이다.

또 딩원장(丁文江)은 청대의 과학경사(科學經師)들이 이를 교정하려

11 張君勱, 「人生觀」, 『科學與人生觀』, 9~10쪽.

12 丁文江, 「玄學與科學」, 『科學與人生觀』, 27~28쪽.

하였지만 아직 완전히 타도되지 않았으며, 이러한 상황에서 유럽 형이상학의 여독(餘毒)에 다시 전염되어 심(心)을 말하고 성(性)을 말하는 송명이학이 재등장하게 되었다고 비판한다.[13] 송학에 대한 그의 최종적인 비판 내용을 보면 다음과 같다.

> 심(心)을 말하고 성(性)을 말하는 형이상학, 즉 "내심생활의 수양"이 이렇게 일반인을 뒤흔들게 된 까닭은 이러한 현담(玄談)이 게으른 심리에 가장 적합하기 때문이며, 모든 것이 내심(內心)에 달려 있으니, 사실을 부인할 수 있고, 논리와 분석을 부인할 수 있기 때문이다. … '지금의 군자(君子)는 세상에 이름을 빨리 알리기 위해서 과학으로 말하면 배우기를 원하지 않으면서도 베르그송이나 드리슈(H. Driesch)의 형이상학으로 말하면 기뻐한다. 그대로 따라 하기가 쉽기 때문이다.'[14]

딩원장(丁文江)이 보기에 형이상학, 특히 송학의 특징은 일종의 '게으름'이다. 그의 지적에 따르면, 송학은 모든 것을 내심(內心)에 의해 좌우된다고 생각하므로 사실을 조사하여 확인할 필요도 없고, 그것에 대해 논리와 분석을 통해 검토할 필요도 없다고 보기 때문이다. 즉 편하고 쉽기 때문에 사람들이 선호하는 것이다. 이러한 지적은 이미 청대 고증학(考證學)의 시조격인 고염무(顧炎武)가 양명학파에 대해 비판하면서 언급한 내용과 일치한다.[15] 이로 볼 때, 딩원장은 장쥔

---

13 위의 글, 28쪽.

14 위의 글, 28~29쪽.

15 위의 글, 29쪽. 丁文江은 顧炎武의 "성급한 무리들은 세상에 이름을 빨리 알리기 위해 오경(五經)으로 말하면 배우기를 원하지 않으면서도 백사(白沙)나 양명(陽明)의 어록(語錄)으로 말하면, 기뻐한다. 그대로 따라 하기가 쉽기

마이(張君勱)를 비판하기 위해서 송학을 청대의 과학경학 또는 고증학과 대비하고 있는 것이다.

딩원장(丁文江)의 송학 비판에서 나타난 특징은 두 가지로 나누어 볼 수 있다. 첫째로 그가 비판한 송학은 주자학과 양명학 가운데 양명학만을 대상으로 한다는 점이다. 둘째로 송학과 대립되는 고증학을 통해 송학을 비판하고 있다는 점이다. 이러한 점은 장쥔마이(張君勱)가 딩원장의 지적을 재비판하면서 송학을 옹호하는 내용을 이해하기 위한 기본 전제라고 할 수 있다. 왜냐하면 장쥔마이가 옹호한 송학은 줄곧 양명학이었으며, 또한 '한학'(漢學=고증학)[16]과 대립적인 것이었기 때문이다. 이러한 점을 염두에 두고 이제 장쥔마이가 주장한 송학의 특징에 대해 논의하기로 한다.

나. 장쥔마이(張君勱)가 주장한 송학의 특징

장쥔마이(張君勱)가 비교하고 있는 한학(漢學)과 송학(宋學)의 특징부터 살펴보기로 하자. 그에 의하면 한학은 연구 범위가 고증(考據)과 훈고(訓詁), 명물(名物)이다. 이에 비해 송학의 연구 범위는 의리(義理)와 심성(心性)이다.[17] 이는 일반적인 구분이며 이러한 구분 자체로는 서로 논쟁할 것이 별로 없다. 그러나 장쥔마이에 의하면 양자는 각각 자신의 학문이 진정한 성학(聖學)이라고 주장하면서, 진정한 성학을

때문이다."(躁競之徒, 欲速成以名於世, 語之以五經, 則不願學: 語之以白沙陽明之語錄, 則欣然矣. 以其襲而取之易也)라는 말을 변형시켜 張君勱의 형이상학을 비판한 것이다.

16 張君勱는 丁文江이 말한 청대 고증학을 한학(漢學)이라고 규정한다.

17 張君勱, 「再論人生觀與科學並答丁在君」, 같은 책, 86쪽.

체득하기 위한 방법이 어떠해야 하는지에 관한 논쟁이 발생하게 된다. 다음은 그가 말하고 있는 한학과 송학의 핵심적인 특징이다.

> 갑(甲)도 도(道)를 지킨다고 하고, 을(乙)도 도를 지킨다고 하며, 갑도 나의 학문이 성학(聖學)이라고 하고, 을도 나의 학문이 성학(聖學)이라고 한다. 갑은 경학(經學)이 곧 이학(理學)이라고 하며, 을은 세상에 마음(心) 외의 이치(理)는 없고, 마음(心) 외의 물(物)도 없다고 한다. 둘은 각자 연구 대상이 요, 순, 우, 탕, 문, 무, 주공, 공자의 도(道)라는 것을 인정하지만, 방법이 같지 않다. 갑은 궁리(窮理)가 독서(讀書) 가운데 있다고 하며, 을은 독서는 궁리(窮理)를 도와주는 것일 뿐이라고 하고, 심지어 육경(六經)이 모두 나의 각주(註脚)라고 말한다. 이 때문에 갑은 한유(漢儒)를 존경하고, 을은 송명이학(宋明理學)을 숭배하는 것이며, 똑같은 이학(理學) 가운데서도 또한 주자(朱子)와 육왕(陸王)의 구분이 있는 것이다.[18]

먼저 한학의 기본 입장은 경학(經學)인데 반해 송학은 "마음(心) 외에 이치(理)도 없고 사물(物)도 없다고 한다"는 장쥔마이(張君勱)의 생각이 적절한 것인지 반문해 볼 수 있겠다. 즉 그가 말하고 있는 송학이 주자학과 양명학을 모두 포함할 수 있는 개념인지 의문이 아닐 수 없다. 장쥔마이가 언급하고 있는 송학의 특징은 양명학의 핵심을 언급하고 있는 내용이기 때문이다. 왕양명(王陽明)은 "마음(心)이 곧 이치(理)이다. 세상에 마음(心) 이외의 일(事)이나 마음 외의 이치(理)가 있겠는가?"라고 말하고 있다.[19] 그런데 주자는 "세상에 성(性) 외의

---

18 위의 글, 같은 쪽.

19 心卽理也. 天下又有心外之事心外之理乎. 『傳習錄』 下, 『王文成公全書』, 卷3

물(物)은 없다"고 말한 적은 있지만[20], 마음(心)에 대해서는 그렇게 말한 적이 없다. 주자학에서 마음(心)은 성(性)과 정(情), 욕(欲)과 재(才) 등을 포괄하는 개념이었기 때문이다.

> 인(仁)은 성(性)이고 측은(惻隱)은 정(情)이니 반드시 마음(心)에 의해 나타나게 된다. 마음(心)은 성과 정을 통괄하는 것이다. 성은 다만 이와 같이 이치(理)일 뿐이며, 어떤 물사(惻隱)가 있는 것이 아니다. 만약 물사(物事)가 있는 것이라면, 이미 선(善)이 있고, 또한 반드시 악(惡)이 있게 된다. (성은) 오직 이러한 물사(此物)가 없고, 다만 이치(理)일 뿐이므로 선(善)하지 않음이 없다.[21]
>
> 마음을 물(水)에 비유하면, 성은 물의 이치(理)이다. 성에 의해 물의 고요함이 성립되고, 정에 의해 물의 움직임이 행해지며, 욕(欲)에 의해서 물이 흘러서 범람하게 된다. 재(才)는 물의 기력(氣力)으로, 흐를 수 있게 하는 힘이다. … 오직 성(性)만 일정하다. 정과 마음과 재는 합하여 기(氣)가 된다.[22]

이렇게 성(性)뿐만 아니라 정(情), 욕(欲), 재(才)까지 포함하고 있는 마음(心)은 온전하게 선(善)하기만 한 것은 아니다. 즉 도덕적으로 악(惡)의 가능성이 상존하고 있는 개념이 바로 마음이라고 할 수 있다.

---

20 問枯槁之物亦有性 是如何 曰是他合下有此理 故云天下無性外之物. 「性理」1, 『朱子語類』, 卷4.

21 仁是性 惻隱是情 須從心上發出來. 心統性情者也. 性只是合如此底 只是理 非有個物事. 若是有底物事 則旣有善 亦必有惡 惟其無此物 只是理 故無不善. 「性理」2, 『朱子語類』, 卷5.

22 心譬水也 性水之理也. 性所以立乎水之靜 情所以行乎水之動 欲則水之流而至於濫也. 才者水之氣力 所以能流者. 然其流有急有緩 則是才之不同 伊川謂 性禀於天, 才禀於氣 是也. 只有性是一定. 情與心與才 便合著氣了. 「性理」2, 『朱子語類』, 卷5.

이 때문에 주자학에서 보면 학문의 완성을 위해서, 혹은 인격의 완성을 위해서는 반드시 '존천리, 멸인욕'(存天理, 滅人欲)의 덕목을 갖추어야 하는 것이다. 그러나 양명학에서의 마음(心)은 이치 즉 보편적 원리(理)가 된다. 마음 자체가 보편적인 원리가 된다는 의미이며, 이 '보편적 원리'(理)는 원칙적으로 선(善)일 수밖에 없다. 마음(心)을 통일적인 전체로서 인식하고, 이를 통해 '보편적 원리'와 일치한다고 전제한다면 마음 안에 있는 정(情)적인 부분이나, 나아가서 정(情)의 일탈 상태라고 할 수 있는 인욕(人欲)적인 부분도 '보편적 원리'(理)로 인정할 수밖에 없게 된다.[23] 아울러 이러한 양명학의 마음(心)에 대한 태도는 주자학의 마음에 대한 태도와 근본적인 차이가 한 가지 더 있다. 즉 천지만물이 우리의 마음 안에 구비되어 있는지, 아닌지에 관한 차이라고 할 수 있다. 좀 더 구체적으로 살펴보자.

> 선생이 남진 지방을 유람할 때 한 친구가 바위 가운데 꽃나무를 가리키며 물었다. "천하에 마음 밖의 사물이 없는데, 이 꽃처럼 심산에서 스스로 피고 진다면, 내 마음과 무슨 상관이 있겠는가?" 선생이 다음과 같이 말했다. "그대가 이 꽃을 보지 않았을 때 이 꽃과 그대 마음은 함께 적막 속에 돌아가 있었다(歸於寂). 그대가 이 꽃을 보게 되자 이 꽃의 모습은 일순간에 명백해졌으니, 이 꽃은 그대의 마음을 벗어나 존재하지 않음을 알 수 있다."[24]

---

[23] 島田虔次, 김석근 · 이근우 역, 『주자학과 양명학』, (서울: 까치, 1986), 156~157쪽.

[24] 先生遊南鎭 一友指巖中花樹問曰 天下無心外之物 如此花樹 在深山中自開自落 於我心亦何相關 先生曰 "爾未看此花時 此花與爾心同歸於寂 爾來看此花時 則此花顔色 一時明白起來 便知此花不在爾心外. 『傳習錄』 下, 『王文成公全書』, 卷3.

양명학에 의하면 구체적인 사물은 이미 우리의 마음 안에 구비되어 있는 것이다. 펑유란(馮友蘭)에 의하면 이것이 유심론(唯心論)이라고 할 수 있는데 주자학에서는 이러한 유심론을 찾아볼 수 없다.[25] 이처럼 양명학의 마음에 대한 태도는 주자학의 그것과는 매우 다른 것이었다. 양명학의 이러한 특징으로 인해 '마음(心) 외에 이치(理)도 없고, 사물(物)도 없다'는 말이 성립될 수 있는 것이다. 따라서 장쥔마이(張君勱)가 언급한 송학의 특징 가운데 '마음(心) 외에 이치(理)도 없고, 사물(物)도 없다'는 내용은 주자학에는 해당되지 않으며, 양명학에만 해당되는 내용이다.

이어서 송학의 태도가 "독서는 궁리(窮理)를 도와주는 것일 뿐이라고 말하고, 심지어 육경(六經)이 모두 나의 각주(註脚)라고 말한다"는 장쥔마이(張君勱)의 생각을 보면(특히 후단을 보면) 그가 주장한 송학이 양명학임을 보다 분명하게 알 수 있다. '육경이 모두 나의 각주'라는 말은 주희(朱熹)와 대립적인 입장을 견지하고 있었으며, 이후 왕수인(王守仁)이 계승하게 된 육구연(陸九淵)의 말이다.[26] '마음이 곧 보편원리'(心卽理)의 학설에 의하면, 육경(六經)은 보편 원리(理)를 담고 있는 내용이므로 결국 내 마음(我)과 다른 내용을 말하는 것이 아니다.

---

25 馮友蘭, 박성규 역, 『중국철학사』 하, (서울: 까치글방, 1999), 607쪽. 이러한 王陽明의 마음(心) 기능의 특징으로 인해 주관관념론자인 버클리(G. Berkeley)의 인식론, 그리고 윤리적 측면에서 칸트(I. Kant)의 정언명령(categorical imperative)과 같은 것으로 보기도 한다. Joseph Needham, 콜린 로넌 縮約, 김영식・김제란 역, 『중국의 과학과 문명: 사상적 배경』, (서울: 까치, 1998), 321쪽 참고.

26 陸象山은 다음과 같이 말했다. "학문의 근본을 알게 되면, 육경(六經)이 모두 나의 각주이다."(學苟知本, 六經皆我註脚.) 「語錄」上, 『陸九淵集』, 券 34. 또 다음과 같은 말도 남겼다. "육경은 나의 주를 달고, 나는 육경의 주를 단다."(六經註我, 我註六經) 같은 책, 같은 곳.

내 마음 속에 보편 원리를 발견한다면, 결국 육경은 그것에 대한 설명과 예시일 뿐이다. 이 때문에 왕수인도 "육경(六經)은 내 마음의 기록 문서이며, 육경의 참된 내용(實)은 내 마음에 갖추어져 있다"라고 밝히고 있다.[27] 이렇게 장쥔마이가 말하고 있는 송학은 '심즉리'(心卽理)의 양명학을 의미하고 있었던 것이다. 이러한 특징은 송학과 한학의 구별에 대한 다른 논의에서도 쉽게 찾아볼 수 있다.

> 한학과 송학도 역시, 한쪽은 마음(心)이 위태롭고 은미하니(危微) 정진하고 전일하여(精一) 진실로 중도를 견지해야 한다(允執厥中)고 생각하므로 사람이 자기 수양(拂拭)에 힘쓰는 것을 귀하게 여기며, 다른 한쪽은 마음(心)에 대해 이처럼 생각하지 않으므로 반드시 훈고(訓詁)와 명물(名物)을 통해 (지식을) 구하는 것이다. 그렇지만 생각건대, 진실로 정진(精)하고 전일(一)하는 마음이 없다면, 훈고와 명물은 어디로부터 강구(講求)할 것인가?[28]

위에서 말하고 있는 "마음이 위태롭고 은미하니, 정진하고 전일하여 진실로 중도를 견지해야 한다"는 말은 애초에 주희(朱熹)와 육구연(陸九淵)이 대립하고 있던 논쟁점 가운데 하나이다. 이 말은 원래 『서(書)』에 나오는 말로 "인심(人心)은 위태롭고 도심(道心)은 미미하니, 오직 정진하고 전일하여 진실로 중도를 견지하라"(人心惟危, 道心惟微, 惟精惟一, 允執厥中)는 내용이다. 주희(朱熹)는 이 부분을 인용하면서 "성현의 수많은 말이 다만 사람들에게 천리를 보존하고, 인욕을 소멸할

27 故六經者吾心之記籍也. 而六經之實, 則具於吾心. 「文錄」4, 『王文成公全書』, 券7.

28 張君勱, 같은 글, 92쪽.

것을 가르치려는 것이다"라고 결론을 맺고 있다.[29] 즉 인심(人心)을 인욕(人欲)으로, 도심(道心)을 천리(天理)로 보고, 후자를 위해 전자를 제거해야 한다는 논리를 펼치고 있는 것이다. 이는 마음(心)을 지향해야 할 도심과 지양(止揚)해야 할 인심으로 나누어 보는 것이며, 이에 대해 육구연은 다음과 같이 반대하고 있다.

> "인심은 위태롭고 도심은 은미하다"는 『서(書)』의 구절에서 해석자들 가운데 많은 사람들이 인심은 인욕, 도심은 천리를 지칭한다고 여겼는데, 이런 해석은 옳지 않다. 마음은 하나이다. 사람이 어찌 두 마음이 있겠는가?[30]

『서(書)』에서 언급한 '인심'과 '도심'을 하나의 '마음(心)'으로만 쓰고 있는 장쥔마이(張君勱)는 분명하게 주희의 입장을 버리고 육상산의 입장을 취하고 있음을 알 수 있다. 그가 말하고 있는 송학은 한결같이 양명학만을 의미하고 있었던 것이다. 여기에서 장쥔마이가 옹호하려고 주장한 것이 송학이라고 하면서도 굳이 양명학만을 말하고 있는 이유가 무엇인지 의문이 생긴다. 이에 대해 그가 양명학과 주자학에 대해 완전히 무지했다고 생각할 수도 있다. 그러나 앞에서 살펴본 "똑같은 이학(理學) 가운데에도 주자와 육왕의 구분이 있다"는 그의 언급과 『서(書)』의 내용에 대한 인용을 보면, 장쥔마이가 최소한 주자학과 양명학을 구분할 수 없을 정도로 양자에 대해 무지했다고

---

29 書曰 人心惟危 道心惟微 惟精惟一 允執厥中. 聖賢千言萬語 只是教人存天理滅人欲. 「學」6, 『朱子語類』, 卷12.

30 書云 人心惟危 道心惟微. 解者多指人心爲人欲 道心爲天理. 此說非是. 心一也 人安有二心 「語錄」上, 『陸九淵集』, 券34.

보기 힘들다. 또한 1902년 과거시험에 합격한 인물이라는 점에서 생각하더라도 주자학과 양명학을 구분할 수 있는 능력까지 부정하는 것은 적절하지 못할 것이다.

주자학과 양명학을 구분할 능력이 있고, 송학 또는 송명이학, 송명심성학 등의 이름을 쓰면서도 무엇 때문에 양명학만을 주장할 수밖에 없었던 것일까? 이에 대한 해답을 찾으려면 애초에 그가 과학과 인생관을 구분했던 논의로 다시 돌아가 따져보고 주자학과 양명학의 근본적인 차이에 대해서도 살펴봐야 할 것이다.

다. 장쥔마이(張君勱)의 양명학 주장 원인

「인생관(人生觀)」에서 장쥔마이(張君勱)는 과학과 구분되는 인생관의 특징을 주관적(主觀的), 직각적(直覺的), 종합적(綜合的), 자유의지적(自由意志的), 단일성적(單一性的)이라고 했다. 이에 비해 과학은 객관적(客觀的), 논리적(論理的), 분석적(分析的), 인과율적(因果律的), 통일성적(統一性的)이다.[31] 장쥔마이는 이러한 차이로 인해 과학이 인생관을 지배할 수 없다는 결론을 내린 바 있다. 이러한 차이가 발생하게 된 근본적인 원인은 인생관과 과학의 대상이 각각 다르기 때문이라고 할 수 있다. 즉 인생관은 살아 움직이는 인생을 대상으로 하고 있지만, 과학은 생명이 없는 물질을 대상으로 한다는 점에서 양자의 차이가 발생하는 것이다.[32] 장쥔마이에게 인생의 모습은 일상생활(人生日用) 가운데 각각의 사람마다 자신의 가치를 가지고 살아가고 있는 것

31 張君勱, 「人生觀」, 『科學與人生觀』, 4~9쪽.

32 위의 글, 4쪽.

이므로 시비진위(是非眞僞)의 표준이 없는 특징을 가지고 있었다. 이 특징은 각자의 관찰점이 다르기 때문에 생기는 것이므로 인류 역사상 통일하기 가장 어려운 것이 인생을 바라보는 관점, 즉 인생관이다.[33] 인생관의 중심은 바로 '나'(我)이며, 이러한 '나'와 상대되는 것이 바로 '나 이외의 것'(非我)이다. 그에 의하면 양자의 관계에 대한 인식의 차이로 인해 수많은 인생관이 정립될 수 있게 된다.[34]

장쥔마이(張君勱)가 강조하고 있는, 인생관의 중심이 '나'(我)라고 하는 점은 매우 중요하다. 나(我)와 나 이외의 것(非我) 가운데 중심이 '나'에 있는 것이다. 이 때문에 과학과 인생관의 차이점 가운데 첫 번째가 과학은 객관적이고, 인생관은 주관적이라는 특징이다. 이 점은 과학을 통해 가치의 문제까지 해결할 수 있다는 당시의 '과학주의'에 대한 반발에서 시작되었다는 것은 이미 II장에서 살펴본 바 있다. 이러한 '나'에 대한 탐구는 인생의 가치를 갖게 하는 핵심이며, 이것은 나 이외의 것을 통해 성취될 수는 없는 것이다. 나 이외의 것을 탐구하는 '과학' 만이 진정한 지식이라고 믿고 있는 당시의 시대적 조류에 대해서 장쥔마이가 비판하고 있는 부분이기도 하다.[35]

장쥔마이(張君勱)의 문제의식, 즉 나 이외의 것에 대한 탐구를 통해 내 삶의 실천적 가치(일상생활의 가치)를 만들 수 없다는 문제의식은 사상사(思想史)에서 심학을 집대성한 왕수인의 문제의식과도 일치하는 부분이다. 왕수인은 자신의 문제의식의 출발점에 대해 다음과 같

---

33 위의 글, 1쪽.

34 위의 글, 1~4쪽.

35 위의 글, 1쪽 참고. 張君勱는 교과서를 보고 자란 청년 학생들이 모든 문제를 인과의 법칙을 따져서, 보편 원리를 발견할 수 있다고 생각하며, 이것은 틀린 생각이라고 지적한다.

이 말했다.

> 사람들이 격물(格物)은 주자에 의해야 한다고 말만 하지, 누가 그의 설을 사용해 봤는가. 나는 실제로 사용해 보았다.… 정자 앞의 대나무에 다가가 살펴보았는데(格看), … 하루 종일 그 이치(理)를 깨달을 수 없었으며, 7일에 이르러, 나 역시 병이 나고 말았다.[36]

왕수인(王守仁)의 문제의식은 당시에 유행하고 있던 주자학(朱子學)에 대한 의문에서 시작된다. 주자학의 수양 방법 가운데 첫 번째라고 할 수 있는 『대학(大學)』의 '격물치지'(格物致知)에 대해 의문을 던지고 있는 것이다. 이러한 격물치지에 대한 문제제기는 결국 주자학과 양명학이 구분되는 시작점이었다. 격물치지에 대한 왕수인의 구체적인 설명을 보면 다음과 같다.

> 주자가 말한 격물은 즉물궁리(卽物窮理)에 있는데, 즉물궁리란 사사물물에 나아가 그가 말한 정리(定理)라는 것을 탐구하는 것을 뜻한다. 그런데 이것은 내 마음을 가지고 사사물물 속에서 이치(理)를 구하는 것이므로, 마음(心)과 이치(理)를 쪼개는 일이다.… 내가 말하는 '치지격물'(致知格物)은 내 마음의 양지(良知)를 사사물물에 이르게 하는 것을 뜻한다. 내 마음의 양지가 이른바 천리(天理)이다. 내 마음의 양지인 천리를 사사물물에 이르게 하는 것

36 衆人只說格物要依晦翁 何曾把他的說去用. 我著實曾用來. 初年與錢友同論做聖賢要格天下之物 如今安得這等大的力量. 因指亭前竹子令去格看 錢子早夜去窮格竹子的道理. 竭其心思至於三日 便致勞神成疾. 當初說他這是精力不足 某因自去窮格. 早夜不得其理 到七日 亦以勞思致疾. 『傳習錄』 下, 『王文成公全書』. 卷3.

이 치지요, 사사물물이 저마다 그 이치를 획득하는 것이 격물이므로, 여기서 마음과 이치는 하나로 합쳐진다.[37]

주자학이나 양명학이나 궁극적으로 발견하고 실천해야 할 것은 이치(理)라고 할 수 있다. 이 이치(理)는 주자학에서나 양명학에서나 모두 도덕적 선(善), 즉 일종의 '보편적 가치'라고 할 수 있다. 도덕적 선(善)이라는 것은 인간이 마땅히 행해야 할 것(當爲)이며, 무엇이 옳고 무엇이 그른지를 구분하는 기준이 된다. 이 기준이 있어야 비로소 행위에 대한 가치 평가가 가능하며, 스스로도 무엇을 행해야 할지(當爲)를 알게 된다.[38] 그런데 왕수인(王守仁)의 위의 지적에 의하면 주희(朱熹)는 이러한 이치(理)를 '나 이외의 것'(事事物物)에서 구하려 하고 있다. 왕수인에게 주자학은 이것이 가장 큰 문제라고 할 수 있었다. 왕수인이 생각하기에 '나 이외의 것'에 대한 탐구를 통해 이치(理)를 발견해야 한다면 세상의 모든 사물에 대해 탐구해야 하는데, 이러한 것은 애초에 불가능한 일이기 때문이다. 이에 따라 왕수인은 '나 이외의 것'에서 보편적 가치(理)를 발견하기를 포기하고 자기 자신(身心), 즉 '나'에서 그것을 발견하려 했던 것이다.[39] 이러한 문제의식에서 출

37 朱子所謂格物云者 在卽物而窮其理也. 卽物窮理 是就事事物物上求其所謂定理者也. 是以吾心而求理於事事物物之中 析心與理而爲二矣. … 若鄙人所謂致知格物者 致吾心之良知於事事物物也. 吾心之良知 卽所謂天理也. 致吾心良知之天理於事事物物 則事事物物皆得其理矣. 致吾心之良知者 致知也. 事事物物皆得其理者 格物也. 是合心與理而爲一者也. 『傳習錄』 中, 『王文成公全書』, 卷2.

38 물론 양명학에서는 지(知)를 행(行)의 시작으로, 행(行)의 지(知)의 완성으로 보고 있으므로 지와 행이 별도의 것이 아니라고 강조한다. 그럼에도 '시작'과 '완성'이라 말이 최소한 단계적 차이를 인정하고 있음을 부정하기는 어려울 것 같다.

39 及在夷中三年, 頗見得此意思, 乃知天下之物, 本無可格者. 其格物之功,

발한 왕수인의 양명학은 위에서 살펴본 것처럼 마음(心)을 중심으로 자신의 이론을 전개하고 있다.[40]

양명학과는 다르게 주자학에서 이치(理)라는 것은 도덕적으로는 오직 선(善)에 해당되는 '보편적 가치'(所當然之則)일 뿐만 아니라 세계의 보편적 조직 원리(Principle of organization, 所以然之故)이기도 했다.[41] 세계의 보편적 조직 원리라는 의미는 모든 존재가 이 조직 원리(理)에 의해 형성되었다는 뜻이다. 그런데 이러한 구성 원리는 눈으로 볼 수 있는 것이 아니다. 우리가 감각기관을 통해 인식할 수 있는 것은 조직 원리(理)가 아니라 오직 그 조직 원리에 의해 조직된 것(氣)[42]이라고 할 수 있다. 그럼에도 이 조직 원리(理)는 실재(實在)하는 것이다. 주자학의 우주론에서는 이 조직 원리가 없다면 세계가 존재할 수도 없기 때문이다. 또 이 조직 원리는 인간이 반드시 깨달아야 할 대상이다. 왜냐하면 이 조직 원리는 이미 도덕적으로 완전한 선(善)이므로 도덕적 선(善)을 실천하려면 먼저 그 원리가 어떤지 알아야 하기 때문이다.

결국 객관적인 자연의 조직 원리와 도덕적 선(善=보편적 가치)이 이미 하나라는 의미이며, 이것은 가치와 사실이 별개가 아니라는 생각이기도 하다. 사실이면서 동시에 가치라고 할 수 있는 이 이치(理)는 감

只在身心上做. 「傳習錄」中, 『王文成公全書』, 卷2.

40 王陽明의 격물치지에 대한 태도는 보통 '치양지적'(致良知的) 태도라고 한다. 양지(良知)를 인식하고 발휘하는 것이 격물치지라는 것이다. 양명학의 핵심은 양지를 통해 진행된다. 양지와 격물치지의 관계에 대해 자세한 내용은 오홍민, 「王陽明의 '격물치지'론에 관한 고찰」, 『범한철학』, (익산: 범한철학회, 1989) 참고. 본 논문에서는 복잡하게 전개되는 王陽明의 사상 자체보다는 張君勱가 주장한 송학과 관련된 부분만을 다루기로 한다.

41 Joseph Neetham, 앞의 책, 304쪽.

42 이러한 의미에서 니덤(Neetham)은 氣를 '물질-에너지'(matter-energy)의 의미로 인식하고 있다. 위의 책, 같은 곳.

각기관으로 인식할 수 있는 것이 아니므로 그 '원리'(理)에 의해 조직되고 작동되는 것(氣)을 면밀히 관찰하고 그 관찰내용을 잘 추론하여야 그 이치(理)를 알 수 있게 되는 것이다. 따라서 주자학의 '격물치지'(格物致知)는 '즉물궁리'(卽物窮理), 즉 '사사물물에 나아가 이치를 탐구하는 것'일 수밖에 없다.

이러한 주자학의 입장에서는 '나 이외의 것'을 면밀히 관찰하고 추론한다면 분명히 보편적 가치, 도덕적 선(善)도 발견할 수 있는 것이었다. 장쥔마이(張君勱)는 '나 이외의 것', 즉 사실을 탐구하는 과학은 결코 일상생활의 실천적 원리, 즉 가치를 발견할 수 없다고 명확하게 밝히고 있다. 이것이 장쥔마이 주장의 시작이었고, 과학과 형이상학 논쟁의 출발점이었다. 앞에서 살펴본 주자학의 격물치지에 대한 태도는 장쥔마이의 이러한 태도와 매우 대립적인 것임을 알 수 있다. 이 때문에 장쥔마이는 한학과 대비하여 송학을 옹호하면서 주자학의 태도는 버리고 양명학적 태도만을 언급하게 된 것이다.

주자학의 수양 방법인 격물치지(格物致知)는 오히려 '나 이외의 것'을 탐구하는 과학에 적합한 태도라고 할 수 있다. 딩원장(丁文江) 이후의 과학파 인물들은 하나 같이 과학 방법(사실을 탐구하는 방법)을 통해 인생관의 문제(가치의 문제)를 해결할 수 있다고 믿었던 사람들이었기 때문이다. 따라서 '나 이외의 것'에서 보편적 원리와 도덕 규칙을 발견할 수 있다는 주자학의 이론은 과학파의 주장과 상당히 유사하다. 앞에서 살펴본 것처럼 딩원장이 장쥔마이의 송학을 비판하면서 그 대상으로 삼았던 것이 주자학을 제외한 '육왕학'(陸王學) 뿐이었다는 점도 과학파의 주장과 주자학의 주장이 밀접하다는 점을 시사한다. 중국 근대 초기 과학이라는 단어에 대한 번역어가 '격치학'(格致學)이었던 점[43]도 이러한 연장선상에서 생각해 볼 수 있을 것이다. 다음 절에서는 장쥔마이가 주장한 송학 즉 양명학에 대립적이었던 주자학이 장쥔마이의 송학에 역시 대립적이었던 과학파의 주장과 어떤 점에서 같고, 어떤 점에서 다른지에 관해 논의하기로 한다.

2. 주자학과 과학파: 과학파의 보편적 가치 내용 부재

과학파의 학문 방법론은 처음부터 끝까지 과학적 방법에 의해 인생관의 문제를 해결할 수 있다는 것이었다. 사실을 다루는 과학은 가치의 문제를 해결할 수 있다는 논리로, 사실 안에서 가치를 찾을 수 있다는 의견이었다. 장쥔마이(張君勱)의 용어로 말한다면 '나 이외의 것'(非我)을 탐구하는 방법을 통해 인생의 실천적 가치를 만들 수 있다는 주장이라 할 것이다. 이러한 과학파의 태도는 '나 이외의 것'의 탐구(格物)를 통해 보편적 가치를 깨달을 수 있다(致知)는 주자학의 태도와 다르지 않다. 과학파의 기본적인 생각은 자연과 인간이 기본적으로 동일선상에서 존재하고, 양자의 단절이 존재하지 않는다는 것이었다. 과학과 형이상학 논쟁이 진행되고, 과학파의 주장이 점차 우주론과 연결되면서, 이러한 생각은 점점 더 강한 형태가 되었다.

가. 딩원장(丁文江)의 주장과 주자학의 특징

애초에 딩원장(丁文江)은 과학이 만능이 아니라 과학적 방법이 만능

43 문선영, 「오사시기 '과학'에 대한 논의」, 『중국어문학논집』 24, (서울: 중국어문학회, 2004. 9), 317~318쪽 참고.

임을 주장하였다.

> 과학의 목적은 인생의 최대 장애물인 개인의 주관적 견해를 제거하여 사람마다 모두 공통적으로 인정하는 진정한 이치를 구하는 것이다. 과학적 방법은 사실의 진위(眞僞)를 구별하고, 진정한 사실에 대하여 상세하게 분류한 이후에 그것의 질서관계를 구하는 것이므로 가장 간단명료한 말로 그것을 개괄하는 것이다. 과학의 만능, 과학의 보편, 과학의 일관(貫通)이 그 재료에 있는 것이 아니라 그 방법에 있는 것이다.[44]

II장에서도 살펴본 것처럼 딩원장(丁文江)이 장쥔마이(張君勱)를 비판한 핵심은 주관적 가치를 사회적 가치로 인정할 수 있는지에 관한 것이었다. 즉 주관적 인생관은 사회적 가치로 인정할 수 없다는 주장이다. '사람마다 공통적으로 인정하는 진정한 이치'를 발견하는 것이 과학의 특징이고, 이러한 과학으로 장쥔마이가 주장한 '주관적' 인생관을 대치해야 하는 것이었다. 과학의 대상이 아니라 과학의 방법을 강조하고 있는 점을 정확하게 이해하는 것은 중요하다. 이 말의 의미는 과학의 대상에 일정한 원리가 있다는 의미가 아니라, 과학의 방법을 통해 일정한 원리를 '만들어' 간다는 의미라고 볼 수 있다. 이렇게 본다면 과학파의 방법론과 주자학의 방법론은 처음부터 어긋난다고 볼 수 있게 된다.

'나 이외의 것'과 '나'는 모두 동일한 원리에 의해 이루어져 있기 때문에, '나 이외의 것'에 대한 탐구를 통해 보편적 원리를 발견할 수 있다고 생각한 것이 주자학의 기본적 태도이다. 주돈희(周敦頤)의

44 丁文江, 「玄學與科學」, 『科學與人生觀』, 20쪽.

『태극도설(太極圖說)』에 기반하고 있는 주희(朱熹)의 우주론은 기본적으로 무극(無極) 즉 태극(太極)에서 시작하여 음(陰)과 양(陽)을 거쳐 오행(木火土金水)으로 진행되고 계속하여 하늘의 남성다움과 땅의 여성다움이 성립되고, 여기에서 만물(萬物)이 생성된다는 논리이다. 모든 존재는 그 근본적 속성으로 태극(太極)을 갖는다는 점이 그 특징이다.[45] 즉 형체는 달라도 하나의 공통된 원리를 가지고 있다는 의미이다. 인간을 포함한 만물의 생성에 대해 구체적으로 이(理)와 기(氣)로 표현한 주희의 말을 보면 다음과 같다.

> 하늘과 땅 사이에 이(理)가 있고 기(氣)가 있다. 이(理)라는 것은 형체를 초월한 도(形而上之道)이며, 만물을 생성하는 근본이다. 기(氣)라는 것은 형체를 이루는 도구(形而下之器)이며, 만물을 생성하는 재료이다. 이 때문에 인간과 만물이 생성되는데, 반드시 이 이(理)를 받아야 하며, 그런 이후에 성(性)을 갖게 된다. 또 반드시 이 기(氣)를 받아야 하며, 그런 이후에 형체(形)를 갖게 된다.[46]

주희(朱熹)에 의하면, 인간을 포함한 모든 사물은 보편적 원리인 이(理)와 형체의 재료가 되는 기(氣)로 이루어져 있다. 구체적인 사물로 보면 본성(性)과 형체(形)라고 할 수 있는 것이 이(理)와 기(氣)이다. 개별적 사물 안에 이미 보편적 원리(理)가 공통적으로 존재하기 때문에 인간이건 자연이건 원리는 하나일 수밖에 없다. 이것은 하나의 원리

45 島田虔次, 같은 책, 105~106쪽 참고.

46 天地之間 有理有氣. 理也者 形而上之道也 生物之本也. 氣也者 形而下之器也 生物之具也. 是以人物之生 必稟此理 然後有性. 必稟此氣 然後有形. 『朱子全書』, 卷49.

가 이미 존재하는 상태에서 학문은 그것을 '발견'하는 것이지, 결코 '만들어' 가는 것이 아니라는 의미가 된다.

이러한 주희의 논리와 딩원장(丁文江)의 논리는 일면 어긋나 보일 수도 있다. 그러나 딩원장의 과학방법에 대한 강조가 장쥔마이(張君勱)의 특별한 주장에 대한 비판으로 수행되었다는 점을 고려해야 한다. 장쥔마이의 특별한 주장이란 살아 움직이는 인생과 물질을 구분해야 한다는 것이었다. 그리고 과학은 물질을 대상으로 하는 것이므로, 살아 움직이는 인생의 문제를 근본적으로 해결할 수 없다는 논리였다.

"인생은 살아 움직이는 것(活的)이라서 죽은 물질(死物質)처럼 쉽게 일률적으로 묶을 수 있는 것이 아니다."[47]라고 장쥔마이(張君勱)는 주장하고 있다. 이러한 장쥔마이의 주장에 대해 딩원장(丁文江)은 대상이 생명이 없는 단순 물질이기 때문에 과학적 방법이 적용되는 것이 아니라는 비판을 전개한 것이다. 대상이 단순해서 과학방법이 적용되는 것이 아니라는 점을 강조하면서, 대상이 단순하건 복잡하건 그것에 적용하는 과학 방법은 일정하며, 그 일정한 과학 방법을 통해 모든 대상을 정확하게 분석하고 그에 따른 '법칙'을 발견할 수 있다는 것이 딩원장의 논리였다.[48] 그의 이러한 논리는 자연에 대한 탐구 방법과 인간(특히 인간의 심리)에 대한 탐구 방법이 같다는 의미였으며 탐구 대상에는 질적으로 차이가 없다는 의미를 전제로 하고 있음을 알 수 있다.[49] 즉 주희처럼 그도 자연과 인간은 본질적인 차이가

---

47 張君勱, 「人生觀」, 『科學與人生觀』, 4쪽.

48 丁文江, 같은 글, 20쪽.

49 丁文江의 다음과 같은 말을 보면 이러한 점을 보다 명확하게 알 수 있다. "우리들이 느끼는 물질은 본래 심리상의 감각기관이 감촉한 것에 불과하며,

없다고 생각했으며 양자 모두에서 일정한 법칙을 발견할 수 있다고 생각했다.

A. 지식론의 최종 근거: 경험

딩원장(丁文江)의 논의는 명확하게 경험론(empiricism)에 기반하고 있다. 즉 그는 진정한 지식은 감각적 경험을 통해 인식할 수 있다고 생각했다.

> 우리들은 소위 물질을 어떻게 알게 되는 것일까? 나는 여기에서 나의 눈앞에 있는 책장을 본다. 나는 그것이 직사각형이며, 공간 안에 있으며, 노랗고 어두운 색이며, 나무로 만들었고, 단단하고 무겁다는 것을 알게 된다. 내 시각이 느낀 것은 책장의 색깔과 모양이지만 나는 목재와 어둡다는 성질을 연상하고 중량과 단단한 정도를 추론하여 책장이라는 개념을 얻는데 성공하게 된다. 그러므로 개념은 감각기관이 감촉한 것에 연상과 추론을 더한 것이며, 연상과 추론 또한 이전의 감각기관이 감촉한 경험에서 얻은 것이므로 감각기관이 감촉한 것이 바로 우리들이 물질을 아는 근본이다.[50]

인간이 무언가에 대해 알 수 있는 것은 궁극적으로 '감각적 경험'

지각(知覺)으로부터 개념(概念)이 만들어지고, 개념으로부터 추론(推論)이 생기는 것이다. 과학이 연구하는 것은 이러한 개념과 추론인데, 무슨 정신과학과 물질과학의 분별이 있겠는가? 또한 순수심리상의 현상(現像)이 과학방법의 지배를 받지 않는다고 어떻게 말할 수 있겠는가?" 丁文江, 위의 글, 9~10쪽.

50 위의 글, 7쪽.

을 통해서만 가능하다는 것이 딩원장(丁文江)의 생각이다. 이러한 딩원장의 생각은 물(物)에 대한 주희(朱熹)의 정의와 동일한 태도였다.

> 소리, 색깔, 모양을 가지고 있으며 천지간(天地之間)에 가득한 것이 모두 물(物)이다.[51]
>
> 천지간에 눈앞에서 접하는 일이 모두 물(物)이다.[52]

주희의 '격물'(格物)은 학문방법의 시작점이다. 격물의 대상이 되는 '물'(物)은 주희에게도 딩원장(丁文江)처럼 감각을 통해 경험할 수 있는 대상(事와 物)을 말하는 것이었다.[53] 즉 학문은 1차적으로 감각 경험을 통해 알 수 있는 것부터 시작해야 한다는 점이 같다고 할 수 있다. 딩원장이나 주희 모두 지식론의 시작은 감각을 통해 인식할 수 있는 것에 대한 확신으로부터 시작되는 것이다. 이 말은 '앎'(知)의 '최종 근거'가 감각적 경험을 통한 인식에 있다는 말과 같은 의미이다.

B. 딩원장(丁文江) 주장의 '결함': 법칙 발견의 필연성 결여

그럼에도 딩원장(丁文江)의 주장에서 우주론이 없다는 점은 주희(朱熹)와 매우 다른 점이라고 할 수 있다. 그는 자신의 입장에 대해 '존의'(存疑)라는 표현을 써서 인간과 사물의 본질에 대한 태도를 드러내

---

51 凡有聲色貌象而盈於天地之間 皆是物. 『大學或問』

52 凡天地之間 眼前所接之事 皆是物. 「孟子」7, 『朱子語類』, 卷57.

53 변종원, 「朱子의 格物致知에 관한 硏究」, 『동서철학연구』 37, (청주: 한국동서철학회, 2005), 255쪽. 변종원에 의하면, 『大學章句』를 보면, 물(物)은 일(事)와 같은 의미이다'(物, 猶事也)라고 표현하고 있어서, 일반적으로 사사물물(事事物物), 즉 인간이 접하는 대상(일과 사물)을 의미한다고 풀고 있다.

고 있다. 존의적 태도란 감각과 자각(自覺)의 배후에 있는 사물의 '본질'에 대해 '회의적'(懷疑的) 태도를 견지한다는 의미이며, '본질'에 대한 불가지론이라고 할 수 있다.

> 철학적 명사(名詞)를 이용하여 말하면, 이것을 존의적 유심론(存疑的唯心論, Skeptical idealism)이라고 말할 수 있다. … 감각기관의 감촉이 우리가 물체를 알 수 있는 유일한 방법이고, 물체의 개념은 심리상의 현상이므로 이것을 유심(唯心)이라 말하는 것이다. 감각기관의 감촉의 바깥에, 자각의 배후에 사물이 있는지 없는지, 또는 물체의 본질이 어떤 것인지에 관해서는 알 수 없다고 생각하여, 존재하더라도 거론하지 않는 것이 마땅하다고 생각하였기 때문에 이것을 존의(存疑)라고 말하는 것이다. 그들(존의적 유심론자들: 인용자)은 형이상학가의 최대의 적들이다. 이 때문에 형이상학가가 밥 빌어먹는 도구는 존의유심론자들이 알 수 없다고 생각한 것, 존재하더라도 거론하지 않는다고 생각한 것이며, 심리를 떠나 독립적으로 존재하는 본체인 것이다.[54]

이러한 그의 주장을 보면 인간과 자연의 본질을 다루는 우주론은 당연히 '알 수 없는 영역'이 되고, 이에 대한 논의는 '무의미한 것'이 된다. 따라서 자연에 대한 탐구 방법을 통해 인간의 가치 법칙도 발견할 수 있다는 딩원장(丁文江)에게 법칙은 연역(演繹)의 결과가 아니라 귀납(歸納)의 결과라고 할 수 있다. 우주론이 없었던 딩원장에게 감각을 통한 인식과, 그것에 대한 개념화 및 추론을 통해 '원리' 또는 '질서'가 발견되는 것이다. 앞에서도 언급했듯이 이러한 방법을 과학

---

54 丁文江, 같은 글, 12~13쪽.

방법이라고 한다. 우리가 감각을 통해 인식할 수 없는 '원자'(原子)나 '만유인력'(萬有引力) 같은 개념과 법칙이 모두 이러한 방법을 통해 인식할 수 있게 되는 것이라고 그는 말하고 있다.[55] 딩원장의 논리로 보면 우리는 '일정한 법칙'이 먼저 존재하기 때문에 그것을 발견하는 것이 아니라, 감각할 수 있는 일정한 현상이 있기 때문에 그것을 통해 일정한 '원리'를 찾아낼 수 있는 것이다. 즉 출발점이 감각적 경험이고 출발 단계에서는 어떤 원리가 도출될지 알 수 없다.

이와는 다르게 인간을 포함하는 우주의 본질은 모두 '이'(理)와 '기'(氣)로 이루어져 있기 때문에 양자 간의 차이가 없으며, 자연에 대한 경험적 탐구를 통해서도 인간의 가치 법칙을 발견할 수 있다는 주희(朱熹)의 주장은 명백히 연역적이다. 우주론이 명백한 진리이고, 이 진리를 통해 학문 방법이 연역되는 형태이다. 또한 이 학문 방법에서 '격물'(格物)은 분명 학문의 시작이기는 하지만 결국 이미 자신이 갖추고 있는 원리(性), 즉 근본적인 원리(理)에 대한 앎을 확인하는 최종 '검증'의 단계라고도 할 수 있게 된다.

소위 치지(致知)가 격물(格物)에 있다고 한 것은 우리의 앎(知)을 끝까지 넓히려면, 사물에 대하여 그 이치를 끝까지 탐구해야 한다는 의미이다. 일반적으로 사람의 마음(人心)은 영묘하여 알지 못할 것이 없고, 천하의 사물은 이치(理)가 없는 것이 없다. 이치(理)에 대하여 아직 끝까지 탐구하지 않았기 때문에 우리의 앎이 완전하지 못한 것이다. 그러므로 『대학(大學)』의 첫 가르침은 학문하는 사람으로 하여금 천하의 모든 사물에 대하여 이미 알고 있는 이치를 실마리로 하여 계속 탐구하게 하여 그 끝에 이르도

[55] 위의 글, 9~10쪽.

록 하는 것이며….[56]

주희의 논리로 보면 우리의 앎을 끝까지 넓히면 모든 사물에 이미 보편적으로 존재하는 원리(理)를 알게 된다. 그것이 앎의 완성이라고 할 수 있다. 이러한 원리는 자기 자신에게도 성(性)이라는 이름으로 이미 존재하고 있는 것이었다. 그리고 그에게 있어서 이러한 점은 우주론에 의해 이미 명확한 진리였다. 그러므로 주희의 격물은 자신에게 있는 보편원리(性=理)를 인식하고, 이것을 객관적으로 존재하는 사물을 통해 검증하는 것이다. 즉 자신이 옳다고 스스로 깨달은 것(가치)이 과연 진리(참)인지에 대한 끝없는 물음과 대답을 위해 격물이 있게 된다.

결과적으로 주희에게 있어 보편적 원리는 필연적으로 발견될 수밖에 없는 것이었다. 왜냐하면 우리가 그것을 발견하건 하지 못하건 간에 그 원리는 이미 존재하고 있는 것이기 때문이다. 그러나 딩원장(丁文江)의 경우는 그렇지 못했다. 앞에서도 살펴봤듯이 딩원장에게 원리, 질서, 법칙은 감각 경험에 의한 귀납의 결과였기 때문이다. 이러한 딩원장의 주장을 보면 과학의 특정 분야에서 이미 발견한 '법칙'처럼 가치 분야에서도 일정한 '법칙'을 발견할 수 있을 것이라는 가정 혹은 추측은 어느 정도 가능하지만, 일정한 법칙이 반드시 발견된다는 필연성은 결여하고 있었다. 딩원장 주장의 이러한 '결함'으로 인해 그것을 보충하려고 시도한 과학파들이 이후에 등장하게 된다.

---

56 所謂致知在格物者 言欲致吾之知 在卽物而窮其理也. 蓋人心之靈莫不有知 而天下之物 莫不有理 惟於理 有未窮故 其知有不盡也. 是以大學始敎, 必使學者, 卽凡天下之物, 莫不因其已知之理而益窮之, 以求至乎其極, …. 「格物補傳章」, 『大學章句』.

왕싱공(王星拱)과 우즈후이(吳稚暉)가 그 대표적인 인물이라고 할 수 있다.

나. 왕싱공(王星拱)의 원리 실재론과 주자학의 이치(理)

먼저 왕싱공(王星拱)은 우주 내에 일정한 원리가 실재한다고 주장한다. 일정한 원리가 '실재'(實在)하고 있다는 말은 그 원리에 대한 발견이 필연이라는 말로, 딩원장(丁文江)의 주장에서 발생한 '결함' – 과학의 방법을 통해 가치의 법칙을 발견하게 된다는 필연성의 결여 – 을 보충하고 있는 것처럼 보인다.

> 이 두 가지 원리는 실제로 우주 간에 존재하는 것이며, 수학, 물리학, 화학 등 과학은 이 원리들을 이용하여 구조화된 것이다. 우리들이 인생의 각종 현상을 이 두 가지 원리로 다시 보면, 수학, 물리학, 화학 등 과학이 연구하는 대상과 근본적으로 다르지 않다. 바꿔 말하면, 이 두 가지 원리는 인생의 각종 현상 가운데 존재한다.[57]

왕싱공(王星拱)이 말하는 '두 가지 원리'란 '인과(因果)의 원리'와 '제일(齊一)의 원리'이다. 왕싱공은 이 두 가지 원리가 자연뿐만 아니라 추상적 개념과 인생의 각종 현상에도 존재한다고 주장한다. 앞에서도 살펴봤듯이 주자학에서는 모든 사물과 현상에 이치(理)가 이미 존재하고 있기 때문에 모든 사물과 현상에서 그것을 발견할 수 있다는 태도였다. 그렇다면 왕싱공이 말하고 있는 원리의 실재(實在)는 주희

---

57 王星拱, 「科學與人生觀」, 『科學與人生觀』, 9~10쪽.

의 우주론에서 보이는 '이치'(理)의 실재(實在)와 같은 것일까? 이 의문에 대해 답을 내리기 위해 왕싱공의 '인과(因果)의 원리'와 '제일(齊一)의 원리'가 구체적으로 무엇을 의미하는지 다시 한 번 살펴볼 필요가 있겠다.

> 과학이 근거한 것은 두 가지 원리가 있다. 하나는 인과(因果)의 원리(Causality)이고, 또 하나는 제일(齊一)의 원리(Uniformity)이다. 인과의 원리는 '우주 가운데 각종 현상은 반드시 인과적 관계가 있어서 원인 없이 그렇게 된 것도 없고, 결과(效果)를 만들어내지 않는 것도 없다'는 것을 말한다. … 제일(齊一)의 원리는 '같은 원인은 반드시 같은 결과를 만들어낸다'는 것을 말한다. 이 원리가 없다면 우주의 사이에 수많은 각각의 사실만 있게 되어 우리들은 인과관계를 찾아내기 매우 어렵다. 그렇게 되면 과학도 근거할 만한 구조가 없게 된다. 역사적으로 과학은 수많은 현상에서 같은 점을 찾아, 이 같은 점을 종합하여 일정한 법칙(定律)을 만들어 냈다.[58]

우주에 실재(實在)하고 있는 '인과의 원리'와 '제일의 원리'는 과학 방법의 원리이며, 사물이나 사건에 대한 올바른 인식 방법이다. 이 두 가지 원리를 통해 우리는 일정한 '법칙'(定律)을 발견할 수 있는 것이다. 그렇지만 이 두 가지 원리가 곧바로 '법칙'(定律)이라고는 할 수 없다. 즉 모든 현상에 이미 존재하는 원리는 인과와 제일의 원리이지만 이것이 바로 대상의 일정한 질서, 혹은 원리를 의미하는 '법칙'이라고 할 수는 없었다.

---

58 위의 글, 4~5쪽.

왕싱공(王星拱)이 생각하는 객관적 원리(인과와 제일)는 '법칙'을 발견하기 위한 전제 조건이다. 다른 말로 하면 과학적 방법이 '옳은 방법'임을 보증하는 것일 뿐이었다. 과학적 방법이 우주에 실재하고 있는 원리를 바탕으로 하고 있기 때문에 '옳은 방법'이며[59], 이 '옳은 방법'을 통해 발견한 '법칙'(定律)도 궁극적으로는 우주에 실재하고 있는 원리를 바탕으로 하고 있기 때문에 옳은 것이라는 논리이다.

여기에서 '인과'와 '제일'의 원리는 주자학에서 말하고 있는 이치(理)와는 다른 개념임을 알 수 있다. 오히려 '인과'와 '제일'의 원리를 통해 발견한 '법칙'이 주자학의 이치(理)와 비슷한 개념이다. 따라서 왕싱공이 말하고 있는 원리 실재론('인과'와 '제일'의 원리가 우주에 보편적으로 존재한다는 생각)은 딩원장의 주장과 크게 다를 것이 없었다. 자체로 '참'인 과학 방법론을 통해 '가치'의 법칙을 발견할 수 있다는 가능성만을 언급하고 있기 때문이다.

> 나의 결론은 다음과 같다. 과학은 인과와 제일의 원리를 근거로 하여 만들어진 것이며, 인생문제가 생명이건 생활의 태도이건 간에 모두 이 두 가지 원리의 범위(金剛圈)를 벗어날 수 없기 때문에 과학은 인생 문제를 해결할 수 있다.[60]

왕싱공(王星拱)에 의하면 인과와 제일의 원리는 사실의 영역뿐만 아니라 가치의 영역에도 반드시 존재하는 원리이다. 그러나 그는 이

---

59 王星拱은 기본적으로 '실재하는 것'에 대한 기술만이 참이라는 전제를 가지고 있었다. 모든 사물은 본질이 있는 것이 아니라 우리가 감각할 수 있는 성질만 존재한다는 주장을 하고 있다. 자세한 내용은 본 논문 III장 2절 참조.

60 위의 글, 16쪽.

원리를 이용하여 인생관(가치)의 문제를 이미 해결했다고 말할 수 없었다. 왜냐하면 가치의 영역은 과학방법의 대상에 틀림없이 포함되기는 하지만 아직 그 '법칙'을 발견하지 못한 상태이기 때문이다. 그에게도 딩원장처럼 '법칙'은 과학적 방법을 통해 귀납적으로 발견할 수 있는 것이다. 우주에 실재하고 있는 원리는 주자가 말하고 있는 이치(理)가 아니라, 그 이치(理)를 발견할 수 있게 하는 확실한 방법일 뿐이었던 것이다.

왕싱공(王星拱)도 딩원장(丁文江)처럼 여전히 가치의 원리는 과학 방법을 통해 발견할 수 있는 가능성으로 존재한다. 아직까지 명확하게 그 내용을 발견한 것은 아니었다. 보편적 가치는 여전히 귀납적 방법을 통해 앞으로 발견할 수 있는 것으로 남아 있다. 그럼에도 딩원장과 다른 점은 과학 방법이 실재하는 원리를 통해 보증된다는 점이다. 즉 딩원장이 감각실재론(感覺實在論) 정도의 주장을 하고 있는 반면, 왕싱공은 감각실재론을 바탕으로 개념실재론, 원리실재론으로 나아가고 있다. 가치의 세계에도 '인과'와 '제일'의 원리가 실재하고 있기 때문에 그 원리를 발견할 '필연성'이 어느 정도 확보되었다고 할 수 있다. 그러나 왕싱공에게 존재론적으로 원리의 실재성에 대한 확신은 있었지만, 우주의 일정한 존재원리에 대한 확신 즉 우주론은 없었다. 이 때문에 그에게도 가치의 원리는 앞으로 발견해야 할 것, 혹은 발견할 수 있는 것이지 아직 발견된 것은 아니었다. 딩원장과 왕싱공의 이러한 '약점'을 어느 정도 보완하는 내용이 우즈후이(吳稚暉)의 '우주론'(宇宙論)이었다.

다. 우즈후이(吳稚暉)의 우주론과 주자학의 우주론

딩원장(丁文江)이나 왕싱공(王星拱)과는 다르게 우즈후이(吳稚暉)는 우주론을 통해 자신의 논의를 전개한다. 중국학자 왕후이(王暉)는 우즈후이의 우주론을 '신현학(新玄學)'을 통해 송명리학(宋明理學)을 비판했지만 결국 양자가 똑같이 "본체론(자연본체) – 우주론(세계도식) – 인성론 – 인식론 – 윤리학(본체론으로 회귀)의 내재적 순서를 가지고 있다"고 말하고 있다.[61] 주자학의 윤리규범과 우즈후이의 그것이 모두 우주론과 연결되어 있다는 의미이다. IV장에서 살펴 본 것처럼 우즈후이의 우주론은 재질(質)과 힘(力)을 기초로 구축된다. 즉 자연세계의 본질적 구성요소는 물질이면서 에너지이다.

그에 의하면 재질과 힘으로 이루어진 하나의 활물(活物)로부터 만물이 생성된다.[62] 이는 얼핏 보기에 주희(朱熹)가 이(理)와 기(氣)로 만물의 생성을 설명한 것과 비슷한 논리처럼 보인다. 주희도 이(理)와 기(氣)를 체용(體用)의 논리로 설명하고, 양자를 통해 우주만물의 생성을 논한 바 있기 때문이다. 그러나 우즈후이(吳稚暉)의 '활물'(活物)은 재질과 힘으로 이루어진 것임을 주의해야 한다. 우즈후이가 말한 우주만물의 근본인 활물(活物)은 분명히 이(理)와 기(氣) 가운데 기(氣)만을 뜻하는 것이었다. 주희의 우주론이 이기이원론(理氣二元論)에 기반하고 있다면, 우즈후이의 우주론은 기일원론(氣一元論)에 기반하고 있다.

앞에서도 살펴본 것처럼 주희(朱熹)는 이(理)와 기(氣)에 의해 우주의

---

61 王暉, 『現代中國思想的興起』 下卷 第二部, (北京: 三聯書店, 2004), 1278쪽.

62 吳稚暉, 「一個新信仰的宇宙觀及人生觀」, 『科學與人生觀』, 22쪽.

모든 것이 생성되었다고 생각했다. 그에게 자연의 조직 원리일 뿐만 아니라 인간의 당위(當爲)를 규정하는 원리(理)는 우주 내에 이미 존재하고 있는 것이었다. 이 때문에 주희의 우주론은 이론상 인간의 행위 규범(가치)을 제공하는데 큰 무리가 없다. 그러나 우즈후이(吳稚暉)의 이러한 기일원론(氣一元論), 즉 그의 우주론에는 일정한 당위를 이끌어 낼 수 있는 '가치'가 담겨 있지 않았다. 그럼에도 우즈후이는 그의 우주론을 통해 인생관(가치)를 끌어낼 수 있다고 생각했다.

우즈후이(吳稚暉)에 의하면 궁극적으로 '재질'(質)과 '힘'(力)으로 만들어진 동물, 그 가운데 손과 뇌를 쓰는 동물인 인간이 우주의 무궁한 시간 안에서 잠깐 존재했다가 사라지는 것이 인생이다. 인생에 대해 우주 전체의 아주 작은 일부로 스스로를 볼 수 있는 것이 인생관이다.[63] 인간의 삶을 우주 자연의 일부이며, 궁극적으로 '물질'과 '힘'의 상호 작용에 의해 이루어진 것이라고 보는 우즈후이에게 당연히 자연적 욕구는 '선'(善)이다.[64]

우즈후이(吳稚暉)가 우주론에 입각하여 바람직한 인생관으로 제시하고 있는 '밥 먹는 인생관'(喫飯人生觀), '애 낳은 인생관'(生小孩人生觀), '친구 불러 모으는 인생관'(招呼朋友人生觀)[65] 등 세 가지 인생관 가운데 앞의 두 가지는 이러한 맥락에서 자연스럽게 옳은 것이며 선(善)이라고 할 수 있다. '밥 먹는 인생관'과 '애 낳은 인생관'은 인간의 자연적 욕구에 대한 언급이기 때문이다. 문제가 될 수 있는 부분은 사회규범, 혹은 도덕규범과 관련된 세 번째 인생관이라고 할 수 있다. '친구를

63 吳稚暉, 위의 글, 47쪽.

64 위의 글, 162쪽.

65 위의 글, 55쪽.

부르는 인생관'에 대하여 우즈후이가 주장하는 내용은 4가지 층으로 나누어 볼 수 있다. "제1층, 인생관은 인사관(人死觀)이 아니다. 제2층, 인생관은 아생관(我生觀)만은 아니다. 제3층, 인생관은 타생관(他生觀)과 함께 한다. 제4층, 인생관은 우주관(宇宙觀)을 가지고 있다."[66]

각 층별로 내용을 보면 생명과 관련된 '식욕'(食慾)과 '성욕'(性慾)의 적절한 추구가 선(善)이라고 선언하는 것이 제1층이다.[67] 다른 사람의 생(生)을 위해 자신의 생을 희생할 수 있음을 말하는 것이 제2층이다.[68] 인간뿐만 아니라 다른 생명까지 존중할 수 있다는 것이 제3층이며[69], 우주 만물의 생성과 진화 안에서 인간의 위치를 알아야 자만하지 않을 수 있다는 것이 제4층의 내용이다.[70]

우즈후이(吳稚暉)에 의하면 결국 인생관은 '물질'과 '힘'을 근원으로 생성, 진화하고 있는 우주적 '사실'에 대한 정확한 인식을 통해 '귀납적'으로 추론된 '가치'라고 할 수 있다. 이 때문에 후스(胡適)는 우즈후이의 인생관에 대해 '순기계적 인생관'[71] 또는 '자연주의적 인생관'[72]이라며 극찬하기에 이른다.

우즈후이(吳稚暉)의 인생관은 분명 왕후이(王暉)의 지적처럼 '존재론-우주론'과 '인성론-윤리학'이 연결되어 있는 형태였다. 왕후이는 이러한 우즈후이의 '기일원론'(氣一元論)이 "일종의 신이학(新理學)으로

66 위의 글, 161쪽.

67 위의 글, 161~162쪽 참고.

68 위의 글, 162~163쪽 참고.

69 위의 글, 163~164쪽 참고.

70 위의 글, 164~165쪽 참고.

71 胡適, 「科學與人生觀序」, 『科學與人生觀』, 13쪽 참고.

72 위의 글, 29쪽.

구이학(舊理學)을 반대하고 대치했다"[73]고 말하며, "가장 명확하고 간단한 방식으로 천리(天理) 세계관을 공리(公理) 세계관으로 대치했다"[74]고 평가하고 있다. 여기에서 천리 세계관은 구이학(舊理學)적 세계관으로 선험적, 형이상학적 원리(天理)를 사회의 도덕규범과 연결시키는 세계관을 의미하며, 공리 세계관은 신이학(新理學)적 세계관으로 경험적, 과학적 법칙(公理)을 사회의 도덕규범과 연결시키는 세계관이라고 할 수 있다.

그런데 왕후이(王暉)의 말처럼 우즈후이(吳稚暉)의 세계관이 주자학(朱子學)의 그것을 '간단하게' 대치했다고 볼 수 있을지는 좀 더 논의해볼 필요가 있을 것 같다. 왜냐하면 양자 사이의 차이점은 '천리 세계관'과 '공리 세계관'의 차이로 설명할 수 없는 부분도 존재하기 때문이다. 우즈후이와 주희(朱熹) 사이의 명확한 차이는 오히려 지켜야 할 가치의 내용이 명확하고 구체적으로 존재하는지 여부이다. 주자학에서는 지켜야할 가치가 '유학'(儒學), 특히 유교경전의 형태로 명확하게 존재하고 있었다. 그러나 우즈후이의 인생관은 우주 원리(사실의 원리)를 통해 몇 가지 큰 원칙, 또는 '황금률'이 있을 뿐 실천을 위한 구체적 내용은 결여하고 있다.

주희(朱熹)는 애초에 이치(理)를 두 가지로 나누어서 설명하고 있다. 이른바 '소당연지칙'(所當然之則)과 '소이연지고'(所以然之故)가 그것이다. 주희는 "천하의 물(物)은 반드시 소이연지고와 소당연지칙이 있으니, 이른바 이치(理)이다."[75]라고 말하고 있다. 또 주희는 기본적으로

---

73 王暉, 같은 책, 1279쪽.

74 위의 책, 같은 쪽.

75 天下之物 則必有所以然之故與所當然之則 所謂理也.「大學」5,『朱子語類』, 卷18.

이치(理)를 발견하는 작업이 결국 이 두 가지 모두를 발견하는 일임을 강조하고 있다.

> 이치(理)를 탐구하는 것은 사물의 소이연(所以然)과 소당연(所當然)을 알려고 하는 것일 뿐이다. 그 소이연(所以然)을 알기 때문에 의지(志)가 미혹되지 않고, 소당연(所當然)을 알기 때문에 행동이 어긋나지 않는 것이다.[76]

주희(朱熹)는 '소이연'(所以然)과 '소당연'(所當然)에 대한 정의를 명확하게 하고 있지는 않다.[77] 문맥상 소당연(所當然)은 옳은 행위의 기준, 즉 가치 규범이라고 할 수 있다. 옳은 규범에 따라야 행동이 어긋나지 않을 수 있다. 그런데 그 행위 규범이 과연 옳은 것인지, 또 왜 옳은 것인지에 대한 이유를 설명하지 않으면 그 행위 기준에 맞는 행위를 하려는 의지가 흔들릴 수밖에 없다. 이를 방지하기 위하여 일정한 행위 규범이 옳은 것임을 보증해 주는 설명이 필요하며, 이것이 소이연(所以然)이다. 이에 따라 소당연지칙(所當然之則)은 '당연히 해야 할 원칙'이며, 소이연지고(所以然之故)는 '그 원칙이 왜 그런지에 대한 이유'가 된다. 즉 소당연지칙은 당위(當爲, 가치, '해야 한다')의 내용이라고 할 수 있고, 소이연지고는 그 당위에 대한 이유를 설명하는 것이다. 다음과 같은 주희의 언급을 보면, 이러한 면이 보다 분명하게 드러난다.

---

76 窮理者 欲知事物之所以然與其所當然者而已. 知其所以然 故知不惑 知其所當然 故行不謬. 『朱子大全』, 卷64.

77 김영식, 『주희의 자연철학』, (서울: 상지사, 2005), 45쪽.

당연의 원칙(當然之則)이 있으면 또 반드시 그 소이연지고(所以然之故)가 있는 것은 무엇 때문인지 묻는 사람이 있었다. 주자는 다음과 대답했다. 예를 들면 부모를 대하는 데 당연히 효도해야 하고, 형을 대하는 데 당연히 아우의 도리(弟)를 해야 하는 것들은 당연의 원칙(當然之則)이다. 그러나 부모를 대하는 데 어째서 반드시 효도해야 하는지, 형에게는 어째서 반드시 아우의 도리를 해야 하는지는 소이연지고(所以然之故)이다.[78]

주의해야 할 점은 소이연지고(所以然之故)의 결과로 소당연지칙(所當然之則)이 있는 것이 아니라는 점이다. '주된 중심'은 '소당연'(所當然)이며, '소이연'(所以然)은 그 행위를 확고하게 실천하기 위한 '부수적 이유'가 된다. 주희(朱熹)가 소이연과 소당연 가운데 '규범의 측면'이라고 할 수 있는 소당연에 대해 보다 강조하고 있는 것[79]도 이 때문이다. 그런데 변종원에 의하면, 사회 안에서 '사회의 윤리원칙과 규범'을 의미하는 것이 소당연지칙인 반면 소이연지고는 '사물의 본질과 규율'이다.[80] 이에 따르면 인간 사회 안에서 소당연지칙은 가치의 원리이고, 소이연지고는 사실의 원리라고 할 수 있다.[81] 그렇다면 위에

78 或問有當然之則 亦必有其所以然之故爲何 曰如事親當孝 事兄當弟之類 便是當然之則 然事親如何却須要孝 從兄如何却須要弟 此卽所以然之故. 「大學」5, 『朱子語類』, 卷18.

79 김영식, 같은 책, 56쪽.

80 변종원, 「주자의 격물치지에 관한 연구」, 『동서철학 연구』 37, (서울: 한국동서철학회, 2005), 260쪽.

81 물론 자연계에서는 '계절의 변화'나 '하늘이 높은 점' 등이 '소당연'(所當然)이고, 그 이유가 '소이연'(所以然)이 된다. 유인희, 「동양철학에 있어서 존재와 당위의 문제」, 『철학연구』 16, (대구: 대한철학회, 1981), 126~127쪽 참고. 그럼에도 유인희도 "그(朱熹: 인용자)가 언제나 당연의 문제를 다만 인간의 일(事)에서 다루었다는 점을 중시해야 한다."고 명확하게 주장하고 있다. 같

서 인용한 주희의 설명은 가치의 원리에 대한 이유를 제공하는 것이 사실의 원리라는 의미가 된다.

이에 비해 우즈후이(吳稚暉)의 우주론과 인생관 논의를 보면 우주 자연의 '사실 원리'는 원인이 되고, 인생관이라는 '가치 원리'는 결과가 된다. 주희(朱熹)에게 가치의 원리는 이미 '주어진 내용', '일상적인 내용'을 가지고 있지만 우즈후이의 가치는 우주의 물질적 진화 과정의 원리를 깨닫고 난 이후에나 갖게 되는 가치의 '형식' 정도만을 규정하고 있을 뿐이었다.

주희(朱熹)의 설명으로 보면 소당연지칙(所當然之則)은 자식으로서의 도리(孝)나 아우로서의 도리(弟)처럼 일상적으로 '해야 한다'(가치, 당위)고 믿는 규범들이다. 이에 대해 주희는 "완전한 앎에 이른다는 것(致知)은 다른 사람들이 모르는 도리(道理)를 아는 것이 아니라 다만 사람들 눈앞에 있는 도리를 아는 것이다."[82]라고 밝히고 있다. 이처럼 주희에게 있어서 해야 할 행위의 준칙들은 이미 '주어진 것'들이었다. 그런데 주희가 보기에 이렇게 '일상적이며 주어진' 가치의 내용(所當然之則)과 그 이유에 대해 확실하게 깨달았던 사람들이 유교적 성인(聖人)이라고 할 수 있었다.

> 성인(聖人)의 말(言語)은 천리(天理)이며 스스로 그러한 것(自然)이다.[83]
>
> (성인은) 단지 당연의 이치(理)를 말했으며 사람들이 깨닫지 못할까봐 또한 책에 그것을 썼다.[84]

은 글, 128쪽.

82 致知 不是知那人不知底道理 只是人面前底. 「論語」8, 『朱子語類』 卷26.

83 聖人言語, 皆天理自然. 「學」5, 『朱子語類』 卷11.

책을 읽어서 성현(聖賢)의 뜻을 보고, 성현의 뜻으로 스스로 그러한(自然) 이치(理)를 본다.[85]

이렇게 주희(朱熹)에게 일상적이고 주어진 가치의 내용들은 성인(聖人)의 말을 담은 유교경전과 역사책을 통해 너무나도 쉽고 풍부하게 알 수 있는 것들이었다.

학문하는 길은 이치(理)를 끝까지 탐구하는 것보다 앞서는 것이 없다. 이치(理)를 끝까지 탐구하는 핵심은 반드시 독서(讀書)에 있다. 천하의 이치를 끝까지 탐구하고자 하면서 경(經)의 가르침과 역사책에 입각해 구하지 않는다면, 바로 벽을 바라보고 서있는 것이나 마찬가지이다. 이것이 이치를 탐구(窮理)하기 위해 반드시 독서를 해야 한다는 까닭이다.[86]

이에 비해 우즈후이(吳稚暉)는 지켜야할 가치의 내용은 거의 없다. 앞에서 살펴 본 것처럼 그의 가치규범과 관련된 인생관은 '인사관(人死觀)이 아닌', '아생관(我生觀) 만이 아닌', '타생관(他生觀)과 함께 하는', '우주론(宇宙論)과 함께 하는' 인생관 정도이다. 이러한 것은 가치의 내용이라기보다는 형식이라고 할 수 있다. 실제로 '지금 여기에서 무엇을 해야 하는가?'라는 일상적 행위를 규율할 정도의 구체적인 내용은 결여하고 있다. 그가 말하는 가치의 형식은 주어진 삶을 스스

84 只是說箇當然之理 恐人不曉 又筆之於書. 「學」5, 『朱子語類』 卷11.

85 讀書以觀聖賢之意 因聖賢之意 以觀自然之理. 「學」4, 『朱子語類』 卷10

86 爲學之道 莫先於窮理. 窮理之要 必在於讀書. 欲窮理天下之理 而不卽經訓史冊以求之 卽是正牆面而立爾. 此窮理所以必在乎讀書也. 「奏劄」. 狩野直喜, 오이환 역, 『중국철학사』, (서울: 을유문화사, 1991), 406~407쪽.

로 그러한(自然) 원리(道)에 순응하며 살아가기를 주장하고 인위적인 제도에 반대한 도가(道家)적 가치 형식과 닮아 있었다. 이러한 도가의 가치 형식은 새로운 사회규범을 만들기보다는 기존 사회의 도덕규범에 대해 비판하는 역할만을 수행했다는 역사적 사실도 음미해 볼 필요가 있을 것이다. 요컨대 우즈후이(吳稚暉)의 우주론-가치론의 결합 형태는 기존 가치의 내용을 비판하는 형태로는 적합할지는 몰라도 일정한 가치 내용을 사회에 통행시키기에는 역부족이었다. '행해야 할' 구체적 행위 내용을 결여하고 있었기 때문이다. 그러나 주희의 성리학(性理學)은 '행해야 할' 구체적 행위 내용을 유교경전과 각종 역사책에서 너무나도 풍부하게 공급받을 수 있었으며, 그에 대한 정당화(이유, 所以然之故)는 유교경전, 역사책뿐만 아니라 사물(事物)의 원리를 통해서도 가능한 구조였다.

주희(朱熹)의 사상은 성인(聖人)의 말과 역사라는 풍부한 텍스트가 가치의 내용을 공급하고 있었으며, 사물의 원리(所以然之故)를 통해 그 가치의 객관성을 보증하는 것이었다. 결과적으로 '지금 여기에서 무엇을 해야 하는가?'(所當然之則)라는 인간의 구체적 행위 규범에 대해 그 내용적 구체성을 만족시킬 수 있었으며, 그 가치 내용(所當然之則)의 사실적 이유(所以然之故)를 통해 가치의 객관성에 대해서도 만족시킬 수 있었다. 이러한 주희 사상의 기본 구조는 역사발전법칙과 물질적 객관성을 강조한 유물사관파(唯物史觀派)의 그것과 매우 유사한 형태로 보인다. 왜냐하면 유물사관은 '지금 여기에서 무엇을 해야 하는가'에 대한 대답(계급투쟁)을 명확하게 가지고 있었으며, 그 가치의 내용을 정당화하기 위한 사실(역사, 물질)의 원리를 가지고 있었기 때문이다. 다음 절에서는 유물사관파의 주장이 앞에서 살펴 본 주자학의 특징과 어떠한 유사점이 있는지에 관해 논의하기로 한다.

3. 주자학과 유물사관: 사회적 가치 내용의 근거로서 사실의 원리

가. 유물사관파와 과학파의 차이점

중국학자 리쩌허우(李澤厚)의 지적처럼 1920년대 과학파를 믿는 청년들에게 "과학파의 선상에서는 천두슈(陳獨秀) · 취추바이(瞿秋白) 등이 딩원장(丁文江) · 후스(胡適)를 대신하였다."[87] 똑같이 장쥔마이(張君勱) 등의 형이상학파에 반대하는 노선을 취하고 있지만, 유물사관파(唯物史觀派)는 후스 · 딩원장 · 우즈후이(吳稚暉) 등의 과학파와 입장 차이를 명확하게 하고 있다.

유물사관파의 인물들은 우주론보다 사회의 역사에 보다 많은 관심을 기울인다. 유물사관파 스스로 주장한 '유물사관'(唯物史觀)이라는

[87] 李澤厚, 같은 책, 82쪽. 그럼에도 본 논문의 기본 텍스트로 삼고 있는『科學與人生觀』(上海: 亞東圖書館, 1923) 판본에는 陳獨秀의 서문(序文)만 들어가 있고, 같은 시기 瞿秋白과 鄧中夏이 과학과 형이상학 논쟁에 참여한 글은 없다. 이는 기본적으로『科學與人生觀』에서 陳獨秀와 胡適의「서문」이 11월에 작성된 것으로 보아, 11월과 12월에『新青年』과『中國青年』에 실렸던 瞿秋白과 鄧中夏의 글을 실을 수 없었기 때문인 것으로 보인다. 필자는 과학과 형이상학 논쟁에 관한 논의의 지나친 확대를 방지하기 위해 기본 텍스트 내에서 한정하여 논의를 진행하고자 하였다. 그러나 유물사관파(唯物史觀派)의 기본입장을 보여주기 위해서는 陳獨秀의 서문만으로는 부족할 수밖에 없다. 瞿秋白은 분명하게 과학과 형이상학 논쟁과 관련하여, 과학과 형이상학 논쟁이 진행되던 시기(1923년 12월)에 글을『新青年』에 게재하고 있다. 또 鄧中夏도 과학과 형이상학 논쟁에 대하여 비슷한 시기(1923년 11월)에『中國青年』에 자신의 글을 게재했다. 이들은 기본 텍스트에는 빠져있지만 과학과 형이상학 논쟁 참여자임에 의심의 여지가 없다. 따라서 과학과 형이상학 논쟁에서 유물사관파에 瞿秋白과 鄧中夏의 논의도 포함시키는 것은 별다른 무리가 없을 것으로 보인다. 본 절에서는 陳獨秀와 瞿秋白, 그리고 鄧中夏가 주장하는 유물사관의 특징을 중심으로 주자학과 비교하기로 한다.

단어의 의미로 보더라도 그들의 관점은 명백히 우주론보다는 사회의 역사를 중요시하고 있다는 사실을 쉽게 알 수 있다. 이 때문에 후스(胡適)는 천두슈(陳獨秀)를 비판하면서 "천두슈(獨秀)가 말하는 것은 일종의 역사관이지만, 우리가 토론하는 것은 인생관이며 인생관은 우주만물과 인류에 대한 개인적 견해이다."[88]라고 했다. 이에 대해 천두슈는 "나는 명백하게 '객관적 물질 원인만이 사회를 변동시킬 수 있고, 역사를 해석할 수 있으며, 인생관을 지배할 수 있다'고 말했는데, 어찌 역사만을 가리키겠는가?"[89]라고 반박하고 있다. 천두슈의 반박 내용을 보더라도 유물사관파의 관심은 우주론과는 별다른 관련을 맺고 있지 않다. 유물사관파가 말하는 '객관적 물질 원인'이라는 말은 과학파와 자신들을 구별하는 핵심이다. 그들이 말하는 객관적 물질은 우주 혹은 자연 차원에서 다루는 물질이 아니라 결국 사회 차원에서 다루는 '물질'이었으며, 구체적으로 말하면 '경제'였다. 이에 대한 덩중샤(鄧中夏)의 언급을 보면 다음과 같다.

> 유물사관파 사람들도 역시 과학에 근거하고, 과학방법을 응용하는 점에서 과학방법파(과학파: 인용자)와 다르지 않다. 다른 점은 단지 물질이 변동(솔직히 말하면, 경제 변동)하면 인류의 사상도 모두 그에 따라 변동된다는 점을 믿는다는 점이며, 이 때문에 과학방법파(과학파: 인용자)에 비해 더욱 유식(有識)하게 되었고, 더욱 철저하게 되었다. 유물사관파는 현재 문자 선전에 노력할 뿐만 아니라 실제 활동에 종사하고 있다.[90]

---

88 胡適, 「科學與人生觀序」, 『科學與人生觀』, 30쪽.

89 陳獨秀, 「答適之」, 『科學與人生觀』, 36쪽.

90 鄧中夏, 「中國現在的思想界」, 李華興 編, 『中國現代思想史資料簡編』,

덩중샤(鄧中夏)의 언급은 두 가지 매우 중요한 내용을 함축하고 있다. 첫째 경제 변화에 따라 사회사상도 변화한다는 점을 믿고 있는 것이 유물사관의 핵심이라는 점이다. 둘째 유물사관파 사람들은 사회변동을 위해 실제적인 활동을 전개하고 있다는 점이다. 전자는 사회 안에 일정한 객관적 법칙이 구체적으로 존재한다는 믿음을 의미하며, 후자는 '지금 여기에서 무엇을 해야 하는가'에 대한 해답을 명확하게 가지고 있었다는 점을 의미한다. 유물사관의 이 두 가지 특징은 과학파와 구별되는 핵심이며, 아울러 주자학의 가치와 사실관계에 대한 논리 구조와 유사한 점이기도 하다. 후자(後者)의 경우 1921년 중국공산당을 창당하고 마르크스주의에 대한 선전 작업을 진행하고 있었던 점만으로도 설명될 수 있다. 따라서 여기에서는 전자(前者), 즉 사회 안에 객관적 법칙이 구체적으로 무엇을 의미하는지, 그리고 그것이 주자학과 어떤 점에서 유사성이 있는지를 중심으로 살펴보기로 한다.

나. 유물사관파의 사회론

먼저 유물사관파 취추바이(瞿秋白)는 자연 세계와 인류사회의 역사를 명확하게 구분하고 있다.

> 자연계에는 절대적으로 바람(愿望)이나 목적이 없다. 인류 사회의 역사에서는 매우 다르다. 그 안의 행동하는 것은 의식(意識)이 있는 인간이며, 각자 자기의 바람 또는 견해로 행동하고, 각자

(浙江: 浙江人民出版社, 1982), 174~175쪽.

일정한 목적이 있다.[91]

이러한 취추바이(瞿秋白)의 지적을 보면, 자연의 법칙을 발견한 것처럼 인간 사회에도 일정한 법칙을 발견할 수 있다고 생각한 과학파의 입장과도 대립된다. 또 인간의 행위규범(所當然之則, 가치)에 대해 자연의 원리(所以然之故)로 객관성을 보증하려고 했던 주자학의 논의와는 완전히 다른 것처럼 보인다.

과학파의 입장과 대립되는지에 대한 검토부터 시작해 보자. 결론부터 말하면 과학파의 입장과 유물사관의 입장은 근본적으로 다르지 않다. 다른 점이 있다면 인간 사회의 일정한 법칙을 이미 구체적으로 설명하고 '지금 여기에서 무엇을 해야 하는가'에 대한 대답을 가지고 있었던 측이 유물사관파였고, 그렇지 못한 측이 과학파라고 할 수 있다. 취추바이(瞿秋白)의 다음과 같은 언급을 보면 과학파의 입장과 유물사관파의 입장이 근본적으로 다르지 않음을 알 수 있다.

> 사회와 자연계는 모두 우연적인 일이 다수를 차지한다. 그러나 "우연"(偶然)이 있더라도, 이 "우연" 자체는 영원히 그 내부에 숨겨진 법칙(公律)에 의해 지배된다. 과학의 임무는 이러한 법칙(公律)을 발견하는 데 있다.[92]

과학이란 수많은 우연 안에서 일정한 법칙을 발견하는 것을 의미하며, 이것이 자연과학이나 사회과학의 임무라는 것이다. 자연계와

---

91 瞿秋白, 「自由世界與必然世界」, 李華興 編, 『中國現代思想史 資料簡編』 2, (浙江: 浙江人民出版社, 1982), 396쪽.

92 위의 글, 396쪽.

사회 모두 '내부에 숨겨진 법칙'이 있다는 말이며 이는 과학파의 기본적인 입장과 같은 것이었다. 그런데 앞에서 취추바이(瞿秋白)는 왜 자연과 사회의 역사를 구분하려고 했던 것일까? 이에 대한 해답을 얻으려면 유물사관파가 생각하는 사회 안에 '숨겨진 법칙'이 구체적으로 무엇을 의미하는지에 관해 이해하는 것이 중요하다.

> 정확하게 말해서, 사회현상의 최종 원인은 생산력("자연", "기술" 그리고 "노동력"(工力) 3자를 포함)이다. 사회현상 변천의 순서를 대체로 다음과 같이 설명할 수 있다.
> 1. 생산력의 상태
> 2. 이러한 생산력의 규정을 받는 경제관계
> 3. 이러한 경제 "기초" 위에서 생성되고 성장하는 사회정치제도
> 4. 일부는 경제현상의 규정을 직접 받고, 다른 일부는 경제현상 위에서 생성되고 성장하는 사회정치제도의 규정을 받는 사회심리 – (사회적 인간의 심리)
> 5. 이런 사회심리의 여러 가지 성질을 반영한 "사회사상" – (사회사상가의 이상)[93]

취추바이(瞿秋白)가 말하고 있는 생산력은 자연과 인간이 직접 관계를 맺는 사건의 총체라고 할 수 있다. 인간은 자연을 통해 필요한 물자를 생산하므로, 인간이 노동력과 기술을 통해 자연으로부터 필요물자를 생산하는 총체가 바로 생산력이라는 의미가 된다. 여기에서 '노동력'과 '자연'은 본질적인 변화가 없다고 볼 때, 생산력을 변화시키는 핵심은 '기술의 혁신'이다.[94] 이러한 생산력의 변화(기술의

93 위의 글, 403~404쪽.

혁신)에 따라 경제관계(생산관계)가 변화하고, 그 변화에 따라 사회정치제도, 사회심리, 사회사상이 변화한다는 논리이다. 따라서 유물사관파에게 역사의 발전은 생산력의 변화에 따른 필연적인 결과였다. 이에 관해 당시 유물사관파 덩중사(鄧中夏)의 주장을 보면 다음과 같다.

> 사회가 진화한다는 것은 경제적 조직이 변화한다는 것이며, 봉건제도는 반드시 자본제에 의해 전복되고 자본제는 반드시 공산제에 의해 전복된다. 그렇다면 우리는 봉건사상이 반드시 자본계급사상에 의해 정복되고 자본계급사상은 반드시 무산계급사상에 의해 정복되는 것을 단정할 수 있으며, 이는 사회진화와 사상진화의 철칙으로 소위 "아무리 큰 힘을 가지고 있더라도 거역할 수 없는" 것이다.[95]

덩중사(鄧中夏)는 '봉건제 ➡ 자본제 ➡ 공산제'의 역사발전 단계와 '봉건사상 ➡ 자본계급사상 ➡ 무산계급사상'의 사상발전 단계를 설명하고 있다. 또한 이러한 발전은 필연이라고 주장하고 있다. 문제는 이 '필연성'에 있다. 역사와 사상이 이처럼 필연적 법칙에 의해 진행된다면 사람들은 그 필연성에 모두 맡기고 있으면 된다는 논리도 가능하게 된다. 당시 선전활동과 조직 활동에 힘쓰고 있던 유물사관파 사람들의 행동과 모순되는 논리가 되는 것이다. 유물사관에 대해 이렇게 '오해'할 가능성이 충분히 있었으며 실제로 후스(胡適)도 그러한 점을 직접적으로 지적하고 유물사관을 비판하기도 했다.[96]

---

94 위의 글, 404쪽.

95 鄧中夏, 같은 글, 175~176쪽.

취추바이(瞿秋白)는 이러한 '오해'의 불식을 위해 자연과 사회의 역사를 구분했던 것이다. 취추바이는 숙명론과 사회의 '필연성'이 전혀 다른 개념임을 강조한다. 인류가 자연의 법칙을 발견하고 이용하면서 자연의 속박에서 벗어날 수 있었던 것처럼 사회의 법칙을 발견하고 이용하게 되면 오히려 사회의 맹목적 권위를 벗어나 자유로울 수 있게 되는 것이었다.[97]

> 이 때문에 "필연성"은 사회적 결정론(determinism)이지만 숙명론(fatalism)은 아니다. 사회적 결정론은 "인과적 필연"을 설명하지만, "인과적 필연"의 인간에 대해서는 알지 못한다. "인과적 필연"의 인간은 운명에 맡기는 숙명주의(宿命主義)나 덮어 놓고 행하는 요행주의(僥倖主義) 쪽으로 향하기 마련이다.

유물사관파가 보기에 자연과 사회 역사의 필연성, 즉 법칙은 투쟁 안에서 발견되고 이용되는 것이었다. '바람'과 '견해'가 있는 인류의 역사는 생산력과 경제관계를 기반으로 계급 간의 투쟁에 의해 발전하는 것이었다.[98] 따라서 역사 변화를 손 놓고 기다리는 것이 아니라 계급투쟁과 혁명을 위해 적극적으로 나서야 한다는 논리가 가능해진다.

> 인간과 자연의 투쟁 과정 안에서 자연현상의 법칙(公律)을 발견했기 때문에 인간은 공산 부락을 이루어 비교적 자유로운 영역으

96 胡適, 같은 글, 32~33쪽 참고.
97 瞿秋白, 같은 글, 398~399쪽.
98 위의 글, 404쪽.

로 함께 나아갈 수밖에 없었다. … 계급투쟁의 과정 안에서 사회현상의 법칙(公律)을 발견했기 때문에 무산계급은 "인류를 해방하여 사회주의에 도달하지 못하면 자기의 해방도 불가능하다"는 점을 깨닫게 되었다.[99]

투쟁 과정 안에서 법칙이 발견된다는 점은 중요하다. 투쟁은 승리를 위해 '실천'을 전제로 하지 않으면 안 되는 것이기 때문이다. 유물사관은 인간의 '실천'을 전제로 인류 역사의 진행과정을 관찰하고 해석했다. 그리고 그 '실천'은 유물사관이 형성된 시기 '노동자들의 투쟁'임은 주지의 사실이다. 이렇게 계급적 실천을 강조하는 유물사관파에게는 반드시 '옳은 행동'(당위, 가치)과 '옳지 않은 행동'이 있을 수밖에 없다. 유물사관파에게 역사적 필연성에 맞는 행위는 당연히 옳은 행위이고, 역사적 필연성에 맞지 않는 행위는 옳지 않은 행위가 된다.

앞에서 살펴본 것처럼 유물사관파가 말하는 역사적 필연성이란 세 가지를 들 수 있다. 첫째 '경제'가 인류 사회 변화의 최종 원인이라는 점이며, 둘째 인류의 역사는 경제를 기반으로 한 계급투생의 역사라는 점이며, 셋째 역사는 (원시공산제와 고대노예제를 거쳐) 봉건제에서 자본제로, 자본제에서 공산제로 발전한다는 점이다. 이 세 가지는 인류사회의 불변의 공통 법칙이며, 이 법칙은 행위 규범(당위, 가치)의 최종적인 근거가 되는 것이다. 첫 번째와 두 번째 내용은 (계급적) 가치가 객관적 물질원인으로부터 인과적으로 발생한다는 것을 설명하는 내용이라 할 수 있다. 세 번째 '발전의 순서'는 유물사관의 행위

99 위의 글, 406쪽.

규범이 계급적 가치를 넘어 보편적 · 객관적 가치가 될 수 있는 근거가 된다. 왜냐하면 만약 발전단계의 순서가 명확하게 있지 않으면 각 계급은 계급 나름대로 자기 계급에 맞는 행위 규범을 주장하더라도 정당한 주장이라고 할 수밖에 없게 되기 때문이다. 역사 진행의 과정이 무산계급의 해방을 향해 가는 과정이므로 결국 노동자 계급의 승리를 위한 실천은 무산계급에 적합할 뿐만 아니라 역사의 보편적이고 객관적인 법칙 자체에 적합한 것이 된다. 이 때문에 취추바이(瞿秋白)도 다음과 같이 강조하고 있는 것이다.

> 가장 중요한 것은 새로운 변화에 적응한 개성(個性)이 역사 흐름의 "필연적 인과"를 스스로 깨달을 수 있게 된다면, 계급을 초월하여 "자유롭게" 관점을 선택할 수 있게 된다는 점이다.[100]

지금의 시점으로 어떻게 평가할 수 있는지를 떠나, '경제원인론'과 '계급투쟁론', '역사발전단계론'은 당시 유물사관론자들에게는 '믿어 의심치 않는'(相信) 인류사회의 절대적 법칙이었다는 점이 중요하다. 그들에게 그것은 완전히 '객관적인 사실 원리'였다. 그러므로 '해야 할' 가치(당위)에 대해 더 이상 의심할 수 없는 최종 근거로 작용하는 것이 이러한 사회론(社會論)이었던 것이다. 이점은 '해야 할' 가치(당위)에 대해 더 이상 의심할 수 없는 최종 근거로 우주론(宇宙論)을 믿었던 주자학의 주장과 상당히 유사한 면이 있다. 이에 대해 주자학에서 근본적인 이치(理)의 내용에 대해 어떻게 설명하고 있는지 살펴보기로 하자.

---

[100] 위의 글, 406쪽.

다. 주자학과 유물사관의 유사성

주희(朱熹)가 유교적 가치(所當然之則)에 대해 사실의 원리(所以然之故)를 통해 정당화한 점에 대해서는 앞 절에서 이미 다룬 바 있다. 여기에서 더 이상 소급할 수 없는 최종적인 사실의 원리(所以然之故)가 우주론으로 보증된다는 점이 중요하다.

> 예컨대 부모가 자식을 사랑하는 이유와 자식이 부모에게 효도하는 이유는 부모와 자식이 본래 같은 기(氣)이며 다만 한사람의 몸인데 나뉘어 둘이 된 것이므로 그 깊은 애정(恩愛)이 서로 연결되어 있어서 저절로 그렇게 하려고 기약하지 않아도 그렇게 됨이 있기 때문이다.[101]

앞에서도 살펴본 것처럼 '부모에게 효도해야 함'은 소당연지칙(所當然之則)이며 '부모에게 효도해야 하는 이유'가 소이연지고(所以然之故)이다. 위의 인용문에서 효도라는 가치에 대한 이유로 '같은 기(氣)'와 '같은 몸(身)' 등을 들고 있다. 논리적으로 본다면 '부모에게 효도해야 하는 이유'는 '원래 같은 기(氣)'였기에 '원래 하나의 몸'이며, '원래 하나의 몸'이므로 서로 '깊은 애정(恩愛)이 연결되어 있기' 때문이다. 최종적인 이유는 '원래 같은 기(氣)였다'는 것이 된다. 결국 '부모에게 효도해야함'의 최종적인 근거는 이치(理)와 기(氣)로 이루어진 우주 존재론에 기반하고 있는 것이다.

여기에서 '원래 같은 기(氣)이다', '원래 같은 몸(身)이다', '깊은 애

101 又如父之所以慈 子之所以孝 蓋父子本同一氣 只是一人之身 分成兩箇 其恩愛相屬 自有不期然而然者. 「大學」4, 『朱子語類』, 卷17.

정(恩愛)이 연결 되어 있다'는 모두 사실을 의미한다. 즉 '해야 한다'를 의미하는 가치의 내용이 아니라 '이다'를 의미하는 사실의 내용이다. '이다'의 사실은 인간의 감정이나 의지가 개입되지 않은 것이므로 스스로 그러한 것(自然)이며 객관적인 것이라고 할 수 있다. 이 때문에 효도는 인위적인 당위(가치)가 아니라 자연스러운 당위(가치)가 되는 것이다. 그러나 형체의 재료라고 할 수 있는 '기'(氣)가 연결되어 있다고 하더라도 그 때문에 인간의 좋은 감정을 의미하는 '깊은 애정'(恩愛)이 연결되어 있다고 생각하는 것은 아무래도 무리인 것처럼 보인다. 주희(朱熹)는 이렇게 무리해 보이는 논리를 너무나도 자연스럽게 진행시키고 있다. 그 이유에 대해 이어지는 문장에서 주희는 다음과 같이 설명하고 있다.

> 그 밖의 대륜(大倫)이 모두 그러하니, 모두 천리(天理)로 인해 그렇게 된 것인데 어찌 억지로 하는 것이겠는가. 또한 인(仁)으로 말한다면 천지(天地)가 사물(物)을 낳을 때, 각각 인(仁)이 있으나, 천지는 다만 낳음(生)을 알 뿐이다. 그 근원(原頭)으로부터 내려가 보면, 저절로 사계절(春夏秋冬)과 오행(金木水火土)이 있고, 사람과 사물(物)에 부여되어 인의예지(仁義禮智)의 본성(性)이 있게 되는 것이다. 인(仁)은 봄에 속하고, 목(木)에 속한다. 또 봄에 천지가 만물을 소생시킬 때의 화기(和氣)를 보면, 초목이 싹틀 때 처음에는 겨우 바늘 하나 정도 크기였지만, 조금 지나면 점점 자라나서 가지와 잎이 생기고 꽃과 열매를 맺어 수많은 모습으로 변화하니, 천지가 끊임없이 낳고 또 낳는 뜻(生生之意)을 볼 수 있다. 인애(仁愛)가 아니라면 어찌 이러하겠는가.[102]

---

[102] 其它大倫皆然 皆天理使之如此 豈容强爲哉. 且以仁言之 只天地生這物

주희(朱熹)가 보기에 사물들의 작용에는 이미 그 배후에 인간의 감정과 같은 것(仁愛)이 숨어 있었다. 왜냐하면 사람뿐만 아니라 사물(物)의 본성(性)도 인간의 도덕적 덕목(가치)인 인의예지(仁義禮智)를 갖추고 있기 때문이었다. 그의 우주론에서 이미 근본적인 원리(理＝太極)는 인간뿐만 아니라 모든 사물에 깃들어 있는 것[103]이므로 앞에서 주희의 '무리한 주장'은 그의 논리로 보면 오히려 당연한 주장이라고 할 수 있다. 그러므로 주희의 기본적인 생각에 비춰보면 인(仁)이라는 도덕적 덕목이 실제로 발현된 사랑(仁愛)은 사물(物)들의 작용 안에서 어렵지 않게 볼 수 있는 것이었다.

주돈이(周敦頤)의 『태극도설(太極圖說)』을 기반으로 한 주희(朱熹)의 우주론은 '무극＝태극 ➡ 음양(陰陽) ➡ 오행(金木水火土) ➡ 만물(萬物)' 순서로 이루어져 있다. 그런데 앞의 인용문에서 보면 대륜(大倫)이 모두 천리(天理)로 인해 그렇게 된 것이라고 하면서도 오행(金木水火土) 수준에서 설명을 마치고 있는 것처럼 보인다. 음양이나 태극에 대한 논의가 없기 때문이다. 그러나 인용문의 '본성'(性)이라는 말과 '낳고 또 낳는다'(生生)는 말을 보면 주희가 그의 전체 우주론에 의해 도덕적 가치를 근거 짓고 있다는 점을 알 수 있다. 주희가 『역(易)』의 내용[104]해석 가운데 음(陰)과 양(陽), 그리고 태극(太極)에 대해 설명하는 부분을 보면 다음과 같다.

時便有箇仁 它只知生而已 從他原頭下來 自然有箇春夏秋冬 金木水火土 故賦於人物 便有仁義禮智之性 仁屬春 屬木 且看春間天地發生 藹然和氣 如草木萌芽 初間僅一針許 少間漸漸生長 以至枝葉花實 變化萬狀 便可見他生生之意 非仁愛 何以如此. 「大學」4, 『朱子語類』 卷17.

103 太極非是一物 卽萬物而在萬物 只是一箇理而已. 「周子之書」, 『朱子語類』 卷94.

104 一陰一陽之謂道 繼之者善 成之者性. 「繫辭」 上, 『易』.

한번 음(陰)하고 한번 양(陽)하는 것을 일컬어 도(道)라고 한다는 말은 태극(太極)을 의미한다. 그것을 계승하는 것이 선이라는 말은 낳고 또 낳기를 그치지 않는다는 뜻으로 양(陽)에 속하는 것이다. 그것을 이루는 것이 본성(性)이라는 말은 각각의 부여받은 본성(性命)을 바르게 한다는 뜻이니 음(陰)에 속하는 것이다.[105]

주희(朱熹)의 설명에 의하면 본성(性)을 바르게 하는 것은 음(陰)에 속하는 성질이고, '끊임없이 낳고 또 낳는 것'은 양(陽)에 속하는 성질이다. 그리고 이 두 가지가 작용하는 총체적 원리가 바로 태극(太極)인 것이다. 따라서 앞에서 주희가 말하고자 한 것은 사람과 사물이 공통적으로 가지고 있는 본성(性)에 맞게 끊임없이 낳는(生生) 작용을 하는 자연의 모습에 이미 태극의 작용인 음양이 실행되고 있다는 내용이다. 결국 유교적 덕목이자 소당연지칙(所當然之則)이라고 할 수 있는 인(仁)은 최종적 소이연지고(所以然之故)라고 할 수 있는 그의 우주론적 전체 체계를 통해 합리화되고 정당화됨을 알 수 있다.

주희(朱熹)의 우주론에서 더 이상 소급할 수 없는 최종적인 이치가 있었다. 주희가 생각하는 최종적인 이치(理)는 태극(太極)이었다. 앞에서 살펴본 것처럼 그의 우주론은 태극에서 시작하여 만물로 이어지는 형태였다. 태극은 우주존재의 시작이라고 할 수 있다. 아울러 그 태극은 모든 사물에 본성(性)이라는 이름으로 내재하고 있던 이치(理)이다. 주희에게 이 태극은 존재론적 최고 원리일 뿐만 아니라 도덕적인 최고 원리(가치)를 의미하는 것이 명확했다.

105 一陰一陽之謂道 太極也 繼之者善 生生不已之意 屬陽 成之者性 各正性命之意 屬陰. 「易」10, 『朱子語類』, 卷74.

태극(太極)은 가장 훌륭하고(極好) 지극히 선한(至善) 도리이다. 사람마다 태극이 있고, 사물마다(物物) 태극이 있다.… 주돈이(周敦頤)가 말한 태극은 천지와 사람과 사물의 온갖 선(善) 가운데 지극히 훌륭한 것의 별명(表德)이다.[106]

여기에서 '가장 훌륭하고 지극히 선한 도리'인 태극의 내용은 유교적 윤리덕목인 인의예지신(仁義禮智信), 즉 오상(五常)을 의미하는 것이다.[107] 태극은 우주의 존재론적 근본 원리(理)이며, 유교의 근본적 가치(仁義禮智信)이기도 했던 것이다. 이 때문에 사람마다 사물마다 모두 그 태극을 지니고 있다는 말은 사람마다 사물마다 유교적 가치인 오상(五常)을 지니고 있다는 말이 된다. 우주의 근본적 존재 원리라는 태극 개념에 유교의 가치인 오상(五常)의 의미를 가미시킨 것이다. 그런데 주자학에서는 '왜 유교적 도덕 가치인 오상(五常)이 우주의 근본적 존재 원리인 태극과 동일한 것인가?'에 대한 대답은 없는 것으로 보인다. 그것은 본래부터 그러한 것으로서 더 이상의 설명이 필요 없는 것이었다.

이백문(李伯聞)이라는 사람이 일찍이 불교를 공부하고 스스로 소견(所見)을 가지고 있다고 생각해 여러 해 동안 논변을 했지만 조금도 굽히지 않았다. 근래에 찾아왔을 때, 다시 이전의 말을 반복하였다. 나(熹)는 다음과 같이 질문했다. 하늘이 명한 것이 성(天命之謂性)이라는 말에서 당신은 이 구절의 의미가 공허하여

---

106 太極只是個極好至善的道.人人有一太極, 物物有一太極. … 周子所謂太極, 是天地人物萬善至好的表德.「周子之書」,『朱子語類』卷94.

107 島田虔次, 같은 책, 112쪽 참고.

하나의 법(法)도 없다는 것인가? 아니면 모든 이치가 다 구비되어 있다는 것인가? 공허하다면(空) 불교(浮屠)가 이기고, 실제적이라면(實) 유학(儒)이 옳은 것이다. 그러자 두말할 것 없이 결판이 났다.[108]

하늘로부터 부여받은 본성(性)에 모든 이치가 담겨있다고 하더라도 그 이치가 유교적 가치인 인의예지신(仁義禮智信)이어야 하는 것은 아닐 것이다. 그러나 주희(朱熹)는 그래야 한다고 생각했다. 시마다 겐지(島田虔次)에 의하면 주희가 우주 생성의 과정이라고 생각한 태극도(太極圖)도 주돈이(周敦頤)가 만든 것이 아니라 '도가(道家), 특히 전문 도사들 사이에서 전해 내려왔던 그림을 다소 수정한 것에 불과하다'고 한다.[109] 최소한 태극도에 입각한 주희의 우주론은 아마도 순수하게 유교적 사고로만 창작해 낸 것은 아니다.[110] 『한비자(韓非子)』의 「해로편(解老篇)」에서 보이는 『노자(老子)』의 도(道)에 대한 설명 또한 주희의 태극(太極)과 매우 유사하다.[111] 결과적으로 주자학은 도가(道家) 사상과 우주 존재론을 공유하고 있었다.[112] 따라서 비슷한 우주 존재론

---

[108] 此有李伯間者 舊嘗學佛 自以爲有所見 論辨累年 不肯少屈. 近嘗來訪 復理前語 熹因問天命之謂性 公以此句爲空無一法耶 爲萬理畢具耶. 若空則浮屠勝 果實 則儒者是. 此亦不待兩言而決矣. 「答張敬夫」『朱熹集』.

[109] 島田虔次, 같은 책, 41쪽.

[110] 馮友蘭, 박성규 역, 『중국철학사』 하, (서울: 까치 글방, 1999), 444~446쪽 참고.

[111] "도(道)란 만물의 본래적인 모습이요, 온갖 원리(理)의 총체이다. 원리란 사물을 구성하는 형식(文)이요, 도란 만물 생성의 원리이다. 따라서 도란 만물에 원리를 부여하는(理之) 존재라고 말한다."(道者萬物之所然也. 萬理之所稽也. 理者成物之文也 道者萬物之所以成也. 故曰 道理之者也.) 「解老」, 『韓非子』.

[112] 성리학에서 이치(理)의 지위에 대하여 박상환은 다음과 같이 지적하고 있다.

안에서 도가는 그 근본적인 원리인 도(道)의 속성을 인간의 가치를 배제한 무(無)라고 생각한 반면, 주자학은 그 근본적인 원리인 태극의 속성이 유교적 가치(五常)와 일치한다고 '선언'한 것이다. 주자학이 아무리 복잡한 개념들로 구성되어 있다고 하더라도 가치와 사실 관계로 보면 매우 단순한 구조라고 할 수 있다.

> ① 객관적 사실의 세계(人과 物)가 작동되는 절대적 원리(太極一理)가 있다.
> ② 그 원리는 유교적 가치(仁義禮智信)와 일치한다.
> ③ 따라서 유교적 가치는 객관적이며 절대적이다.

유물사관에 대해서도 가치와 사실의 관계로 표현하면 같은 형태로 나타낼 수 있다.

> ① 인류사회의 역사를 움직이는 객관적이고 절대적인 법칙(역사발전단계론)이 있다.
> ② 그 객관적이고 절대적인 법칙은 무산계급의 (투쟁)가치와 일치한다.
> ③ 따라서 무산계급의 (투쟁)가치는 객관적이며 절대적이다.

물론 주자학과는 다르게 유물사관에서는 역사 '법칙' 자체에 '가치'가 담겨있지 않았다. 즉 주자학은 이치(理) 자체가 '가치'라고 할

"리는 성리학체계 속에서 인간의 도덕과 관련되어 있는 것만이 아니라, 사물의 인과성과도 연관되어 있다. 리는 전통적 리의 속성을 이중적 방법으로 구분한다. 유가적 도덕법칙(인도)과 도가적으로 새롭게 파악된 물질세계의 필연법칙(천도)이 그것이다." 박상환, 『라이프니츠와 동양사상』, (서울: 미크로, 2005), 128쪽.

수 있지만, 유물사관의 '법칙'은 사실에 대한 원리만을 담고 있다. 그러나 주자학과 유물사관은 그 내용의 수많은 차이점에도 불구하고 결국 가치의 객관성을 확보하기 위해 객관적 사실의 배후에 있는 절대적 원리를 근거로 제시하고 있다는 공통점이 있다. 주자학에서는 유교의 가치가 우주론 안의 최종적 이치(太極一理)에 의해서 보증되는 구조였으며, 유물사관에서는 노동자의 가치가 사회론 안의 최종적 법칙(역사발전단계론)에 의해 보증되는 구조였다. 여기에서 '최종적'이라는 말은 더 이상 그것을 의심할 수 없는 사실로 간주하고 있다는 의미이다. 따라서 유교의 가치와 노동자의 가치는 더 이상 의심할 수 없는 사실로 뒷받침되었고 이에 따라 객관성을 확보한 것이 되었다. 결과적으로 각각의 가치에 객관성을 확보함으로써, 유교적 가치와 노동자의 가치는 보편적 가치로서 사회에 유통될 수 있는 강력한 힘을 얻게 되었다.

4. 소결론

Ⅲ장에서 Ⅴ장까지는 논쟁 내부에서 각 학파의 특징과 한계를 통해 유물사관의 강점을 논의했다면, Ⅵ장에서는 논쟁 바깥에서 각 학파의 특징과 한계를 통해 유물사관의 객관적 위상을 논의했다. 논쟁 바깥에서 유물사관의 객관적 위상을 논의하기 위해서는 비교의 대상이 필요했으며, Ⅵ장에서는 중국의 전통적 유교 사상을 대표할 수 있는 주자학과 양명학을 비교의 대상으로 삼았다. 주자학과 양명학을 비교의 대상으로 삼은 이유는 이 장 첫머리에서 밝힌 것처럼 논쟁 안에서 장쥔마이(張君勱)가 전통사상에서 강조한 것이 '송명이학'이었

다는 점과 현대 중국학자 리쩌허우(李澤厚) 등이 이 논쟁에서 과학의 승리 원인을 전통에서 찾고 있다는 점 때문이었다. 또한 '송명이학'을 대표할 수 있는 주자학과 양명학의 차이가 주로 도덕규범의 객관성 강조와 주관성 강조에 있다는 점도 고려되었다. 이를 통해 가치의 주관성을 강조한 장쥔마이가 회복해야할 것으로 상정한 전통적 사유방식은 양명학이었으며 주자학이 아니었다는 점을 밝힐 수 있었다.[113]

또한 양명학과 대비되는 주자학은 객관적 사실을 가치의 최종 근거로 제시한다는 점에서 과학파와 유사했지만, 사실의 원리에 이미 가치가 담겨 있다고 본 점에서 과학파와 구별되었다. 과학파에게 있어서 가치는 사실의 원리로부터 귀납되어야 하는 것인 반면, 주자학에게 있어서 가치는 이미 그 가치가 담겨있는 사실의 원리로부터 연역되는 것이었다. 과학파보다 유물사관파가 주자학과 좀 더 유사했다. 특히 유물사관의 사회발전법칙이라는 절대적인 원리로부터 무산계급 가치의 보편성을 연역하는 태도는 주자학의 우주적 원리로부터 유교사상의 보편성을 연역하는 태도와 동일한 태도였다.

주자학에서나 유물사관에서나 자신들의 가치를 보증하는 객관적인 원리는 의심의 대상이 아니었다. 그것은 더 이상의 논증이 필요없는 최종적인 것이며, 변화할 수 없는 절대적인 것이다. 유물사관과 주자학은 각자 자신들의 특수한 가치를 보편적 가치라고 주장할 수

---

113 물론 張君勱가 「人生觀」에서 강조한 주관적·개별적 가치와 양명학에서 강조한 규범의 주관성은 분명한 차이가 있다. 양명학에서는 모든 사람이 천리(보편적 도덕규범)를 깨닫고 실천할 수 있는 능력(良知, 良能)을 갖추고 있다고 보는 반면, 張君勱는 이에 대해 별다른 설명이 없다. 이 점은 林宰平, 范壽康 등의 양심(良心) 개념으로 연결시켜 생각해 볼 수 있겠지만, 본 장의 논의 범위(주자학과 유물사관 비교)를 벗어나는 부분이었으므로, 張君勱가 말한 심성지학이 성리학일 수 없었다는 점을 드러내는 정도로 논의를 그쳤다.

있는 근거가 명확했다. 최종적이고 절대적인 법칙과 원리가 이미 그들의 특수한 가치를 보증하고 있기 때문이다. 그리고 이 유사성은 '특수 가치'를 '보편 가치'로 주장하기에 매우 적합한 형태였고, 매우 강력한 설득력을 가지고 있었다. 물론 유물사관이 전통 사상에 부합했기 때문에 설득력이 있다는 설명은 아니다. 특수한 가치를 객관적 사실의 원리를 통해 보증하는 이론 구조 자체가 설득력이 있다는 것이다. 따라서 리쩌허우(李澤厚)가 과학파, 특히 유물사관파의 승리 원인을 전통적 '실용 이성'의 작용이라고 한 말은 별다른 의미가 없게 된다. '특수한 가치를 객관적 사실 세계의 절대적 원리 혹은 법칙으로 보증하여 보편적 가치로 만들려고 한' 주자학과 유물사관의 이론 구조는 중국 고유의 '심태'와 연결시켜 생각할 필요 없이 자체로 설득력이 있는 이론구조였기 때문이다. (이 점에 대해서는 VII장 정리와 전망에서 부연하기로 한다.)

아울러 주자학과 유물사관은 이러한 유사성으로 인해 유사한 한계를 지닐 수밖에 없다. 먼저 절대적 원리로 보증되는 가치(유교가치, 노동계급가치)는 일방적이고 폭력적일 수 있다는 한계이다. 자신의 가치가 절대적으로 옳기 때문에 다른 가치들에 대해서는 극단적으로 매도해도 된다는 자기 정당성을 가지게 된다. 또 그 가치를 보증하는 사실 원리의 '절대성'이 부인될 경우, 혹은 다른 원리에 의해 대체될 경우에 더 이상 자기 가치의 객관성과 보편성을 주장할 수 없다는 한계도 있다. 즉 주자학과 유물사관은 새로운 우주론과 새로운 사회론을 받아들인 사람들에게 더 이상 자기 가치를 '옳다'(善)고 주장하기 어렵다. 이러한 한계로 인해 주자학은 우주에 대한 사람들의 해석이 달라지면서, 또 유물사관은 사회에 대한 이론이 변화하면서 역사적으로 점점 힘을 잃게 되었다고 할 것이다.

VII 정리와 전망

과학과 형이상학 논쟁은 1923년도에 일어난 논쟁이다. '신문화운동 지도자들의 총결'[1]이라고 표현될 만큼 당시에 영향력 있는 지식인들이 대부분 참여했던 논쟁이었다. 보통 1923년은 5·4 신문화 운동의 마지막 1년으로 평가된다.[2] 이런 의미에서 과학과 형이상학 논쟁은 5·4 신문화 운동을 결산하는 논쟁이다.

5·4 신문화 운동 이후, 즉 과학과 형이상학 논쟁 이후 유물사관은 중국에 급속도로 퍼져 나갔다. 실제로 1923년 여름까지 300명에 불과했던 중국공산당원은 5·30 운동 등을 거치면서 1925년 11월에는 1만 명에 이르고 있었다.[3] 이후 이 논쟁에 버금가는 규모의 첫 논쟁은

---

1 馮友蘭, 정인재 역, 『현대중국철학사』, (서울: 이제이북스, 2006), 160쪽.

2 陳少明·單世聯·張永義, 김영진 역, 『근대 중국사상사 약론』, (서울: 그린비, 2008), 427쪽 참고. 5·4 운동의 기간에 대해서는 여러 다른 의견이 있다. I장 주 2 참고.

3 Lucien Bianco, 이양자 역, 『중국혁명의 기원: 1915～1949』, (부산: 신지서원,

1927년부터 벌어진 '중국사회 성격 논쟁'이었다. 이 논쟁 참여자들의 공통된 특징은 심지어 공산당에 반대하던 학자들조차도 기본적으로 유물사관에 입각하여 중국사회의 현재와 과거 역사를 분석하고 있었다는 점이다.[4] 이러한 특징으로 볼 때도 과학과 형이상학 논쟁 이후 유물사관이 중국 지식인들에게 얼마나 광범위하게 받아들여지게 되었는지 알 수 있다.

이 논쟁에 참여한 다른 한 측이었던 형이상학파는 그 계승자들에 의해 다른 방향으로 자신들의 과제를 묵묵히 풀어가고 있었다. 비록 같은 형이상학파 내에서도 구체적 의견이 달랐지만, 이들이 가지고 있던 공통된 특징인 '과학만능주의에 대한 비판', '가치세계와 사실세계의 구분', '도덕적 인본주의' 정신은 이후 1930년대 슝스리(熊十力), 펑유란(馮友蘭), 허린(賀麟) 등을 거쳐, 이후 머우쭝산(牟宗三), 탕쥔이(唐君毅), 쉬푸관(徐復觀) 등 현대신유가로 이어졌다.[5] 특히 이들은 과학과 형이상학 논쟁에서 형이상학파가 풀려고 노력했던 문제들에 몰두하고 있었다. 예를 들면 "인류가 과학에 대해서만 말하고 스스로를 성찰하는 학문을 폐기해 버린다면 그 폐단은 말로 다 할 수 없을 것"[6]이라고 말한 슝스리(熊十力), "과학은 자연을 대상으로 경험에 대해 적극적으로 해석하여 실제에 관한 인간의 지식을 확대하고, 철학은

2004), 85~86쪽 참고.

4 李澤厚, 김형종 역, 『중국현대사상사의 굴절』, (서울: 지식산업사, 1992), 90쪽.

5 鄭家棟, 한국철학사상연구회 논전사분과 역, 『현대신유학』, (서울: 예문서원, 1993), 74~93쪽 참고. 또 熊十力, 馮友蘭, 賀麟, 牟宗三, 唐君毅, 徐復觀 등의 이러한 특징에 대해서는 李維武, 『二十世紀中國哲學本體論問題』, (湖南: 湖南教育出版社, 1991), 174~260쪽 참고.

6 熊十力, 『新唯識論』, (香港: 中華書局, 1985), 678쪽.

인생을 대상으로, 경험에 대해 비판적으로 해석하여 인간의 정신적 경지를 높인다"[7]고 생각한 펑유란(馮友蘭), "유가 사상도 인생을 안내하고 정신생활을 높이고 도덕 가치를 발양시키는 특별한 표준이 있으므로 과학화가 필요치 않다"[8]고 선언한 허린(賀麟) 등은 분명 형이상학파의 뒤를 잇고 있었다. 그러나 이들은 더 이상 1923년의 장쥔마이(張君勱)처럼 사회적 반향을 일으키지는 못했다.

이 논쟁에 참여한 또 다른 한 측이었던 과학파의 주장은 '다시는 이전의 생기와 활력을 되찾을 수 없었다'.[9] 후스(胡適)를 중심으로 한 이들은 기본적으로 자유주의자들이었다.[10] 루시앵 비앙코(Lucien Bianco)의 표현에 의하면, 5·4 신문화운동 이후 "자유주의는 장애물(구질서)을 제거하는 불가피한 작업을 완수하고 자유주의가 출생을 도왔으며, 자유주의만이 그 성장을 저지할 수 있었던 그 강인한 어린아이에게 짓밟혀 죽음을 맞이한다".[11] 이들이 유물사관파와 함께 옹호했던 '과학'은 논쟁 이후로 점점 '마르크스주의 유물사관의 대명사'가 되었다.[12]

과학과 형이상학 논쟁을 통해 중국 지식인들의 가치와 사실 문제에 대한 인식형태를 분석하고, 다른 이론에 비해 유물사관이 중국

7 馮友蘭, 『新知言』, 『三松堂全集』 第5卷, (河南: 河南人民出版社, 1986), 169~170쪽.

8 賀麟, 『文化與人生』, (上海: 商務印書館, 1947), 4쪽.

9 陳少明 · 單世聯 · 張永義, 같은 책, 442쪽.

10 위의 책, 443쪽. 과학파가 자유주의자라는 기준에 대해서는 같은 책, 477쪽, 13장 주12)의 내용 참고.

11 Lucien Bianco, 같은 책, 75쪽. 여기에서 '강인한 어린아이'는 마르크스주의를 의미한다.

12 李澤厚, 같은 책, 83~84쪽.

지식인들에게 폭넓게 수용될 수 있었던 원인에 대해 규명하는 것이 이 저서의 주요 내용이었다. 형이상학파와 과학파, 그리고 유물사관파 사이에서 벌어진 이 논쟁은 결국 유물사관파의 승리로 끝났고, 그 원인은 다른 주장들과 달리 유물사관만이 가치와 사실 논쟁의 핵심문제와 시대적 과제에 대답을 할 수 있었던 점(III장, IV장)과 과학과 형이상학 논쟁 안에서 가치와 사실의 관계에 대해 이론적 일관성을 끝까지 유지할 수 있었던 점(V장)에서 기인한다. 실제로 주관적 가치가 사회적으로도 옳은 것(사회적 가치)인지에 대한 형이상학파의 대답과 객관적 사실에서 사회적 가치가 도출될 수 있는지에 대한 과학파의 대답을 살펴봤다. 또 중국사회가 변화하기 위해 지금 여기에서 무엇을 해야 하는지에 대한 각 학파의 대답도 살펴봤다. 이를 통해 형이상학파나 과학파 모두 이에 대한 해답을 명확하게 제시하지 못하고 있었음을 알 수 있었다(III장, IV장). 형이상학파는 자기 내부의 논의내용을 스스로 비판하면서 자신들의 약점을 보완하는 방향으로 논의를 진행시켰지만 애초의 자기주장(가치의 주관성 강조)을 부정하기에 이르렀다. 과학파는 스스로의 한계에 대한 내부적 비판과 성찰이 거의 없었으며, 애초의 자기주장(과학만능주의)을 끝까지 밀고 나가지도 못했다. 이와는 달리 유물사관파는 유심론에 대한 긍정과 과학만능주의에 대한 부정에 이르게 된 과학파의 한계를 비판하면서도 과학파의 애초 주장(과학만능주의)을 끝까지 유지할 수 있었다(V장). 이러한 사실을 구체적으로 밝힐 수 있었던 것이 이 논쟁에 관한 다른 연구들과 이 저서의 차이점이라고 할 수 있겠다.

또한 이러한 유물사관파의 가치와 사실에 대한 인식형태가 당시 중국 지식인들의 가치와 사실에 대한 인식형태에 가장 적합한 형태라고 할 수 있을 것이다. 가치와 사실에 대한 유물사관의 인식형태가 이 논쟁에서 승리했다는 것은 당시 중국에서 다수의 지식인들에게 받아들여졌다는 말을 의미하기 때문이다. 그런데 유물사관의 가치와 사실에 대한 태도는 주자학적 태도와 매우 유사한 것이었다. 양자의 공통점은 특정가치의 객관성을 확보하기 위해 사실 세계에 대한 해석이 동원되었다는 점(VI장)이다. 우리가 경험하는 물질적 세계는 자체로 객관적인 것이다. 그러나 가치는 자체로 객관적인지에 대해 명확하지 않다. 사람들이 행해야할 구체적 규범(사회적 가치)이 객관적인 것이라는 보증은 객관적인 세계가 그 규범에 맞게 구성되어 있다고 가정했을 때 가능하다. 유물사관과 주자학에서 특정 가치가 객관성과 보편성을 획득하기 위해서 객관적인 사실 세계의 배후에 있는 원리가 특정가치를 보증하는 구조였다. 즉 특정한 가치가 객관적 사실에 의해 보증되는 구조였다. 이러한 인식태도가 당시 다수의 중국 지식인들에게 받아들여졌던 것이다.

논의를 좀 더 진행해보면 이러한 인식형태는 당시 중국 지식인들의 인식태도에만 한정된 것으로 보이지 않는다. 이러한 태도는 우리의 생활에서 일상적으로 발견할 수 있다. 예를 들면 우리가 부모에게 효도해야 하는 이유에 대해서 무심코 '부모님이 낳아주셨기 때문에', 혹은 '물심양면으로 키워주셨기 때문에'라고 대답했을 때 우리는 이미 일정한 가치를 객관적 사실에 의해 뒷받침하고 있는 것이다. 또 사회 정책적으로 '극빈층에게 최저 생계비를 지원해야 한다'라는 가치 판단이 포함된 주장에 대해 '최저 생계를 꾸려나가지 못하는 인구가 전체의 몇%에 이른다' 등의 사실을 근거로 제시하는 것을 흔하게 볼 수 있다. 이때도 가치는 사실에 의해 뒷받침되고 있는 것이다. 여기에서 지적하고 싶은 것은 일정한 가치가 사실에 의해 뒷받침되는 경향이 매우 일반적이라는 점이다. 이러한 일반적 경향성은 주자학과 유물사관의 사유방식이나 이론구조에 강력한 설득력을 제공해 줄 수 있었다.

여기에서 이러한 일반적 경향성은 사회적 가치에 의해 과학적 사실의 원리가 재구성될 수 있다는 가능성을 설명해 주기도 한다.[13] 일정한 가치가 사실의 원리를 통해 보증 받고 있을 때, 일정한 가치를 유지하려면 사실의 원리를 선택적으로 수용할 수밖에 없기 때문이다. 이러한 인식태도는 가치의 상대성을 주장하는 학자들이 과학이론의 상대성에 의존하고 있는 점[14]에 대해서도 해석할 수 있는 실마리를, 그리고 자연의 배후에 있는 신의 섭리를 과학이 대신하면서 사회의 윤리규범이 근본적으로 변화되었던 역사 현상의 이유에 대해서도 설명의 단초를 제공해 주기도 할 것이다. 이런 의미에서 유물사관과 주자학의 설득력이 가치의 객관성과 보편성을 위해 사실의 원리가 근거(또는 이유)로 제시된다는 경향성에 의존하고 있다는 점을 밝힌 것은 이 저작의 작은 성과라고 할 것이다. 아울러 전통 중국의 핵심 사상인 주자학이 전통적 지식인들에게 왜 그렇게 매력적이었는지, 그리고 현대 중국의 핵심 사상인 마르크스주의가 당시 중국 지식인들에게 어떤 이유로 열광적으로 받아들여졌는지도 어느 정도 규명의 실마리를 얻게 되었다.

최근 세계는 포스트사회주의 중국의 모습에 주목하고 있다. 현재 포스트사회주의 중국을 이해하려면 중국 사회주의가 성립되는 과정

13 과학철학자 쿤(Thomas Kuhn)은 과학의 역사에서 보면 이러한 현상이 오히려 일반적이라고 지적하고 있다. Thomas Kuhn, 김명자 역, 『과학혁명의 구조』, (서울: 동아출판사, 1992), 214~215쪽 참고.

14 Larry Laudan, 이범 역, 『포스트모던 과학논쟁』, (서울: 새물결, 1997), 35쪽 참고.

에서 수없이 논의되고 토론된 문제에 주목할 필요가 있다. 그럼에도 사회주의 중국이 성립되기 직전의 연구는 그다지 활발하지 않은 것으로 보인다. 중국학계에서는 전통 중국의 해체과정이나 사회주의 중국의 특성에 대한 연구에 집중하는 모습이다. 즉 중국지성사에서 양무파와 변법파의 사상에 대한 연구와 사회주의 중국의 사상적 기반에 대한 연구는 양과 질의 면에서 많은 부분 채워져 있다. 그럼에도 전통중국의 해체 직후와 사회주의 중국의 성립 직전에 있었던 지성들의 고민과 문제의식은 간과되어온 것이 사실이다. 이 저작에서는 이를 보완하고 사회주의가 주류를 이루기 이전에 중국 지성의 지형도를 작성하려고 노력했다. 이는 분명히 국내 중국지성사 연구에 불충분한 부분을 상당 정도 메울 수 있는 작업의 시작이라고 할 것이다.

현대 중국을 이해하고자 하는 시도는 국내에서도 활발하다. 중국이 한국과의 제1 교역대상이라는 점에서도 중국에 대한 폭넓은 이해와 중국사회의 향후 방향성에 대한 탐구는 반드시 필요한 분야라고 볼 수 있다. 포스트사회주의라는 말이 낯설지 않은 지금 중국적 사회주의 사상의 경쟁자들이기도 했고 보조자들이기도 했던 지식인들의 사상체계는 다른 어느 시기보다 중요한 가치를 지닌다. 그들의 생각과 고민은 사회주의 중국의 여러 가능성 가운데 하나의 대안으로 얼마든지 활용될 수 있기 때문이다.

1989년 천안문 사건 이후 중국의 지성들은 사회주의적 성향의 보수주의 계열, 자유주의 성향의 진보주의 계열로 나뉘고 있다. 전자는 왕후이(汪輝) 등을 대표로 하며 중국에서 시도한 미완의 근대성으로 사회주의를 상정하고 있다. 따라서 사회주의는 완성해야할 대상이 된다. 후자는 깐양(甘陽) 등을 대표로 하며 중국 사회주의는 실패한 시도이며, 새로운 개인과 사회의 관계 설정에 주목하고 있다. 이들이 생각하기에 사회주의 중국으로의 회귀는 전체주의와 독재로의 회귀에 불과하다. 그런데 양자 모두 주목하는 것은 중국의 5·4시기이다. 5·4 때 활발했던 동양과 서양 논쟁, 전통과 근대 논쟁은 중국적 사회주의의 뿌리이기도 하며, 사회주의 이념에 의해 고사한 이념들의 모습이기도 하기 때문이다. 5·4 시기 지식인 논쟁의 결정체가 과학과 형이상학 논쟁이라는 점은 중요하다. 현재 중국 사상계는 분명히 중국사회의 미래를 고민하는 가운데 과학과 형이상학 논쟁의 참여자들에 대한 검토를 진행하고 있다는 의미이기도 하다.

중국의 과거를 분석하고 미래를 탐색하는 것이 국내 중국학의 본질이라 할 것이다. 한국 현실과 중국 현실을 고려할 때, 사회주의이념이 주도하기 직전에 중국지성들이 지향해야할 사회적 가치를 어떻게 설정하고 있었는지를 분석한 이 저서는 국내 중국학의 발전과 활성화에 새로운 계기를 마련해 줄 수 있을 것으로 기대해 본다.

▌참고문헌▌

1. 원전

『王文成公全書』, (서울: 景文社, 1979 影印), 『王陽明先生全集』으로 출판.
『陸九淵集』, (台北: 里仁書局, 1980)
『莊子』, (『新釋漢文大系』, 東京: 明治書院, 1984), 『老子 · 莊子 上』으로 출판.
『朱子語類』, (北京: 中華書局, 1994)
『朱子全書』, (上海: 上海古籍出版社, 2000)
『韓非子』, (『新釋漢文大系』, 東京: 明治書院, 1984)

2. 亞東圖書館 編, 『科學與人生觀』, (上海: 亞東圖書館, 1923) 안에 있는 자료

菊　農, 「人格與教育」
唐　鉞, 「讀了'評所謂科學與玄學之爭'以後」
______, 「一個癡人的說夢」
范壽康, 「評所謂'科學與玄學之爭'」
梁啓超, 「人生觀與科學」
吳稚暉, 「一個新信仰的宇宙觀及人生觀」
王星拱, 「科學與人生觀」
林宰平, 「讀丁在君先生的玄學與科學」
張君勱, 「人生觀」
______, 「再論人生觀與科學并答丁在君」
張東蓀, 「勞而無功」, 『科學與人生觀』
丁文江, 「玄學與科學」

陳獨秀,「科學與人生觀序」
______,「答適之」
胡　適,「科學與人生觀序」
______,「答陳獨秀先生」

3. 근대중국자료

區聲白,「區聲白致陳獨秀書」,『新青年』9-4
瞿秋白,「自由世界與必然世界」, 李華興 編,『中國現代思想史 資料簡編』2, (浙江: 浙江人民出版社, 1982)
鄧中夏,「中國現在的思想界」, 李華興 編,『中國現代思想史資料簡編』2, (浙江: 浙江人民出版社, 1982)
藍公武,「問題與主義」, 朱維錚 編,『中國現代思想史資料簡編』1, (浙江: 浙江人民出版社, 1982)
梁啓超,「科學萬能之夢」, 朱維錚 編,『中國現代思想史資料簡編』1, (浙江: 浙江人民出版社, 1980)
熊十力,『新唯識論』, (香港: 中華書局, 1985)
李大釗,「再論問題與主義」, 朱維錚 編,『中國現代思想史資料簡編』1, (浙江: 浙江人民出版社, 1982)
鄭賢宗,「國家 · 政治 · 法律」, 朱維錚 編,『中國現代思想史資料簡編』1, (浙江: 浙江人民出版社, 1982)
陳獨秀,「馬克思學說」,『新青年』9-6
______,「本誌罪案之答辯書」,『新青年』6-1
______,「談政治」, 朱維錚 編, 朱維錚 編,『中國現代思想史資料簡編』1, (浙江: 浙江人民出版社, 1982)
______,「社會主義批評」, 朱維錚 編,『中國現代思想史資料簡編』2, (浙江: 浙江人民出版社, 1982)
______,「我們不要害怕資本主義」,『陳獨秀著作選』第3卷, (上海: 上海人民出版社, 1993)

馮友蘭, 『新知言』, 『三松堂全集』 第5卷, (河南: 河南人民出版社, 1986)
賀 麟, 『文化與人生』, (上海: 商務印書館, 1947)
胡 適, 「多研究些問題, 少談些主義!」 朱維錚 編, 『中國現代思想史資料簡編』 1, (浙江: 浙江人民出版社, 1982)
______, 「三論問題與主義」, 朱維錚 編, 『中國現代思想史資料簡編』 1, (浙江: 浙江人民出版社, 1982)

4. 단행본

길병휘, 『가치와 사실』, (서울: 서광사, 1996)
김영식, 『주희의 자연철학』, (서울: 상지사, 2005)
島田虔次, 김석근 · 이근우 역, 『주자학과 양명학』, (서울: 까치, 1986)
박상환, 『라이프니츠와 동양사상』, (서울: 미크로, 2005)
方克立 · 王其水 主編, 『二十世紀中國哲學』 第二卷 人物志, (北京: 華夏出版社, 1995)
狩野直喜, 오이환 역, 『중국철학사』, (서울: 을유문화사, 1991)
王育民, 呂希晨, 이승민 역, 『중국현대철학사 I』, (서울: 청년사, 1989)
王暉, 『現代中國思想的興起』 下卷 第二部, (北京: 三聯書店, 2004)
劉長林,, 『中國人生哲學的重建』, (上海: 華東師範大學出版社, 2001)
李維武, 『20世紀中國哲學本體論問題』, (湖南: 湖南教育出版社, 1991)
이유선, 『듀이&로띠』, (서울: 김영사 2006)
李澤厚, 김형종 역, 『중국현대사상사의 굴절』, (서울: 지식산업사, 1992)
林毓生, 『政治秩序與多元社會』, (臺北: 聯經出版事業公司, 2001)
______, 『中國傳統的創造性轉化』, (臺北: 三聯書店, 1994)
鄭家棟, 한국철학사상연구회 논전사분과 역, 『현대신유학』, (서울: 예문서원, 1993)
周策縱, 조병한 역, 『5·4운동』, (서울: 광민사, 1980)

陳少明・單世聯・張永義, 김영진 역, 『근대중국사상사약론』, (서울: 그린비, 2008)
馮友蘭, 박성규 역, 『중국철학사』 하, (서울: 까치글방, 1999)
______, 정인재 역, 『中國現代哲學史』, (서울: 이제이북스, 2006)
狹間直樹, 양민호 역, 『5·4운동연구서설』, (서울: 한울, 1985)
A. J. Ayer, *Language, Truth and Logic*, (Middlesex: Penguin Books, 1936)
C. Lloyd Morgan, *Animal Life and Intelligence*, (Whitefish: Kessinger Publishing, LLC, 2008 reprinted, the 1895 Edition)
David Hume, *A Treatise of Human Nature*, ed. L. A. Selby-Bigge(Oxford: Clarendon Press, 1951)
Hilary Putnam, 홍경남 역, 『존재론 없는 윤리학』, (서울: 철학과 현실사, 2006)
I. Kant, 최재희 역, 『실천이성비판』, (서울: 박영사, 2003)
Joseph Needham, 콜린 로넌 축약, 김영식・김제란 역, 『중국의 과학과 문명: 사상적 배경』, (서울: 까치, 1998)
Karl Pearson, *THE GRAMMAR OF SCIENCE*, (Bristol: Thoemmes Press, 1991 reprinted, the 1892 Edition)
Larry Laudan, 이범 역, 『포스트모던 과학논쟁』, (서울: 새물결, 1997)
Lin Yu Sheng, *The Crisis of Chinese Consciousness*, (Madison: Wisconsin Univ. Press, 1979)
Lucien Bianco, 이양자 역, 『중국혁명의 기원: 1915～1949』, (부산: 신지서원, 2004)
M. J. Adler, 장건인 역, 『열가지 철학적 오류』, (서울: 서광사, 1990)
Thomas Kuhn, 김명자 역, 『과학혁명의 구조』, (서울: 동아출판사, 1992)

5. 논문

강명희, 「중국의 사상계몽운동에 있어서 '과학'의 의미 분석 - 오사시기를 중심으로」, 『한세대학교 교수논총』13, (경기: 한세대학교, 1993)

김수배, 「칸트의 도덕철학과 역사철학의 긴장 관계 – 자율성을 중심으로」, 『칸트 연구』 21, (서울: 한국칸트학회, 2008)
김세은, 「중국공산당 창립 시기의 사상투쟁에 관하여」, 『성대사림』 5, (서울: 수선사학회, 1989)
노양진, 「경험으로서의 가치」, 『범한철학』 39, (서울: 범한철학회, 2005)
맹주만, 「도덕적 감정 – 후설의 칸트 비판」, 『칸트연구』 17, (서울: 한국칸트학회, 2001)
문선영, 「오사시기 '과학'에 대한 논의」, 『중국어문학논집』 24, (서울: 중국어문학회, 2004. 9)
백현종, 「의식의 동일성과 선험성」, 『철학연구』 46, (대구: 대한철학회, 1999)
변종원, 「주자의 격물치지에 관한 연구」, 『동서철학 연구』 37, (서울: 한국동서철학회, 2005)
신승하, 「1920년대 초 과학과 현학의 논전」, 『중국학논총』 9, (서울: 고려대학교, 1996)
유인희, 「동양철학에 있어서 존재와 당위의 문제」, 『철학연구』 16, (서울: 한국철학회, 1981)
정귀화, 「1923년 중국의 문화논쟁: 과학과 현학의 논쟁」, 『중국문제연구』 5, (부산: 부산대학교, 1992)
천현득, 「감정은 자연종인가? – 감정의 자연종 지위 논쟁과 감정 제거주의」, 『철학사상』 21, (서울: 서울대학교 철학사상연구소, 2008)
최병환, 「가치의 사실에의 정합 가능성 연구」, 『동서철학연구』 46, (서울: 한국동서철학회, 2007)
허남진 · 박성규, 「과학과 인생관(현학) 논쟁」『인문논총』 47, (서울: 서울대학교, 2002)
황설중, 「회의주의 대 선험철학」, 『철학연구』 30, (서울: 고려대학교 철학연구소, 2005)

찾아보기

ㄱ

ㄷ

ㄹ

ㅁ

ㅂ

ㅅ

ㅇ

ㅊ

ㅋ

ㅌ

ㅍ

ㅎ

지은이 **이상화**

성균관대학교 동양철학과에서 학사, 석사, 박사를 마쳤다.
2000년 박사과정을 수료하고 약 8년간 국회에서 국회의원 정책보좌, 정당의 정책기획 업무 등을 담당했다. 2008년에 학교로 돌아와 박사학위 논문을 쓰고 2009년에 졸업했다. 이후 강의와 연구에 전념하고 있다.
주요 연구 분야는 중국의 전통/근대, 동/서 비교철학 분야, 주요 강의 주제는 '동아시아 현대철학', '청대 유학', '중국의 근대사상' 등이다.
주요 논문으로는 「주희의 자연철학」, 「중국적 계몽의 의미와 한계」, 「과학과 형이상학 논쟁에서 나타난 전통사상의 모습」 등이 있고, 공저로 『중국의 근대성에 대한 물음들』이 있다.